本书由陕西省地方志办公室、香港政府资助局（课题编号：440808）资助出版。

陕西历代旧志文库
富平旧志校注丛书

清·乾隆五年

富平县志校注

[清] 乔履信 纂修
徐朋彪 徐国娟 校注

西北大学出版社

图书在版编目（CIP）数据

清·乾隆五年《富平县志》校注 /（清）乔履信纂修；徐朋彪，徐国娟校注. —西安：西北大学出版社，2016.9

（陕西历代旧志文库富平旧志校注丛书）

ISBN 978-7-5604-3955-6

Ⅰ. ①清… Ⅱ. ①乔… ②徐… ③徐… Ⅲ. ①富平县—地方志—清代 Ⅳ. ①K294. 14

中国版本图书馆 CIP 数据核字（2016）第 235374 号

清·乾隆五年《富平县志》校注

编　　者：徐朋彪　徐国娟
出版发行：西北大学出版社
地　　址：西安市太白北路 229 号
邮　　编：710069
电　　话：029-88305287
经　　销：全国新华书店
印　　装：西安华新彩印有限责任公司
开　　本：787 毫米×960 毫米　1/16
印　　张：19. 75
字　　数：199 千字
版　　次：2016 年 10 月第 1 版　2016 年 10 月第 1 次印刷
书　　号：ISBN 978-7-5604-3955-6
定　　价：98. 00 元

治国理政　盛世华章

——清乔履信纂修《富平县志》置评

张世民

历来有“盛世修志”的说法。然则盛世衰世，其实都有修史编志的做法，只是因其治国施政理念的差异，不同社会所秉持的价值取向及其所欲彰显的著述境界，有所不同而已。清乾隆五年（1740），富平县令乔履信纂修的《富平县志》，因其反映了康乾时期的社会现实和社会观念，堪称古典修志之典范。通读这部饶具见地的乡邦文献，有几个问题引人瞩目：

其一，县志的最佳编者应该是谁？县志编者需要具备怎样的胸襟和气度？地方志的编撰者，大抵上都熟谙当地县情，这是不言而喻的；其资料的搜集者和掌握者，基本上都是乡贤或宿儒，也为既往的史实所一再证明。但是县志的最佳编者，我看一县之宰的县令，还是比较合适的人选。在传统儒家思想支配下，国家治理的根本点在于道德管治，具有高位效应的政治—道德立场，一直都是历朝累代治国理政的思想基础。是以历来名志的编纂者，大都将县域治理提升到国家治理的高度来认识。换句话说，历代名志编者大都是具有较高的政治—道德风范，因而志书的编纂立场和资料选择，尤其是就中所贯穿的价值取向，也就具备了政治—道德家的认识基准。不少志书虽从政治话语角度入手，却也保持了圆融的道德话语水准，其所拥有的政治—道德视角，尤应引起我们的密切注意。作为县志的首席编者，最好是当朝县令；即使不是当朝县令，至少也要谙熟政治，掌握时事，具有相应的政治—道德立场。而乔履信作为乾隆《富平县志》纂修者，便兼具了“修志”和“施政”双重理念。此人系河南商水籍偃师人，依照当时入仕途径，于雍正八年（1730）“简命分发陕西学习试用”，到西安遇上《陕西通志》开局，遂奉命进入志馆，担任“分门编撰”（《富平县志序》）。在参与其“纪事”“经籍”“古迹”三门撰写的同时，更“随手抽检，纵心批阅”了全省各地郡县诸志。抵眉县试用不久，于雍正十三年（1735）“旋调富平”，成为一任有作为的县令。据悉他一到富平，就对这里的山川风物、人文掌故有深切的感受，而其原因，就在莅富之前，已读过明代孙丕扬的《富平县志》。他曾援引前人论断，认定“政治不成者，无为妄议文章之事”。所以执政优先，在他自是必然的选择。他曾完全认同清初大儒顾炎武“监司守令，不悉一方之地形土俗、因革利病，不可以作志”的观点，认为志不可轻编，所以博搜广揽并彻底吃透基本县情，在他也是理所自然。从《富平县志》提供的任职信息，可知他在富平任职期间，随时立柜采访，力邀乡绅斟酌评论，但县志的实际修纂，则在其政治亨通后才动手。这部县志中有他撰写的一系列点评按语，其明确的价值取向和精神内蕴，均集中于此。

其二，县志与国史的关系何在？怎样理解县域治理与国家治理的关系异同？国家治理，亟需国史支撑，国史所体现的基本意识形态，其实也是国家治理理念的集成和历史文献理应阐扬的内容。地方治理属于国家治理的一部分，同样需要有相应的执政理念和行政理由。两者的政治—道德立场是全然一致的。由此理念出发，必然涉及官师褒贬和官民利益的关系问题。

作为一个县的县令，如何对待官师褒贬问题？历史上，对于官师的褒贬，通常有两种不同的做法。一种是只褒不贬，为尊者讳。县官既是“父母官”，又是朝廷命臣，所以彰善隐恶，是不少志书的价值取向。另一种是不泥直道，褒贬分明。这个做法肇始于明康海《武功县志》。康海做过翰林院编修，堪称是朝廷史官，后来虽遭贬谪，但其政治—道德立场仍坚持不变。他勇于褒贬官师，遂成为令人景仰的正道直声。在这两种做法之外，有无第三种路径？乔履信纂修的《富平县志》，就在两者之外给出了新的答案。其《〈富平县志〉凡例》中指出：

> 愚意邑志与国史，体同而例异。国史尚严，邑志从宽，况二

志于人物有褒无贬，于职官独口诛笔伐居其半，未免稍失平衡，兼违不非大夫之义。此志于绰有宦迹者如旧登之，备勒丑行者概从削去，仅书籍贯出身暨其莅任年月，失考者缺，亦《春秋》不待贬而自见之例也。务戢雌黄口角，但存皮里阳秋。

这个表述角度和著述立场，归根结底，是既体现了有所褒贬的立场，但又避免了政治—道德上可能发生的争议。在历叙职官姓名、履历的同时，将有作为、有善政者列入“名宦”，使两者有所区别，也就是在实事求是、秉笔直书的前提下，体现了施政第一、安定第一、坚守道德操守的政治立场。这个做法有其一定的可取性。

怎样认识朝廷和百姓双重利益关系？显然，朝廷利益和百姓利益既有关联又有矛盾，这也无可争议。在非常情况下，这种利益之间的刚性矛盾也屡见不鲜。但是作为一名县令，却务必兼顾两者之间的利益关系。一言以蔽之，还是要将百姓利益放在第一位。此志介绍清代名宦时，转引了富平县一位名叫郭传芳的县令的口头禅，叫做“为百姓即为朝廷”（清代《名宦》），将朝野之间的关系作了辩证分析，这个观念是有历史价值的。作为朝廷命官，乔履信一方面为朝廷负责，一方面又为百姓尽责。为解百姓于倒悬，他先后请蠲赋税二百余石，使富民“困惫稍苏”（《富平县志》卷二按语），身体力行地实践了这一主张。

编写县志，容易垂名于世；县官修志，也容易彰显其所作所为。名宦劣官对待这个问题，或将有所不同，但是不管怎样，真正的千秋宦名，仍受羁于“政声人去后”的定律。历来对于官师的褒贬评骘，常常也是在其离任之后产生的。官师的名实之间，其实也大可寻味。乔履信在介绍清代名宦后，也就政治名声问题生发过自家如下独到的感慨：

所在无赫赫名，所去人思，不其难乎？曰不难。务实不务名，故无赫赫名；未去务实不务名，故所去人思。无名之名，斯真名；无名之名，不仅名也。

如此精彩透辟的说论，固虽出现在清代康雍乾时期，其中所昭示的政绩观和名实观，至今犹觉振聋发聩，具有足资镜鉴的价值。毫无疑问，一个县令、一个职官的名声和政绩之间，显然有其不可规避的密切关联。

其三，何谓县域治理的社会基础？怎样理解盛世王朝的基层社会组织？乱世之际，政局危机的应对意识不绝于书；盛世社会，基层管理的系统观念也不可或缺。在一个县域的境域治理和基层管理方面，地方志所提供的资治观念，也是其他任何文献所无法替代的。

中国国家治理的基础在于“县”。传统的郡县制度推行了两千多年，最具有基础地位和作用的行政区域，恰恰是“县”这个行政单元，而县域的演变和县政的管理，更与此息息相关。在国家走向统一的过程中，政区划分具有历史的随机性，但在国家治理进程中，如何变通政区之间的管辖关系，确立合理的管理体制，也是地方官需要思考的现实命题。譬如陕西三原、富平两县，明代前期均归耀州管辖。明弘治年间，隶籍三原的太子太保、吏部尚书王恕，曾奏请朝廷将三原县改属西安府；明嘉靖年间，直指（官名，指专管巡视、处理各地政事的官员）梁一魁疏称富平“近府远州，宜隶西安”；至万历年间，隶籍富平的“孙冢宰丕扬率士民白巡抚崔应麟，奏改隶西安府”（《富平县志·沿革表》按语）。三原、富平两县改变隶属关系，均需当朝尚书出马请示，足见其难易程度。富平县境内，设立过频阳、土门、美原等县，先后隶属左冯翊、北地郡、雍州、耀州等，明万历年间划归西安府。清乾隆年间，根据各县所占“冲”“繁”“疲”“难”四要素项数的多少，确定职官“最要缺”“要缺”“中缺”“简缺”四个等次，富平县以“繁”“难”兼具而定为二等。其隶属关系，仍属西安府之列。

在基层管理方面，乔履信总结历代基层政区的演变规律，特别强调基层管理的重要性。他曾在《与绅士议设约正乡长书》《议约立乡约练总书》等治县文献中，对建立乡约制度的必要性和有效性，给予了充分的肯定。他要求做到：

> 四乡镇寨大小均匀，相近在四五里内者编为一联管束，每联之内举绅士一人为约正，务得年尊德劭、行淑才优者以膺此任，再于耆老之中举一人为乡长，亦必练达服众、正直居心者以充此

选，或即在现充乡练之内选拔亦可。其约正专司宣讲列圣谕训，化导联内人民，并管善恶簿籍。

同时规定乡练、约正和乡长互相牵制，乡练按季度接受考核奖诫；乡约、练总若有玩法懒惰、徇私不公情形，允许约正、乡长会同揭报。这种基层自治制度的确立，在《富平县志》卷三乡甲、乡联中有详尽介绍。据悉富平县共有八十五联，“每联领十余堡，设立约正、乡长各一人，给以条约，稽其乡约、练总之勤惰，朔望率士民讲谕读法，以申教化”。《条约》内容有十项，依次为“宣讲上谕”“讲解律例”“清查户口”“崇尚积聚”“匡正风俗”“褒奖善良”“严稽匪劣”“法严连坐”“共为守望”“怜恤孤寡”等，集中体现了国家基层治理的规范性和约束力，同时也明确了乡约、练总等的不同岗位职责。

需要指出的是，历史上各朝各代，都十分重视基层政区的社会治理。从乱世到治世乃至盛世，基层政区的现实作用在不断演变；从乱世的自保机制，到治世的自理体制，再到盛世的自治系统，其基层管辖的自治程度，也往往与当时经济发展、社会发达程度密切相关。原来《周礼》所记载的大都小都、乡士遂士、县师县鄙之属，“率以士流为之”，至秦汉以降的乡亭制，以及“魏之州县乡官悉由部吏，唐之里正、村正必以勋品”（《议约立乡约练总书》），都说明基层乡官的重要性。而彼时富平民间“视乡练为卑贱之役，沿门挨派，勉强支承”（同上条），正是乔履信治县理政过程中竭力疏导的社会问题。随着当地经济、社会基础的变化，不断调整基层管理体制，赋予乡村治理以必要使命感，改变乡官的政治与经济待遇，让基层组织充分发挥其自治作用，同时进一步加强对基层乡官的法律制约，也是历代封建王朝维持其太平盛世的重要社会基础。反之，“基础不牢，地动山摇”，历代王朝遭遇的社会衰变危机，常常最先爆发在基层管理的失范和基层社会不稳定诸方面。乔履信有关富平一县基层社会的顶层设计、乡联划分和历史分析，对于认识我国现行基层社会的治理问题，仍然有相当的启示意义。

其四，县域治理既依靠法治权威，又讲求道德礼仪，两者之间有何辩证关系？法治治理属于国家治理的一端，主要改变的是人们的行为规范；

道德礼仪属于社会治理的一端，主要改变的是人们的精神信念。法治治理依靠官僚体制的行政推动，而道德礼仪依靠社会组织的良性互动，两者共同发力，才能构成公共社会秩序的良性支撑，使国家治理和社会治理的权力分配臻于平衡。

在一定意义上说，郡县制度、乡联制度都是国家治理的必要延伸。乡联制度更具有基层社会自治的特点。这是问题的一个方面。另一方面，朝野礼仪制度的确立，始终与社会治理中的道德示范、道德约束密切相关。乔履信《富平县志·学校》篇的编纂，便集中彰显了礼仪治国的重要性。编者认为：

> 富隶古宗周地，东胶虞庠之制，宜其耳之悉矣。
>
> 乡学重书院，兴自五季，于今为盛，德造誉髦，成就尤夥，学校之助也。

明嘉靖年间，富平知县刘知简曾办过新城书院，但是早已废置。乔履信宰富第四年，即清乾隆三年（1738），又创办南湖书院，延聘渭南进士唐若时主持。其所撰《南湖书院记》表示，宋时张载曾讲学关中，一时从游者如武功苏季明（苏昞）、蓝田吕与叔（大临）昆弟、三水范巽之（育）、张芸叟（舜民）、长安李潏水（復）、武功游景叔（师雄）等，悉归张载门下，并能接续横渠遗风，使“人文彬彬蔚起，与濂、洛、闽齐名。至明时，冯少墟设立关中书院，韩苑洛、吕泾野诸公亦先后继武，咸以振兴文教、倡明道学为己任”，因而从游之士，“咸因材造就，各有所立”。是以其捐廉创立书院，也期待出现人才辈出的局面。为此，他还专门记载了“学宫”，并将祭祀周孔的典礼及从祀的众多先贤和先儒，一一罗列，作为膜拜崇祀的对象。又将日常祭祀的乐舞器具、祝文乐章、崇祀祠堂、乡饮酒礼悉数列出，以传播其所尊奉的道德价值观念。

当然，在礼仪治理和法治治理的关系上，法治治理的优先性和强制性，也是乔履信所反复强调的。一个区域社会法制不彰，也就谈不上礼仪治理。礼仪治理，必须建立在法治基础之上。否则，这种礼仪治理必将成为特权的道具，甚至堕落为无良基层管理者的遮羞布，其负面的影响也将暴露无遗矣。

其五，如何评估乡贤人物和节烈人物的价值？清代学者人生价值观的现实悖题何在？地方志缘何记载人物？乔履信说：“人也奈何哉，兼物言人也。物也者，物也。言有物，行有物，其中有物，物物而不物于物。类萃之中标物望，风尘之外有物色，惟人可物，故物其人云。”言下之意，写人物总该有事可写，有迹可循。但人物分别男女，历代社会的性别观则大异其趣。

在儒家传统观念中，男女尊卑的差异，早已成为历史的桎梏。明代康海在正德《武功县志》中，异乎寻常地强调了妇女的社会地位。在《康氏族谱》中，他将出嫁的闺女列入谱牒，也突出了妇女的家族地位。但是随着道学的重新崛起，清代反而一再张扬节烈观念，并将妇女的人生观绑定在世俗尊卑观念的锁链之上，使之成为男权社会的点缀和附庸。固然，乔履信在此志《人物》志中，肯定了“忠孝廉节”的社会观念，其中所介绍的男性先民，诸如明代先贤张紞，字昭季，号鷃庵，因永乐皇帝篡权而自杀；先贤杨爵，字伯修，号斛山，两下诏狱，不改故我，病重时仍嘱咐子孙“作第一等人，做第一等事”；先贤孙丕扬，字叔孝，号立山，“铨政流弊，创立签法”；先贤陈有虞，字大陆，抵御海寇，守城而死；先贤李因笃，字天生，号了德，廷臣疏荐，因母请辞，顾炎武曾以“文章来国上，忠厚与乡人”誉之等，无虑都是其所处时代引领风气的佼佼者。此外，志中还记载有孝友者、任恤者、不昧遗金者、隐德可称者、学行可称者、幼颖可称者不少，也都贯穿着这一精神主旨。但其志中有关节烈人物的记载，也反映了他当年不平等的性别观念。有关元明清时期的节烈女性，越写越繁复，与社会发展进步的趋势相比，可说是完全悖谬。诸如李蓴妻王氏，在李蓴死后上吊自缢；生员陈俊士妻子张氏活活自饿而死；杨纯妻王氏从容投缳殉情；督学田公本沛侧室“……能诗工书画，自田公殁，焚弃笔砚，绝口不吟”，连篇累牍而不厌其烦，他如诚孝事亲、割股疗亲、孝亲抚孤、苦节终身等等，亦皆不一而足。据载其宰富六年，请旌节烈达五十余例，足见节烈观念害人之深。

人性的自由解放，是近代才出现的社会话题，也是妇女阶层取得平等人格权的重要标志。反观传统宗法社会中，妇女地位的卑贱和节烈意识的增强，不但是愚陋的社会观念，而且也成为内敛于妇女阶层自身的思想观念。这种观念的愚昧性和非人道性，再怎么鞭挞也不为过分。万千妇女作为传统愚昧观念的牺牲品，可怜而复可悲，恐怕也需要厉声追讨之。

其六，“文章合为时而著，歌诗合为事而作”（白居易《与元九书》），此乃文章用世的现实基础。因而艺文文献中的经世观念，也是考量《富平县志》学术价值的一个方面。所谓艺文文献，一指典籍，二指人物。文章是人写的，人写的文章是各式各样的。抒发个人寄托或一己感兴的文章，艺术性未必很差，但其社会局限性却显而易见。惟有富有社会感召性和思想穿透力的经世文献，才堪构成地方志书中最可宝贵的艺文文献。

这部《富平县志》本身，就是一部具有较强资政价值的艺文文献。其文本简洁练达，富有可读性。就编纂理念而言，这部志书完全建立在强烈的入世思想之上。乔履信任职富平，一边从政，一边修志，“分门别类，鳞砌雁排”，同时延请本县学行优卓的人士，“公相商榷，去存详略，务归允当”，这是取得公共信任的过程。地方志书作为一种公共文化产品，其最大的价值就在于文献的公信力，在于文献中褒贬评骘的公平性，所以必须要有具备公共立场的知识分子或国家公器的执掌者来秉公处理。这部县志的编修过程，也就体现了这一基本的工作程序。同时，对于前代孙丕扬和韩斗山的两部旧志，编者更是“细加研磨”，“稍涉重复者检剔之，稍非肯綮者节去之，体例稍缺及稍冗者补缀之、整顿之。至其辩而不华，质而不俚，赡而不秽，详而有体，蔚为不刊”。（乔履信《富平县志序》）这种精益求精、讲求实录的态度，正是这部天下名志诞生的先决条件。

至于这部《富平县志》的文本价值，也体现在其叙事写实方面。全志卷首《疆域山川图》《城池全图》和《富平八景图》，以舆地图的形式，对于境内的区域、城池做了全面勾勒，同时也从审美地理的角度，概括了富平县的人文特征。其中题写“锦屏列翠”“玉带环流”“杏林晴眺”“灵湫夜月”“南湖烟雨”“五陵秋色”“美原仙迹”“石洞书声”等“富平八景”的七律诗，与其精美的线描国画相辅而相成，尤具馥郁的可读性和感染力。在富平县山川、河渠等自然地理介绍的同时，编者突出了北魏至清朝的历代帝王陵墓和名人墓葬，有关北魏墓葬的学术考察，为人们提供了别样的视角；有关唐代中宗定陵、代宗元陵、顺宗丰陵、文宗章陵、懿宗简陵等五陵的介绍，有关秦代名将王翦、明代名臣杨爵，以及清初名儒李因笃等名人墓葬的介绍，均为人们提供了确切的地理标识。乔履信说："谈形胜者，曰襟山，曰带水；恣游眺者，曰寻山，曰问水"，这里的山水自然，也正彰显了这一重要的社会与人文价值观念。在祥异问题上，县志既记载了历史上的地震灾害和病虫灾害，也陈述了灾荒之年出现的人间悲剧，并进而提出了"遇灾而惧，在修德"的传统命题，其现实性也是无可挑剔的。

时过境迁，清代盛世的富平何在？答曰：在乎方志文献之中。《富平县志·形胜》云："南襟荆山，北枕明月，东带温泉，西萦漆沮，周揽全形，指划胜迹。"《汉书》云"频阳北当上郡、西河，为数郡凑"，洵匪诬也。这部县志的艺文文献，均集中在全书末尾。康海《武功县志》尝采取分解法，将艺文文献穿插在正文之中；而这部县志将其单独列出，原因在于"艺文者，道德之枝叶，人事之绪余也，故殿全志各门之终。"（《富平县志·凡例》）乔履信也说："刘向《七略》列诗赋，王俭《七志》列文翰，孝绪《七录》列文集。邑志，一邑之乘也，记载著述，胡可缺然。文华也，行实也，先行后文，宜为殿。志艺文。"编者收录了大量五言、七言诗歌，如明练国士、罗钦顺、清朱树滋和张雄图等，大都是各有旨归的佳作名什，而其"人卧清明雨，春深燕子楼。花香与鸟语，总是故乡愁"（明练国士《驻节频阳》），"人生莫恨不同时，千载相知凭寸心"（朱树滋《游盘龙湾怀前辈刘雨化先生》），"眼看荣利独超然，家学关西故有传"（罗钦顺《赠杨斛山》），"程学寻源遥可溯，横渠引脉近相通"（张雄图《南湖书院落成志喜和韵》）等诗句，大都有其深湛的审美意味。至于志中所收涉及政治、乡约、教育、衙署、名宦、桥渠、庙宇、减灾、祭祀等等方面的散文文献，也多"雅驯可言"，无不有其原创性，其春花秋实的效果，亦皆历历可观。

不久前，富平籍青年学者徐朋彪，送达乔履信所撰《富平县志》校注稿，邀我审读并撰写评骘文章。这是他有关《富平县志》的又一部重要成果，与明代孙丕扬《富平县志》堪相伯仲。校注者以其对家乡的丰富情感和热心态度，依照旧志整理的学术规范来操作、来校勘，所取得的学术成效令人耳目一新。其整理稿的突出特点，一是校勘较精，二是注解简明，三是议论公允。尽管仍然不无错讹，但其可读性却得到了很大的提升。读罢全志，我为之深受感动，写下《读乔履信〈富平县志〉有感》一诗，其辞曰：

国史与县志，空间大不同；修史与编志，轻重莫失衡。
国史垂经纬，际会天地宏；县志自蕞尔，所望内外明。
前者可褒贬，避讳非必成；后者当审慎，任性易失中。
躬逢极盛季，自是醒世钟；匠艺有点击，思绪若古筝。
一击看舆地，幅员当会通；地扼荆山道，势倾渭北冢。
再击看沿革，古今可比兴；美原有迁易，富平求丰登。
三击看官师，笔意出儒经；欲褒入名宦，欲贬徒记名。
四击看人物，事业不可轻；乡贤存大腕，节烈悼牺牲。
五击看文献，匠意入全宗；治国托思致，修齐贵家风。
六击看乡联，基层有天空；保甲结邻里，互动显大公。
七击看题跋，点评颇中听；审美论八景，品物察名声。
八击看体例，逻辑可贯通；平列天下事，一一尽言中。
九击看文采，前后相辉映；名篇同日月，才溢文曲星。
十击看理念，履政能变通；赫赫与寂寂，事功始衍生。
百击千百次，改革出新星；莫道富邑小，邑小巨擘涌。
千击可塑身，久练称天工；事业登登进，技艺日日精。
重读富平志，久仰富平人；为人不整人，用情更执中。
今此有感怀，随时记心中；明朝再反思，万事更亨通。

其诗其文，行文点评容有不妥，自当由我负责；而这部县志给予我的多重启迪，却有着整理者的一份功劳。借此机会，我要对先驱者表示感激，对后来者表示感佩，对出版者表示感谢。书不达意，敬请不吝批评。

（作者为陕西省地方志办公室市县志处处长）

前　言

编修地方志是中华民族的优良传统。据1985年出版的《中国地方志联合目录》统计，全国共有1949年以前编纂的省、市、府、州、县、乡镇志8264种。这些浩如烟海的方志典籍，是一座信息密集的知识宝库，为我们了解祖国各地的历史地理、人物轶闻、艺文著作、风俗民情等提供了很多宝贵的材料。由于旧方志刊印数量较少，流传分布不广，而且今人读来总会有这样那样的障碍和隔阂，所以亟待对其加以校勘、注译，使其成为人人的案头读物，为社会主义文化建设事业作出贡献。

富平历史源远流长，文化底蕴深厚，明清两代曾多次修志。兹列举成书者如下：

万历《富平县志》，明刘兑修，孙丕扬纂，万历十二年（1584）刻本刊印。此志为明代关中八部名志之一，10卷，分图、考、传、志4大门类。采摭丰富，文词典雅，考证精详。全志约5万字，共4册，每半页9行，行20字，《中国地方志联合目录》《千顷堂书目》著录。据第一批陕西省珍贵古籍名录和美国国会图书馆藏中国方志目录记载，今藏西安博物院、美国国会图书馆。另外，全国图书馆缩微文献复制中心也有其全1卷胶片载体形态复本。清乾隆四十三年（1778）吴六鳌重刊明刻本，题曰《重刻孙立山先生富平县志》。此本共上、下两卷，流传甚广，《中国西北稀见方志续集》有载录。后亦有佚名据重刊本所录手抄本传世。西安博物院藏本共上、下两册，十卷，保存品相完好。与吴六鳌重刊本相较，此本仅多一《助刊姓氏录》、少一《重刻孙立山先生富平志序》而已，其余内容皆同。

乾隆五年（1740）《富平县志》，乔履信纂修。此志共8卷，约14万字，是在韩文《富平县志稿》的基础上修补订正而成，分星野、建置、山川、河渠、赋役、乡甲、学校、典礼、职官、选举、名宦、人物、祥异、艺文，共14门类，21个子目，记事至清乾隆五年。京师图书馆藏本共5册，第1册序、图、星野、建置、山川、河渠、赋役，第2册乡甲风俗附、学校、典礼，第3册职官、选举、名宦，第4册人物、乡贤、节烈、流寓、仙释，第5册祥异、艺文。该藏本钤有藏书章，印文为红色篆书“京师图书馆藏书记”。此志行格每半页10行，每行20字，注文则以双行小字紧附于相应的正文之下。《国家图书馆藏地方志珍本丛刊》载录，《中国地方志联合目录》著录。

乾隆四十三年（1778）《富平县志》，吴六鳌修，胡文铨纂。全书共8卷，约15万字。卷首有毕沅序、吴六鳌序，内容包括地理、建置、贡赋、水利、职官、选举、人物、艺文，下设29目，有图6幅。《中国地方志集成·陕西府县志辑》著录，流传较广。

光绪《富平县志稿》，清樊增祥修，谭麐纂，光绪十七年（1891）刻本。光绪十二年（1886）樊增祥任富平县令，次年即邀谭麐纂修县志，约于十五年成书，光绪辛卯仲春开雕。全志共10卷，约30万字。卷首为谭麐叙、刘锟叙、纂修姓氏、捐梓姓氏、目录、例言、宸翰。卷一地理志，卷二建置志，卷三风土志、艺文志、金石志，卷四经政志，卷五人物志，卷六人物志下，卷七仕宦表、职官表、官师志，卷八节孝志，卷九节孝志下，卷十故事志。此志体例精核，载述详尽，言简意赅，不失为清代方志名著。台湾成文出版社《中国方志丛书》载录。

《富平县乡土志》，清末佚名传抄本。无序跋、弁言，成书确切年代、纂修者难以定论。全志约15000字，极为简括，《陕西省图书馆藏稀见方志丛刊》《乡土志抄稿本选编》均有载录。

对上述这些珍贵的旧志、史料，我们将逐一进行整理校注，总名为《富平旧志校注丛书》。2015年我们先对孙丕扬《富平县志》予以点校，出版后收到了各方面的反馈意见。旧志整理难度大、专业技术性强，我们不揣谫陋，一边整理校对，一边虚心学习，争取做到尽可能好。期待这套丛书能够抛砖引玉，使后出转精者出。

校注说明

一　次校注以京师图书馆藏清乾隆五年（1740）乔履信纂修《富平县志》为底本，又参校西安博物院藏明万历《富平县志》、清乾隆四十三年（1778）《重刻孙立山先生富平县志》、乾隆四十三年（1778）《富平县志》、光绪《富平县志稿》诸本，择善而从。

一　篇目顺序仍依原版，全书用规范简体字横排。正文用宋体，另出之注释、校记皆用楷体。

一　校勘时，除了“已巳己”“戊戍戌戎”“曰日”之类的明显形近而误的可以径直改正之外，其他脱、衍、倒、讹等用字问题，一律出校说明。校勘之处以汉字［一］［二］［三］等在需要出校的字、词、句后标示，校记置于本段末。凡改动原志的地方，用方、圆括号表示：圆括号（ ）内表示删去，方括号［ ］内表示改正。缺笔避讳径直予以纠正，例如“𤣥”改“玄”，“𢎞”改“弘”，“燁”改“烨”，“𦙍”改“胤”等，其他避讳以（代字）［讳字］方式表述，例如（元）［玄］、（宏）［弘］、（邱）［丘］等。异体字均改为规范简体字，例如“㫖”改为“旨”，“旹”改为“时”，“疋”改为“匹”，“畧”改为“略”，“旂”改为“旗”，“邨”改为“村”等。通假字一般则不改，仍依其旧。原版中的阙文则以方框填补，亦出校指出。

一　在注释方面，兼顾人名、地名、年号、职官等术语，酌情对一些难理解的字词与历史文化知识进行解说。统一采用段后注方法，注释数码用带圈数字。为了方便读者，对年号、地名、职官等注释各页不避重复。

一　出列条目基本遵循“释词不释句”的原则，所出条目均为词或短语，一般不以句子出条。

一　注释、校勘所依据的语文类工具书主要有《汉语大字典》《汉语大词典》《辞海》《词源》《汉典》《故训汇纂》《王力古汉语字典》等几部权威性的辞书。历史文化知识方面则主要依据《中国方志大辞典》《中国人名大辞典》《中国历代官制大辞典》《中国古今地名大辞典》《四库全书总目提要》《明代传记丛刊》《辽金元传记资料丛刊》《清代传记丛刊》《地方志人物传记资料丛刊》《中国历史大辞典》《中国西北文献丛书》《陕西金石志》《中国方志丛书》《长安志》《陕西省志·著述志》《陕西通志》《西安府志》等著作来进行。

一　注音用汉语拼音字母，一律标注在字后圆括号内。

一　底本木刻原图有些漫漶，我们依据原文和其他版本重置文字并修补线条，仍以原顺序排列。

一　对本志作者历史观及用语不能苟同之处，不出校纠驳。

目 录

富平縣志

官衙藏板

乾隆五年乔履信《富平县志》封面

富平县志序

履信于庚戌岁恭膺世宗宪皇帝简命分发陕西学习试用，甫抵西安，值诸上宪奉旨纂修通志，信以菲材猥入志馆，分门编撰。时馆中罗置全省郡邑诸志，以备采取，几与曹仓[①]邺架[②]较伯仲，信见之跃然，曰："信少时览新城王渔洋先生诸杂著有云，近世志书文简事核、训辞尔雅，无如康对山之《武功志》，次则王渼陂、吕泾野、孙立山户县、高陵、富平诸志，皆可埒于对山者。"今此充栋堆床，诸家俱在也。因随手抽捡、纵心披阅，益叹名公咨赏，另具只眼，用敢仿厥义例，勉编纪事、经籍、古迹三门，幸蒇[③]厥事。

越甲寅岁，试用眉邑，旋调富平。入境，山川历历，如逢故物，接其人士，雍雍济济，先达诸老之清风高韵，仿佛如或见之者，徒以滥竽志馆时，预获纵览孙公立山所辑邑志故也。既而公务丛委，纷如猬集。不惟砚田就荒，笔蕊将落，难附著作之林，而治教未孚，民俗待易；方且旁午奔命，日不暇给。古云政治不成者，无为妄议文章之事。信安敢遽拟治其政事及万民之利害，裒其礼俗教治刑禁，志其和亲康乐安平，汇萃成书，以俟行人谒者乘传持节而下采耶？顾惟本朝四圣相承，德洋恩溥，海隅日出之乡，无不蒸蒸向化，名材辈出，人文蔚起，致可传述。矧兹三辅名区，久沐恩膏而定鼎以还，胜迹伟人、鸿章巨制纪载缺如。忝居守土，责有攸归，势又不敢以谫劣无文，竟尔怠缓从事。近年百凡粗举，略有余暇，于是征文考献，谋为修志之举。始悉旧志自孙公撰次后六十余年，本朝韩公斗山有续辑若干卷，未经刊行。急命索观，见所覼缕[④]可补孙志之缺者，得若干事。稽其岁月，距今更历八十年所矣。制随时异，事与年集，风逐俗移，诚不可以莫之志也。爰择日立柜，博为采访。凡阅岁，得若干纸，仿白帖例，分门别类，鳞砌雁排，更走书延致邑中之学行优卓者若干人，公相商榷，去存详略，务归允当而止。于孙公刻本、韩公草本，亦皆细加研磨，稍涉重复者检剔之，稍非肯綮者节去之，体例稍缺及稍冗者补缀之、整顿之。至其辩而不华，质而不俚，赡而不秽，详而有体，蔚为不刊。同符班马者，则皆恪为遵奉，罔敢肆情点窜，以增诬妄。铨次既竣，爰登梨枣，敬于简端，粗摅鄙见，以告后之君子。复念顾宁人先生有言，监司守令不悉一方之地形、土俗、因革、利病，不可以作志。信待罪五年，碌碌无似，辄敢泚笔污简，率成此志，方惧远愧孙公、近惭韩氏，难免续貂之诮。至谓小言琐议、蚓窍蝇声[5]，可与对山、渼陂诸公踵起代兴、抗行角立，他日必有文坛只眼如渔洋先生者起而推崇、奖借之。信且前望古人、后顾来者，不禁内外互恧[6]、面背交汗也。

是为序。

时乾隆五年秋七月吉日，赐进士第富平县知县行取候补主事西亳乔履信[7]撰。

【注释】

①曹仓：曹曾家财巨富，收藏图书甚丰，所藏达万余卷。光武初天下兵乱，他唯恐因战乱而湮没书籍，乃积石为仓以储书，世称“曹氏书仓”。后以“曹仓”泛指藏书的仓库。

②邺架：唐代李泌家藏书丰富，泌封邺侯，后人称人藏书的地方为“邺架”。

③蒇（chǎn）：完成，解决。

④覼缕（luó lǚ）：详细而有条理地叙述。

⑤蚓窍蝇声：蚓窍，旧误蚯蚓能鸣，其声发于孔窍，比喻微不足道的音响。蝇声，苍蝇营营之声。两者合称泛指拙劣的诗文创作。

⑥恧（nǜ）：惭愧。

⑦乔履信：字实夫（1709—1747，一说1708—1746），号敦峰，清河南府偃师县府店镇夹沟村人。雍正八年（1730）进士，任《陕西通志》纪事、经籍、古迹三门分纂，历官眉县、富平、咸宁知县，后补授礼部主事，以御史记名。为官颇有政绩，善政尤多，百姓感戴之。著有《乡甲条约》一卷、《富平县志》八卷、《陕西通志》三卷、《宁远堂诗草》一卷等。生平事迹《偃师名人传略》《洛阳市志·人物志》《中州文献总录》《商水县志》均有记载。

富平县志凡例

一　前明司训王君道、教谕吕君子固、县丞李君梁先后所辑邑志皆不传，传者仅孙恭介公定本暨本朝韩公斗山稿本。今志托以权舆，奉为绵蕝，间亦补缺拾遗，略参蜗见，敢谓增华加厉，别具鸿裁。

一　孙志目分十门，韩志分二十二门。孙公事当草创，虽叙致精核，文笔雅健，而前缺星野，后遗艺文，未免节目疏阔，微伤漏略。韩志体例加详，顾人物一门漏略颇多，加前后叙次间亦未尽稳适，如孝义不附人物而列陵墓之下，水利乃后艺文而不居田赋之前。当时应自有说，而鄙意终觉未允，故敢妄肆订增，略加窜易。

一　此志目分十四，视孙赢四，较韩省八。先星野以占天文，次建置以规地利。地借镇于山川，利莫大于河渠，故山川河渠次之。水滋民田而赋以起，赋按乡定而甲以分，故赋役乡甲次之。教继养而兴，秀由野而升，故学校又次之。敩[①]学为建国君民之先，而礼乐政治次第可举矣，故典礼又次之。然举政倡化者有民有社之责也，而登隽升华者五都四民之首也，故职官选举即次之。若乃同一职官而独以循良著，同一选举而特以德行道艺称，或且未与选举而初不假借科目仕籍以为重，则夫乐只君子、岂弟[②]君子与夫此都人士、此都士女其殁而可祭于社者，固宜表而出之，以为后世法。名宦人物次于职官选举者，此物此志也。至于祥异者，由人而兴、因政而见者也，故列名宦人物之下。艺文者，道德之枝叶、人事之绪余也，故殿全志各门之终。

一　此志目虽十四，而建置中则分疆域、城池、公署、沿革、形胜、古迹六小目，学校分学宫、书院，典礼分祀典、政典，赋役分粮额、税课、俸给、驿铺、物产，人物分乡贤、节烈、流寓、仙释，又附陵墓于山川，附桥梁于河渠，寺观附典礼，风俗附乡甲，封爵、恩荫之属附选举。大目从简，小目从详，务以不繁不漏为度，览者鉴之。

一　没世名称，盖棺论定，故乡贤一类虽硕德醇行、帜竖表悬而现存者，必不敢率尔遽登，以乖著述之体。间有一二附见者，以与法应立传之人事迹有关，不得不牵连及之。若特立一传，则断断无有。至节烈一类，无问存殁，均得隶名者，则以一醮终身、九原永誓。年与例符，在朝廷且有褒扬之典，表里树风，何惜片楮[3]点墨，以志幽贞。

一　星野一门孙志从略，韩志缺图，今俱补入。建置在二公身后者，补入。山川则孙志所摭最为委备，谨奉旧规，略参新考。余自河渠以迄选举并祥异、艺文，率与建置同例。惟人物一门，博采广询，悉意参酌，罔敢滥取，瞻徇致同，谀牒秽史。名宦则据孙韩二志捡其无与富邑者删去数人，余备书之，其增入者仅本朝李、郭、蒋、杨、李数君，志慎也。

一　孙韩二志所载职官衮钺[4]大峻，每于奉职无状者极口痛诋，如粗腿丞之类是也。愚意邑志与国史，体同而例异，国史尚严，邑志从宽，况二志于人物有褒无贬，于职官独口诛笔伐居其半，未免稍失平衡，兼违不非大夫之义。此志于绰有宦迹者如旧登之，备勒丑行者概从削去，仅书籍贯出身暨其莅任年月，失考者缺，亦《春秋》不待贬而自见之例也。务戢雌黄口角，但存皮里阳秋。

一　艺文投柜綦夥，脱口珠玑，触目琳琅，而不获广撷兼收者，徒以志书之例，非有关地方，虽巨制鸿篇、高文典册不应滥取。惟前明杨忠介公二奏疏匪惟梧桐之翙，抑亦桑梓之光，宜标前型，以振后起，故特为录入。

西亳乔履信识

【注释】

①斅（xiào）：教。

②岂弟（kǎi tì）：和乐的样子。

③楮：纸的代称。

④衮钺：褒贬。古代赐衮衣以示嘉奖，给斧钺以示惩罚，故云。

古云图不尽意，兹特粗具大意而止。览者检后，疆域山川诸门参互考证，了如指掌矣。西亳乔履信识。

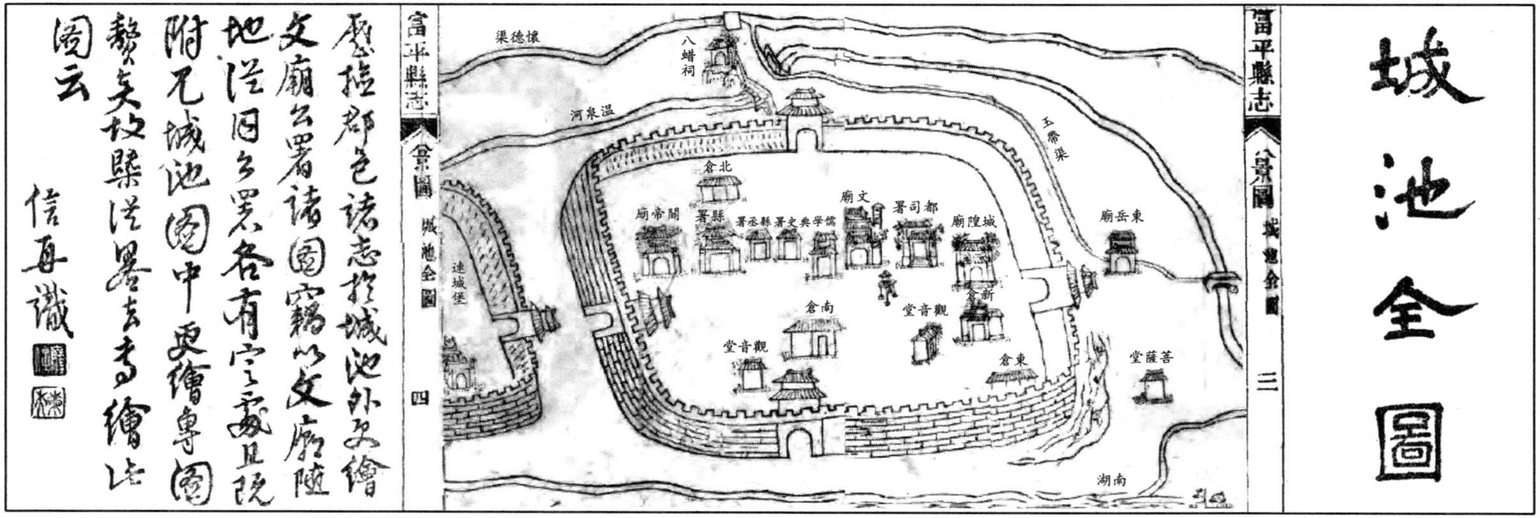

历捡郡邑诸志，于城池外，更绘文庙、公署诸图。窃以文庙随地从同公署，各有定处，且既附见城池图中，更绘专图，赘矣！故概从略去，专绘此图云。信再识。

富平八景图

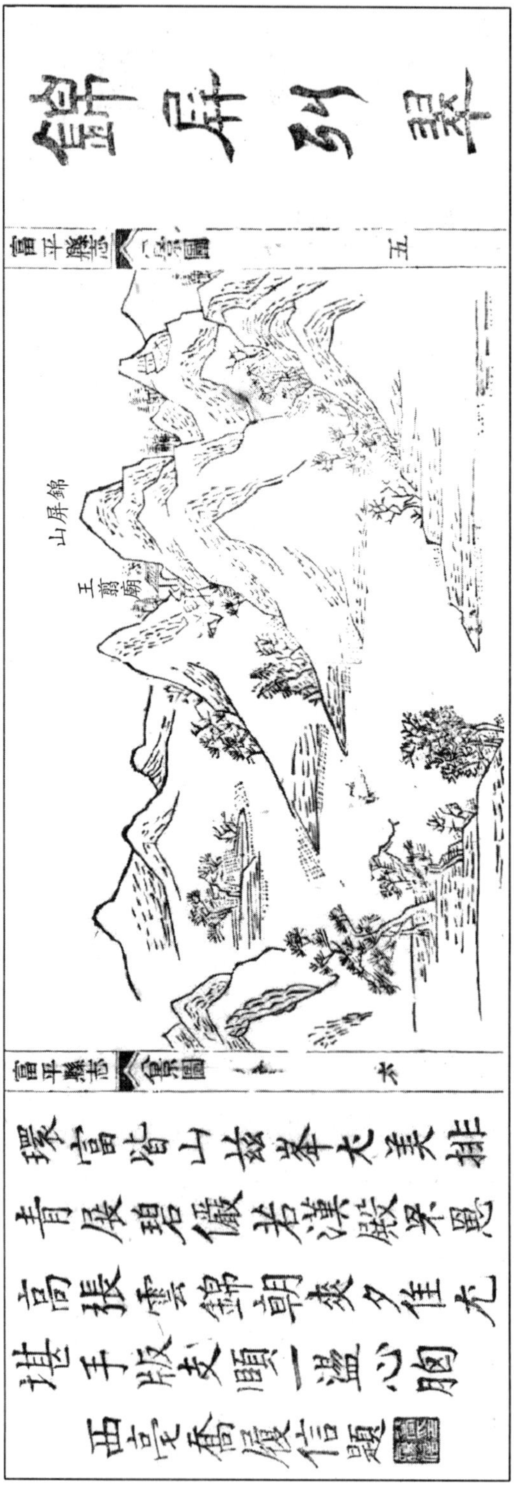

环富皆山，兹峰尤美。排青展碧，俨若汉殿罘罳高张云锦。朝爽夕佳，尤堪手版支颐，一荡心胸。西亳乔履信题。

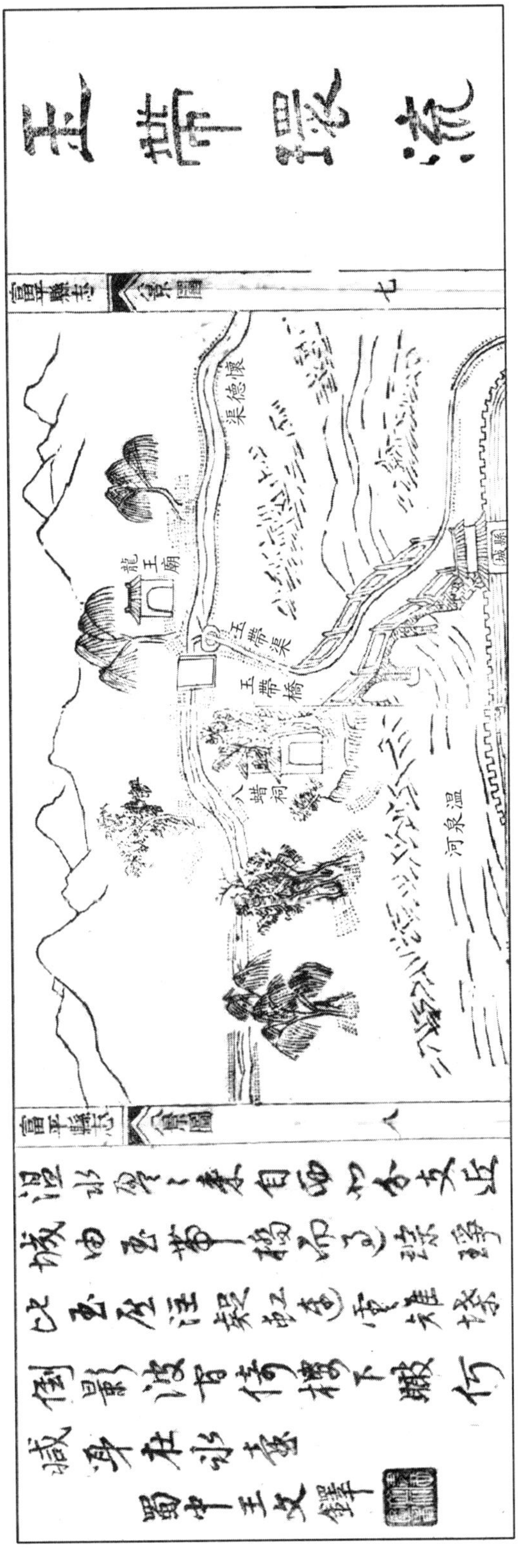

温水盈盈，来自西北。分支近城，由玉带桥而过。琮琤比玉，层注疑虹。连云雉堞，倒影波间。倚楼下瞰，何减身在冰壶。蜀中王文铎。

杏花名村，文杏开馆，风流致佳，千古艳之。石川南望，何止一色十里！消息雨中，吟情马上，良属春郊胜览。夏镇纳善策。

月印三潭，西湖胜迹。惟兹灵湫，真堪方驾，而幽美深窅，能复过之。珠吐骊龙，影涵魄兔，应为仙灵源崖之印。银州王倚重。

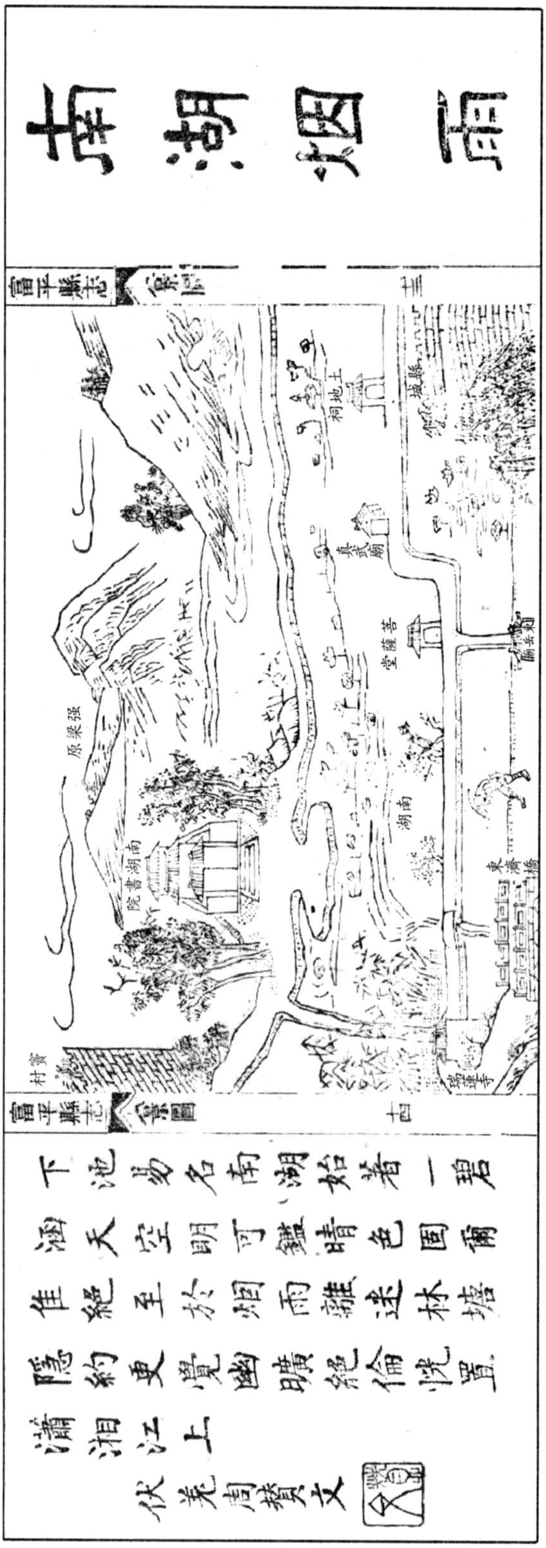

下池易名南湖，始着一碧涵天，空明可鉴，晴色固尔佳绝，至于烟雨离迷、林塘隐约，更觉幽旷绝伦，恍置潇湘江上。伏羌周赞文。

前明公安袁二中郎游汉五陵有“春行如秋”语，奇特精妙。抚今吊古，片语曲传。兹唐五陵，石马嘶风，林鸟号月，枫丹草白中，怀古情深，奚啻增以十倍！清河柴泽灏。

丁令鹤语，苏耽鹤书，神仙有情，讵忘故土？荒原夜月，破庙秋风，不望何日另有蹁跹只影，破空而下，于松楸合抱处，一瞻子孙之墓。武林魏振基。

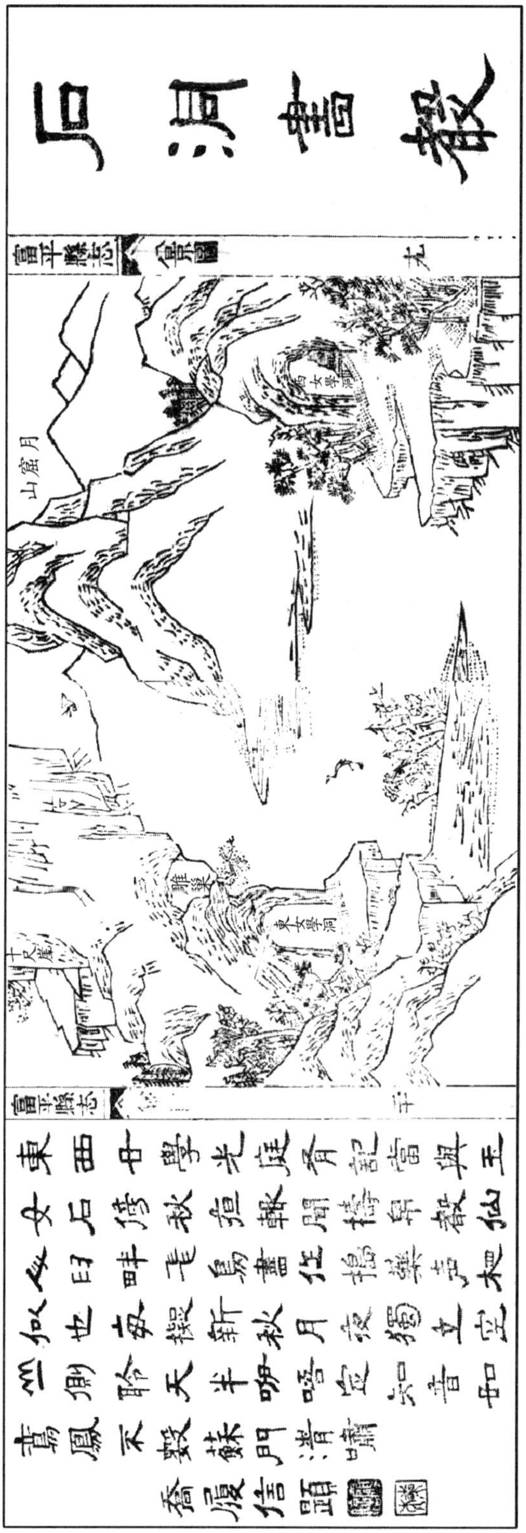

东西女学，光庭有记，当与玉女石傍，秋夜辄闻梼帛声，仙人臼畔飞鸟尽，作捣药声相似也。每拟新秋月夜，独立空山，侧聆天半呷唔，定知音如莺凤，不数苏门清啸。乔履信题。

富平县志目录

【校记】

［一］原志目录将疆域山川图、城池全图、富平八景图三图置于卷之一，现移到原志目录前。

富平县志卷之一

西亳　乔履信敦峰　编次

洛阳　张雄图慕堂　校订

星野

《周礼》以星土辨九州之地，列宿[1]垂象[2]，率以九州疆域属之。富于秦，分一蕞土耳。顾星聚彗扫，祥见东井，验在雍土，昭昭也。邑隶左辅，星统秦分。志星野。

星野图

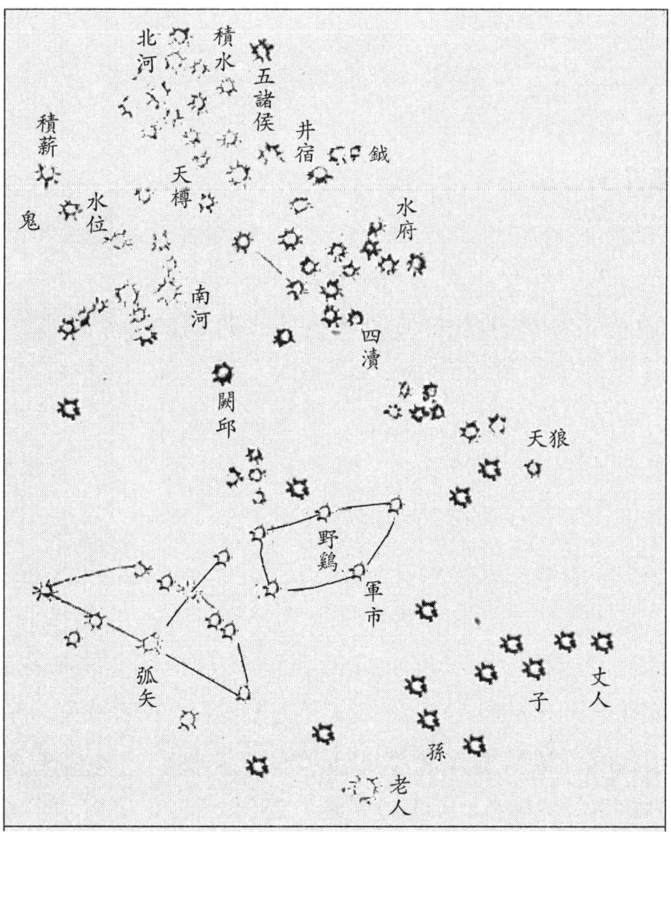

东井

考《周礼郑注》暨《史记·天官》《汉书·地理》《晋书·天文》《唐书·历志》《帝王世纪》《淮南鸿烈》诸书，秦地分野属鹑首[③]。鹑首为南落经星东井与鬼。虽班固称秦分自井十度至柳三度，李淳风谓自井十六度至柳八度，度数不同，同属鹑首，适当山河之右。至《后汉·天文志》《春秋文耀钩》《广雅》《宋·天文志》诸书，或云雍州属魁星，或云天枢主秦，或云上台主梁雍，而星图复载天市垣[④]列国星二十二，秦二星在周星东南，又牛女下十二星有东秦星、西秦星，又五车五星，西北一星主秦，纠轕纷呶如治丝而棼，故谨遵一行《大衍》[⑤]“山川两界”之说。按甘石张陈星经星图[⑥]、《丹元子步天歌》[⑦]参互考定，首写星图以补旧志之缺。又按富平地当渭北，应属井二，故仅绘井宿，不及鬼舆云。

西亳乔履信曰：“秦属鬼井，验用如响矣。稽星家言，井正明则法度正，厥明大盛，多风雨。鬼四星明，五谷成，动摇则灾，天人征应不爽耳。虽修德修政，用禳用祈，存乎其人，而视听自民，日监在兹[⑧]，尚慎旃[⑨]哉！首撰星野敬天也。”

【注释】

①列宿：众星宿，特指二十八宿。

②垂象：显示征兆。

③鹑首：十二星次之一，指朱鸟七宿中的井宿和鬼宿，分野主秦，属雍州。《晋书·天文志》：“自东井十六度至柳八度为鹑首，于辰在未，秦之分野，属雍州。”

④天市垣：三垣（紫微垣、太微垣、天市垣）之下垣，每垣都是一个比较大的天区，内含若干星官。天市垣共二十二星，是天上的市集，象征繁华街市。

⑤大衍：指唐代僧一行所撰《大衍历》。

⑥甘石张陈星经星图：甘，指甘德。石，指石申。张，指张衡。陈，指陈卓。战国时期齐人甘德、魏人石申各写出一部天文学著作，后人把这两部著作合起来，称为《甘石星经》。张衡（78—139）观测和记录了中原地区能看到的2500颗星星，并且绘制了我国第一幅较完备的星图《灵宪图》，只可惜失传了。三国时吴国人陈卓综合历代各派占星家对天象的观测记录，绘制了一幅恒星和星官图，所包含的恒星已有1464颗，星官（古代的星座）283个。

⑦丹元子步天歌：唐代王希明所撰写的一部天文学著作，以诗歌的形式介绍中国古代全天星官，共一卷。丹元子是王希明的号。

⑧日监在兹：语出《诗经·颂·周颂·闵予小子之什·敬之》。日：每天。监：察，监视。兹：此，下土。

⑨旃：文言助词，相当于“之”或“之焉”。

建置疆域　城池　署廨　沿革　形胜　古迹

帝悦秦缪①，用锡此土[一]，陆海金汤，括三秦以为言也。富邑虽割雍片壤，然于秦中称洋洋大风矣。画疆有定，建置靡常。名迹胜地，率可述而志。捃拾胪列，仿《寰宇》《郡国》例②。志建置。

【校记】

[一]用锡此土：应为“锡用此土”，语出张衡《西京赋》。锡，通“赐”，给予，赐给。

【注释】

①缪：通“穆”，古代君主死后常用的谥号之一。

②寰宇郡国：“寰宇”指《太平寰宇记》。“郡国”此处所指难以确定，或指《元和郡县图志》，或指《后汉书·郡国志》，抑或仅指《太平寰宇记》引用《郡国志》佚文之体例，待考。

疆域

富平县治在西安府东北，东至蒲城县界四十里，西至三原县界三十里，南至临潼县界二十里，北至同官县界六十里，东南至关山里蒲富渭临四县界四十里，西南至三原县界三十里，东北至六井村蒲城县界九十里，西北至耀州界五十里，东北至京师二千六百里，西南至西安府一百二十里。

城池

县城本名窑桥寨，元末张良弼据之，徐达经略关中，因以为县。正统初，知县高应举始筑土为城，周三里，高三丈，自壕至堞高六丈，池深一丈，门三。弘治中，知县陈阔[一]辟西门。嘉靖中，巡抚谢兰增筑城外敌台，知县胡志夔砌以砖。乙卯地震，城圮，知县赵桐缮之，知县崔举葺四门，知县史灿竟其工，扁四门，东曰华翔，西曰荆踞，南曰盘石，北曰带温。万历间，知县刘兑始创东郭，更名盘门，引玉带渠水南入隍中。

本朝康熙元年，知县郑昆璧修筑。康熙五十二年，知县杨勤改建南门，更名启运。

【校记】

［一］阔：应为“润”，陈润弘治元年始任知县。

署廨

县署　在城内正中。明洪武三年，主簿陈忠信建。天顺中，知县王杰新之。成化十八年，知县郭镕建吏舍，创后堂三楹，知县张本增为五楹。嘉靖乙卯地震，倾圮，知县张桐建亲民堂五楹，右为库、卷棚、仪门各三楹。隆庆中，知县史灿建堂左翼室暨宣化坊。万历中，知县杨守川建堂右翼室暨戒石亭，知县刘兑建二堂、三堂、四堂。本朝康熙五十二年，知县杨勤建五堂。

县丞署　在县署东。明万历十年县丞高希古建，崇祯十六年知县崔允升修。本朝康熙十年知县邹曰仁重修。

典史署　在丞署东。康熙十七年知县郭传芳重修。

教谕署　在明伦堂东。康熙五十二年知县杨勤重修。

训导署　在明伦堂西。康熙五十二年知县杨勤重修。

都司署　在县署东。按旧志图，即按察司行署也。

富有仓　在县署正南。

富新仓　在县署正北。

富厚仓　在县署东南。

富备仓　在县署后。

社　仓　连城堡、窦村堡、留古镇、尸家镇、到贤镇、薛家镇、流曲镇、庄里镇、都村镇各一仓，美原镇二仓。

养济院　在富厚仓东。原厦九间，雍正十三年知县乔履信添建九间，门楼一间。

谯　楼　明鸿胪序班李尽心修，在县署东南。

讲武场　旧在南郭外，明知县刘兑移置北郭，地三十六亩。

旧署廨附

主簿署在县署西，职裁，署废。申明亭在县门左。旌善亭在县门右。旧仓厂、官仓在县内后堂西，预备仓在治东，学仓在明伦堂后。北察院在县署北。布政司在县东门内。西安府在县南街东之北。美原巡司在县东北六十里。官桑园在县西南隅。税课局在宣化坊县门南街。社学在新城。阴阳学在县署东。医学在县署东。僧会司在县署东南。道会司在县署西。

信按，废署廨地址多无可考，然其名斯存，其制可想也。况申明、旌善二亭在国家垂为令典，尤存董戒之意。宰方举乡约、敦教化，可听其名与实湮乎？有其举之，莫敢废也，勿咤其迂矣。

沿革表

本朝　富平县。属西安府，乾隆元年题定为繁难要缺。

虞　　雍州地。

夏

商

周　畿内地。东迁后属秦，置频阳县。

信按，秦厉共公二十二年初县频阳，以县在频山南故名，今县东北五十五里有频阳故城，即其地。

秦　频阳县。即厉共公所置，始皇兼并后属内史。

西汉　频阳县、怀德县。项羽入关，分秦地，王三降将，频阳属塞。汉高时，隶河上郡，寻于频阳西南置怀德县，俱属内史。景帝分左右史，属左内史。武帝更左右史为三辅，属左辅。新莽时，属列尉大夫。

信按，怀德故城即怀阳城，在今县西北十里，即晋移富平县治也。《寰宇记》云在富平县西南十里，盖指唐徙县之义亭言之。《禹贡锥指》不知明初富平已徙今治，仍误指怀德故城为在今县西南，又谓非汉怀德县地，而不指汉县在何方。今按，西汉置县之后，东汉省入频阳，则所置之县即属故城，至晋徙富平治之，似不当有异地也。

东汉　频阳县。省怀德入频阳，仍属左冯翊。

蜀魏　频阳县。属左冯翊。

晋　富平县、频阳县。富平隶北郡部，频阳仍属左冯翊。

信按，西汉《地理志》富平隶北地郡，县有北部、浑怀二都尉，分治神泉、浑怀二障地，在灵州回乐县界。东汉时，自回乐徙治彭原县界。至晋始于彭原界徙置今县西北十里许怀德故城。

南北朝　富平县、土门县。苻秦于频阳置土门护军。魏太武太平真君八年，罢土门护军，以其地入同官，徙北地郡于泥阳之通川通川在县东北三十里，今流曲地，复以泥阳入富平。宣武景明元年，析同官置土门，罢频阳。西魏文帝大统五年，自怀德徙富平于今县西南三里石川河之阳石婆婆原。废帝三年，以富平隶宜州今耀州。后周闵帝二年，于县置中华郡以在中华原右，故名，领富平。武帝建德四年，罢中华郡，以富平隶冯翊。

隋　富平县、土门县。文帝开皇三年，隶雍州。炀帝大业二年，省土门入华原，属京兆郡。义宁二年，复析华原置土门县，隶宜君郡。

唐　富平县、美原县。武德初，置富平道，骠骑车骑领之，旋改玄戈军。贞观十七年，罢土门。咸亨二年，析富平、华原，寻于土门故址置美原县。天授元年，隶宜州。大足元年，隶雍州。开元中，徙治义亭城即今旧县也，属关内京兆府。贞元四年，改赤县，旋升州。天祐二年，李茂贞据凤翔，析美原为鼎州，隶耀州。贞明元年，改裕州，隶崇州。

五代　富平县、美原县。梁复美原，属雍州，改鼎州为裕州。唐自雍州移富平属耀州，以美原属同州，已属耀州，晋汉周因之。

宋　富平县、美原县。元祐三年并富平、美原，同属永兴路京兆府耀州。

金　美原县。皇统二年省富平入美原，隶耀州。天会九年，赐齐。天眷元年，归宋。三年，复取之。

元　富平县。复富平，与美原仍属耀州。至元元年，以美原入富平。

信按，元末守将张良弼即张思道屯兵窑桥寨，依（邱）［丘］[一]陵为城，即今治所。

明　富平县。洪武二年属耀州，万历□□年改隶西安府。

信按，明兵于元末围攻张良弼，不能下。至徐达经略关中，弼遁去，达即窑桥寨为县治之，属耀州，遂废唐所徙县。嘉靖中，直指梁一魁疏称富平近府远州，宜隶西安。参政赵希夔议以横、孙、永、浮四里予州，仍隶焉。都御史傅凤翔不可，参议复调停，令四里力役属州，版籍属县，民苦奔命。万历中，邑人孙家宰丕扬率士民白巡抚崔应麟奏改隶西安府。至崇祯时，复议割四里属州，邑解元刘士龙倡众白道院，寝其事。十六年，闯寇伪令耿日霁窃据。顺治二年，本朝平之定为县。

【校记】

［一］邱：孔子名丘，因避讳，清雍正三年上谕除四书五经外，凡遇“丘”字，并加“阝”旁为“邱”。下同。

形胜

南襟荆山，北枕明月，东带温泉，西萦漆沮。周览全形，指划胜迹。《汉书》云，频阳北当上郡、西河，为数郡凑，洵匪诬也。

古迹

直市城　在县西南二十五里。《三辅黄图》云，秦文公造物无二价，故名直市。

穆公城　在县南三十里。宋敏求《长安志》云，南面、西面崇一丈五尺，东北面无墙。

频阳古城　县东北五十五里，秦厉公[一]立县处。应劭云，在频水之阳，是也。南有工（剪）［翦］[二]宅，即秦赐美田地。

土门故城　在明月山下，苻秦署土门护军处。

富平故城　西魏时置，在石川河阳。

通川故城　后魏自泥阳徙北地郡于此，即流曲故城。

中华郡城　在县西南三里石川河之阳，后周闵帝置，有二石人卓立，即郡门所在，人称“石婆婆原”。

义亭城　《通志》云，唐开元间，徙[三]富平于义亭城，即今旧县地，盖古之乡亭也。里曰义林里，在富平县东北十里。

怀德故城　在县西北十里，即今怀阳城。

美原故城　县东北六十里，魏置土门，唐改此。

广武城　在县南十五里，旧隶频阳，后入富平。《旧志》云，今县南无此地矣。《耀州志》云，在富平故城东北十五里卤原上。

还乡城　汉薄太后戚属所居，见北齐村等处碑记。

旷野原　在庄里东南三十里，世传周宣王田猎所。

华阳原　在县东南三十里。始皇二十三年，李信伐楚，败归。时王（剪）［翦］谢病家居，始皇疾驾入频阳，手以上将印佩，（剪）［翦］身授兵六十万。后三日，（剪）［翦］发频阳。始皇降华阳公主，简①宫中丽色百人为媵，北迎（剪）［翦］于途，诏即遇处成婚，（剪）［翦］行五十里遇焉。列兵为城，中坚设锦幄，行合卺礼。信宿②，公主随（剪）［翦］入都，诏频阳别开主第，名相遇处为华阳，今名华原。

王侯堡　在县西北四十五里，即王（剪）［翦］屯兵所，又庄子镇有王（剪）［翦］别业。

雨金堡　在县东南三十里，周八百步，东有雨金泊。《史记》秦献公十六年雨金栎阳，后因名堡。按其地，古栎阳界也。

薄台　在温泉南。传为薄太后台，趾见存，又薄太后园在怀阳城，引文昌渠水环之。明季耕者拾玉钗，刻大凤一、小凤九，识者谓为古宫妆饰云。

乐视台　在县西南二十五里，世传汉武帝游乐其上，今废。

胡马台［四］在县东门外，即今东岳庙。

更衣台　在唐元陵北三里，太子祭陵更衣处。

高媒祠傍洞　在金粟山，为元僧详悟蝉蜕所。

刘仙洞　在金粟山东，洞额题“碧云岛”。

王石洞　世传王仙修炼处，在月窟山南三十里［五］。

五郎洞　在坛山寺后，洞内有碑。五郎，唐懿宗第五子。

五华洞　在荆山北。相传五仙人讲道处，洞额张仙三丰题。

公冶长故里　在庄里北十五里仰天池下北二十里，一云在耀州，《孙志》云传疑也。

王（剪）［翦］故宅　在千口，以家有千口，故名。

五家窑　在熨斗坪西南五里，第五伦子孙世居之。

蔡伯喈庄　在十八坊。《韩志》云，邕，陈留人，何以居此？意董卓入关后，邕或寓斯欤？

魏徵故里　在县境。宗支碑石尚可诵读，有左右鹅鸭池。

寇莱公河　寇姓者居此，传系莱公后。

杜宰相宅　在土门东。

胡尚书宅　在土门东桥子沟，与杜宰相宅南北相向，名与代俱无考。

苏尚书宅　在弘化坊，宅内狮腹镌云："明昌元年，苏仲苏千"。明隆庆初，耕者获银觞于宅隅，铭如狮腹。

神芝坊　在庄里南，以产神芝故名，有碑。

教场坪　在庄里西北五里，世传王（剪）［翦］、李光弼、李兴、刘尚、王丙第先后讲武处。

军寨　宋张浚与金人战处。浚为川陕宣抚处置使，北入关，闻金帅兀术方寇淮西，虑扰行在，谋牵制之。遂决策治兵，合五路师，复永兴军，金大惧，令兀术由京西入援，大战富平之北虏川，即此。后人掘得铁枪，上书统制盖谅名。

田家营　在县西二十里，张思道屯兵处，今因故址筑寨，田姓居之。

箭头谷　贺师范诸将旧战场，在雨金堡北五里。

夏鼎　大禹所铸，在掘陵原，今无。

汉鼎　在牛山，汉武帝获宝鼎于汾阴，鼎至中山，氤氲有黄气，即此。

李光弼碑　颜真卿撰，张少悌书，旧在觅子店，前令孙如兰移文庙内。

田真人碑　在美原镇。

苻元亮碑　在浮山薄台，柳公权书，后移文庙见存。

王侍郎诰命碑　讳丙，在官庄里普宁寺西。

贺兰仙迹　在贺兰山。

苻坚插剑迹、马蹄迹　在千尺崖东十五里石岸下。

西亳乔履信曰："疆有寓望③，山与川有虞④有衡⑤，浚隍增垒，各有司存⑥，总厥成者，谁与礼有之？陈殷置辅，冠以立监建牧，则莅厥土、倡厥属，匪令尹是责将谁责？至某（邱）［丘］某水胜迹沉湮保障之谓，何哉？"

【校记】

［一］秦历公：应为"秦历共公"。

［二］王剪：即王翦。原志一部分"王翦"作"王剪"，当为刊刻之误。

［三］徙：应为"徙"。

［四］胡马台：光绪《富平县志稿》作“洗马台”。

［五］里：光绪《富平县志稿》作“步”，本志卷二亦作“步”，“里”字疑讹。

【注释】

①简：选择。

②信宿：连宿两夜。

③寓望：古代边境上所设置的以备瞭望、迎送的楼馆。亦指其主管官员。《国语·周语中》：“国有效牧，疆有寓望，薮有圃草，囿有林池，所以御灾也。”韦昭注：“境界之上，有寄寓之舍，候望之人也。”

④虞：古代掌山泽之官。

⑤衡：古代掌川林之官。

⑥司存：有司，官吏。

富平县志卷之二

西亳　乔履信敦峰　编次
渭南　唐若时元登　校订

山川陵墓附

雍多名山川，而隶富邑者差弱，选其岩壑齿于世者，盖不少概见云。兹据旧志所摭，参以采访若干事，庶荆山铸鼎、明月勒铭外，勺清寸碧。按籍览寻，昔所缺者今于是乎在。志山川。陵兼山名，墓按水法，又《山海经》中外诸山多以陵墓著称者，故以陵墓附。

县北山三条。西北最高第一条为锦屏山，一名将军山，以巅有王翦庙故云，旁有高阳峰。折而东南十里为蟠桃山，上有三泉，土人名为满井。

折而东北三里为老君山，南有铁牛洞，泉出山麓，一名铁牛山，相近有牡丹山。

又北三里为左眼山，山右有老君洞。

东二里为石窝山，山北为盆倾峪，内有车辋窑，广十丈。

又折而西一里有牛窑，容百夫，其东有仙人洞，为宋元避兵所。

又东二里为底店山，一名立地山，下有三泉峪，由峪而北为中岭，其下泉出，流止一里。

又东三里为龙眼山，下有药泉峪，峪内多药品。

又东三里为频山，一名明月山，庾信有铭，载艺文。南麓频山神庙有泉，旱祷，辄雨。中一阜数亩许，九山环抱，若拱向。

山西北麓小山陡出，名堡子山，尚书张鷚庵避兵处。山北麓为千尺崖，壁立参天，鸟道通一隙地，东西计五丈余，南北当东西什之一，古避世地也。下有千尺泉。山东麓名赵老峪，相传有赵姓僧天顺时巢其上。

北十里为高石崖。又北为十二盘岭，东北五里为三尺岭，北麓为潼河，高石崖下有（符）［苻］[一]坚插剑走马迹，西为清水峪，东为车辐峪，西北为寇莱公河，寇姓居之，传为莱公后。东北为峪头河，有泉，即频水，水微甚，出山一二里即涸。

山前为通川，一名锦川，即流曲大川，为方百里，秦王翦美田千顷地。

峪之东为玉镜山，别名金丝山，即《寰宇记》所云明月山，在美原县西二十里者是也。东为玉女山，见《寰宇记》。又东有小石谷涧，山之阳凿其半，东西二百步，南北半之，世传（符）［苻］坚作离宫处。山北迤逦而上至巅为揣天山，山西一里为星宿坡，石有迹如星日。山东即小水峪，其西崖有洞，风自孔出，名风洞。

峪东岸即金粟山，一名紫金山，一名菩萨山，相传大士降山下红眼村为女，年十五六不言，适巨蟒肆害，乘之至山上，遂坐化。上有龙泉，春祈者取其水以卜，大有。

又山巅有高媒祠，岁六月祷者，辄应。祠右有石洞，某禅僧示寂所，肉身在焉。

巡山而东有刘仙洞，额题“碧云岛”。

其最东为石叠山，一名楼子山，山之腹削崖若台，可登眺。

山东为大水峪，峪东为万斛山，石如斛者万数。遵山西麓而北二十里为熨斗坪。坪西南五里为第五家窑，子孙世居，有第五伦像。

又北十里为岳山，左右二泉涌出至大水峪口一里而涸，东麓为石坡峪，入蒲城界。

西北第二条麓邻漆水为土门山，一云岔口东山。考《元和志》，频山有二土阙状似门，后魏以名县。《通志》遂以土门山为即频山，云在县东北七十里，而谓旧志指岔口东山为误，不知《元和志》特指频山之形状言之，未尝明言频山为土门山。《水经注》漆沮水历土门南原下，东径怀德城南，以今漆沮河道言之，则出耀州境即由岔口而东，径怀德故城南，正所谓历土门南原者是也。若谓土门即频山，则漆沮河安得折而东北径频山乎？又杜甫诗：“我经华原来，不复见平陆。北上惟土门，连天走穷谷。”华原即今耀州，甫经华原来，故北上土门不见平陆也。若自华原至频山，则一望平原几百里矣，又安得云不复见平陆乎？故知《通志》之误，而土门即岔口东山为确。

由土门折而东北十里为紫金山，一名虎头山，东山峪三里有沟三条，沟之中山为邑山，俗名北山寺，形如椅，寺后有目莲和尚塔，秦永寿王记之。

东五里为五龙山，山阴五泉合流为小河，水不出山，出山岁旱，山居者皆仰汲。

又东十五里为月窟山，山巅有泉，不涸亦不溢，深数仞，旱祷必应。万历中，衲子夜田，闻空中丝竹声，渐逼泉所，近视则无。南三十步有王石洞，世传王仙颐养处。右玉女洞，左仙人洞，深不测。东有古蜂洞，在悬崖中，蜜流如瀑。

东六里为金瓮山，一名虎山，状如虎踞。山有顺宗丰陵，见《元和志》。

西北山第三条为邑子山，以北邻邑山，此山小若子然。有马跑泉，东一里为高阳峰，一名走马岭。

又东一里为檀山，有唐代宗元陵，见《元和志》。

又折而北为天乳山，《雍大记》云两峰相对如乳，唐文宗章陵在焉。

又折而东南一里为龙泉山，一名凤凰山，一名屏风山。《唐书・地理志》云富平有龙泉山，《元和志》云中宗定陵在龙泉山，皆谓此。后周太祖成陵在其南，陵后通关乡入谷二十余里有二洞，一名东女学，一名西女学。东洞在石崖上，跻攀不及，往往闻读书声，相传有神雕护门，犯者击之。西洞一石室，可秉炬入二十余里，近闭不通。又山顶有天井，直下深二丈许，傍有龛，内藏道经数百卷，置柏床上。有石像俯首凭案，坐如生人，杜光庭有记。

又北二十余里有三泉谷，内三石盆各广丈余，泉水常满。古老[①]云时有仙人浴此，有犯者，立致雷雹伤禾稼。

又折而东北为黄金堆，即通关以西、雷村以东山也。

山之东为黄金阜，土山顿起者。

环县四面皆（邱）［丘］陵，西北自岔口东巡漆沮而南为檀山，西麓南十里分而为二，北一支由温泉而东至县治为中山，下有万泉涌出，汉武帝获宝鼎于汾阴，鼎至中山，氤氲有黄气，即此。其南一支由树连坊而南经县治为强梁原，见《汉书・地理志》，西魏置富平县。原南高者为荆山，即《禹贡》所云“导岍及荆，至于荆山”，孔传云在岐山东者是也。又《史记・封禅书》云黄帝铸鼎于荆山下，《汉书》云禹铸鼎于荆山下，皆谓此。又见隋《地理志》、唐《元和志》。别名掘陵原，见《括地志》。

西北渡漆沮而西为盘龙原，由盘龙而东北自波头村起巡流曲镇南而西至山最西处曰孤堆神庙，为浮山，世传洪水时隐见若浮，故名。

山南面东十里为张浚战处，即北虏原，其下为北虏川，今名军寨。《魏书・地形志》云频阳有南卤原，疑即此。

又东自定国寺起历留集镇为八公原，一名八公堆，见《寰宇记》。两畔小谷象八字，中有堆象公字，故名，即贺师范与金人战处。

至明水滩南原为中华原，一名石婆原，巅有华原头，即后周置郡处，有元魏文帝陵，陵南有华阳镇。

又由贺兰观起东至高堂村为羊蹄原，状如羊蹄。

又县西南二十五里有嶇山，俗名瓦窑头山。秦襄公列为诸侯，封域东至嶇山，即此，见郑氏《诗谱》。

县水最大者莫如漆沮，自岔口既从，总名石川，《寰宇记》云漆沮水亦名石川水，西北自华原界流入，即此。

由县西而南至盘龙原，金定河入焉，一名赵氏河，即耀州涧谷河之下流也。折而东注，历荆山阴自断原口而南，温泉河入焉。

水之次者即温泉河，源在中山麓，严冬不冰。

西北十里有涧头泉，由怀阳城而西，泽多泉入焉，曰薄台河，即《水经注》所云泽泉水出沮东泽中，与沮水隔原相去十五里者是也，南入温泉。

至县北，北泉入焉。

又至窦村，丰泉入焉，俗曰稻地泉，又曰南下池。知县乔履信于南崖建书院，易名南湖。

又东至南阳村，北虏川泉入焉，即军寨西泉。

又至安头，南入石川河。

县水之小者，东十里为咸泉，近味甘，可饮。

又东十里为白马泉，即阴村右泉，东流至张北里东南，龙泉入焉，合而东流五里为卤泊滩，即明水滩，一曰东滩，冬夏不涸，可煮盐。《魏书·地形志》云频阳县有盐池，即此。

又西二十里为臧村滩，岁旱时其土亦可煎盐，谓之西滩。今两滩俱涸。

又龙门村有聪明泉，唐贤分咏石碑在焉。

【校记】

［一］符：应为“苻（pú）”，下同。

【注释】

①古老：通晓故事的老人。

陵墓

北魏

孝文帝陵　在县东南三十里中华原，延昌公主□[一]。信按，《通鉴》“帝葬洛阳，后迁云中”，兹陵似属西魏文帝，前明误以当帝，至今相沿不改云。

北周

文帝成陵　在县凤凰山南，宋太祖初建庙于陵前，赵孚碑记其事。《周书·文帝本纪》云太祖文皇帝魏恭帝三年冬十月甲申葬于成陵，《周书·皇后列传》云文帝元皇后魏恭帝三年十二月合葬成陵，又文帝叱奴皇后建德二年四月丁巳葬永固陵，皆谓此。

唐

中宗定陵　在县龙泉山。去陵五里陪葬太子一：节敏太子重俊。公主五：宜成；长宁；成安；定安，王同晈[二]；永寿，韦铁[三]。

代宗元陵　在县西北三十里檀山永润乡。

顺宗丰陵　在县东北三十里金瓮山。《后妃列传》云庄宪皇后王氏生宪宗，元和十年崩，葬丰陵。

文宗章陵　在县天乳山。

懿宗简陵　在县虎头山。

周

尹子奇墓　在县南十里。

秦

王将军（剪）［翦］墓　在县东四十里，旁列六冢，相传为六国图书。《关中陵墓志》云每六月朔望，墓上若海市状，城郭依然，车马交错。

唐

彭王元则墓　在县吕村原。

襄邑王神符墓　在彭王元则墓左。

魏氏墓　在县北三十里西魏镇。

赠户部尚书苻令奇墓　在县薄台川，其子辅国将军璘从葬。

李太尉光弼墓　在县西北三十里。墓碑、神道碑皆唐颜真卿书，旁即太尉祠，祠旁即其弟光进墓。

贾岛墓　在县大贾村，碑柳公权书。

信按苏绛铭、李频诗，岛实葬蜀，兹墓似属可疑。

宋

路宰相茔　在苏宅北十五里，翁仲甚古，茔傍路姓族甚巨，宰相画像现存，子孙莫能名也。考史，宋吏部尚书路允迪籍富平，意即其人欤？

金

陕西行省盖谅墓　在县北三十里北吴村。

陕西行省李兴墓　在县北毛吴村。

乌古论速可墓　在县东三十里到贤北。

元

王侍郎丙墓　在县西北三十里庄里，墓碑、石柱无恙。

刘知府尚墓　在县西北庄里。

刘知州允[四]墓　在县西魏村。

张郎中敏墓　在县美原镇北。

明

张尚书紞墓　在其父敏墓南三里，杨爵撰墓碑。

杨忠介爵墓　在县东北独户村，吏部尚书胡松碑其墓曰：关西夫子杨伯修。

李参议恕墓　在县流曲堡东李村，子中丞宗枢葬墓东。

梁府尹甫墓　在县流曲堡北。

孙恭介丕扬墓　在县流曲堡北，王图撰神道碑。

朱中丞国栋墓　在县西北。

吏部郎中周文焕墓　在县西良村。

五女冢附　在县西。世传洪武中五女遇红巾贼，皆自杀。有司奏闻，敕命筑冢旌之。

本朝

孙总兵一鹍墓　在县西五里。

赵中丞兆麟墓　在窦村东南。

袁中丞廓宇墓　在县城西。

陈佥事有虞墓　在窦村东。

石参政在闾、子参政天枢墓　在美原西。

李太史因笃墓　在明月山下。

瓦罐先生墓附　康熙中姚村常纪伦父某新筑室成，舁醋瓮入门，瓮忽重不可举，伦父卜，掘地吉，掘数尺，得瓦罐，外题志有“汉时瓦罐清时现”云云，中盛人骨长大倍今人，伦父改葬堡外，表之以碑，题曰瓦罐先生墓。

西亳乔履信曰：“谈形胜者曰襟山曰带水，恣游眺者曰寻山曰问水。官之府之，以尽其利，辟之导之，以厌其求，惟山与水，故足述也。环富有山，隶富有水，高高下下，不尽石田①沮洳②也。凿荦确③，浚沟浍，上以利予民，民无求不得，仅曰形胜致佳，足供游眺云乎哉？”

【校记】

［一］原志此字难以辨识，根据上下文以及和孙志、吴志对照，应为“陪葬”，疑脱“葬”字。

［二］王同晙：“晙”应为“皎”。《新唐书》卷八十三列传第八：“定安公主，始封新宁郡。下嫁王同皎。同皎得罪，神龙时，又嫁韦濯。”

［三］韦铁：“铁”应为“鐬”（huì）。《新唐书》卷八十三列传第八：“永寿公主，下嫁韦鐬。蚤薨，长安初追赠。”

［四］据孙志、吴志、樊志，应为“允中”，脱“中”字。

【注释】

①石田：不能耕种的田。

②沮洳：低下阴湿的地方。

③荦确：险峻不平、怪石嶙峋的样子。

河渠桥梁附

三秦水利首郑白，其波及频阳也其余也。赵宋至道初，郭梁之奏、孙冕之行斑斑可考，而今则已矣。顾富境水利颇可称述，述其见于今、便于民、与郑白埒者。志河渠。桥大曰梁，小曰略勺，大宜河，小宜渠，相赖也，故志亦相附。

漆沮渠　邑水灌田最多者，漆沮也。在县西北，地曰岔口，河势自北而南，两滨皆导灌田亩，其由东滨而南者为文昌渠，起许公桥旧起韩家沟，自奥家窑历孙姜村一带，下至杨家斜、庄里镇，东及元陵、方井、吴村，南抵董家庄，至怀阳城三十余里，灌田一千五百余亩。成化中，义官[①]韩聪出己资五百金重疏，旋废。明神宗时，知县刘兑疏之，日久复废。本朝康熙间，知县杨勤又疏之。

实惠渠　起侯家滩旧在奥家窑，南逾数里，自朱黄堡始灌田，东历三里堡、崔黄、太和、寿阳等堡，过孙姜村樊、白、邵三堡，下抵唐家河、杨家斜，东至庄里北门外，十三里，灌田四百余亩。

自在渠　起檀山寺，至张家河，灌田一百八十亩。

通镇渠　起奥家滩，即老永济渠，自街子、倚家及太和、寿阳，南抵张唐家河，东及杨家斜、庄里镇，又南至神芝坊，十里，灌田三百亩，久废。康熙间，知县杨勤疏之，又废。知县乔履信又疏之。

永济渠　起奥家滩旧在韩家沟，自崔黄、街子起，东至太和、寿阳，下抵张、唐家河，南至庄里镇西南二门，十里，灌田五百二十亩。

永兴渠　起檀山寺旧起杨家滩，自张唐家河及庄里西南二门下抵西硙头，东至南吴村、訾保，十里，灌田四百余亩。

新开渠　起杨家滩，灌张唐家河滩田三百余亩，雍正十三年开。

广济渠　起唐家滩，今名新渠，自庄里西硙头东至毛吴村三堡，五里，灌田二千亩。

顺阳渠，今名永丰渠　起别家滩旧在许家滩，自西硙二堡南抵索村二堡，又南至西贾堡，五里，灌田五百六十亩。

广泽渠　起唐家滩，灌庄里西门及西硙滩田，里余，一百亩[一]雍正中开。

永昌渠　起庄里滩旧在金台堡，自索村二堡下抵东西贾，东过树连坊、张王堡及香白，又至涧里刘、阎、董堡，五里，灌田三百亩。

溢水渠　起庄里滩旧在西硙，自西硙、索村东至涧里、白家及老堡，五里，灌田五百亩。

石水渠　起西硙旧在索村，自东贾分水，南灌骆村、木节口，东灌树连坊、权家堡，至莞豆村、科子头，十里，灌田千亩。

千年渠　起别家滩旧起巴家堡，自树连坊南及科子头，东过南社堡，东至良村，又东通南湖，经东济桥下入河，三十余里，灌田三百五十亩。

永闰渠　起骆村后郭家滩旧在木节口，自木节口、科子头、南社、教场，又东北至良村，东历南湖，三十里，灌田一千亩。

阳九渠，一名广惠渠　在县西南二十里，即宋敏求《长安志》之阳渠也。自赵氏河入漆沮处开渠，至牛村二十里，灌田一千二百亩。遇雨泽时降则引石川河水，旱则由金定渠筑堰借引赵氏河水。此石川东滨之灌田者。

其由西滨而南者最北曰偃武渠，起耀州梁家泉旧在耀州阿姑神庙，自岔口魏家堡、岭南赵家堡，三里，灌田一百三十亩。

中渠　起梁家泉旧在桃曲坡，有碑，灌岔口魏家、岭南赵米堡及庙沟西南刘周家坡至横水，五里，灌田一千亩。

小白马渠　起梁家泉，自庙沟、横水西及周刘家坡南至安、朱、党三堡，西至陵李沟，十里，灌田一千亩。

白马渠　起岔口，自陵李沟、十八坊寺东下抵赤兔坡、西闾村，东南至上官村，十五里，灌田三千亩。

永寿渠　起窑子头，又名洞子渠，俗名旧官道渠旧在骆駝项[二]，历十里自觅子镇姚营坊过东南上官村，西至桶杨，又南至铁佛寺，十五里，灌田二万亩。

杨家渠　起侯家滩，灌安、奥、杨三家滩田，四里，二百亩，乾隆年新开。

新渠　起窑子头，又名广济渠，俗名新官道渠旧在杨家滩，自西閰村、觅子镇南及姚营坊冯、黄、何堡，十里，灌田二千亩。

永济渠　起安家滩旧在龙王嘴，灌别家堡及木匠杨家，南至南北韩家堡，六里，灌田一千零八十亩。

清泉渠　起安家滩，自太安、红崖滩田，水至崔家滩，四里，灌田一百亩。

小判官渠　起侯家滩，自侯马、安杨至奥家窑，五里，灌田五百亩。

兴隆渠　起朱黄滩旧在安家滩，自别家堡及上官村西至官庄里、桶杨，南至铁佛寺，十里，灌田一百七十亩。

永兴渠　起朱黄滩旧在安家滩，稍灌别家堡，正灌木匠杨家，南至北韩、南韩，七里，灌田六百八十亩。

遗爱渠　起安家滩，自木匠杨家、南北韩家及尚家二堡西至官庄里，南至铁佛寺，又东南至康家洞，十里，灌田七百亩。

长泽渠　起木匠杨家滩，自南韩、尚家二堡南至高李堡高家，十里，灌田六百三十亩。

信按，宋敏求《长安志》引漆沮河者有高望渠，在县西北二十五里閰村，溉田三里，今县境无此渠名，以地度之，应在今广济、永寿二渠间。又《长安图说》载石川东岸渠七、西岸渠六，今判官、永济、石水、阳九、偃武、白马、长泽仍前名，余俱易名，不复可考。

金定河渠　起盘龙湾，抵义城、石川，深二丈五尺，阔一丈八尺，长二十余里。又筑堰为障，水许长十二丈，底阔一丈五尺，顶阔八尺。明知县刘兑开渠，在县西十里引赵氏河水经堡里村、西渠村，灌田千余亩。

温泉河渠　邑水灌田次者，温泉河也，一名薄台河。自温泉起至齐堡村，灌田二百余亩。东流与泽多泉合，未合时引泉水由南岸历金城、连城抵县。北门外城壕者为直城渠，灌田二百二十亩。温泉水既与泽多泉合，由北岸引以灌田者为怀德渠，自齐堡村起，由温泉河北岸东流至魏村等堡、华家洞、南阳村，灌田一千五百四十亩。今下流稍淤，支分为顺城渠，即玉带渠，先起老堰，止焦村，傍河易崩损。知县刘兑分怀德渠水，由温泉石桥槽而南至于县隍，流经窦村，灌田一百五十亩。东为倒回渠，起常家庙前，由怀德渠引水西流数步，又东流至龙王庙东，灌田一百五十亩。

宏济渠　起南阳村老庄菩萨庙坡下，由东崖南流，经过任家堡、孙家沟、贺家堡至定国寺前归河，灌田一百余亩。

洞渠　邑东北境皆旱田，土人于频山东西岔沟两岸凿洞为渠，长千百丈。每值大雨，沟中水发，由洞而过，流入田中，计三十余道，多无名称。其最著者为顺阳渠，灌两门村、盘石村、城西村、美原镇。西曰薛家渠，南灌薛家沟，东灌仁义坊、庄子镇、五家坊，西灌盖村、将军村、到贤村、惠店、荆家村、东李村、流曲堡、丈八村，今渠口犹存，而各村堡支分小渠大半圮废，利益无多。

孙家渠　弘治间开浚，灌小惠村田。昔灌三千五百亩，今上流壅塞，所灌甚微。

朝阳渠　灌邹村田。昔灌三百五十余亩，近因大雨冲决，洞口坍塌，灌溉无几。

信按，潼水在县北三尺岭外，邑人多议凿岭导潼，由赵老峪出，约可灌田二万余亩。前明杨令时泰议疏未成而罢，邑人孙公丕扬极力鸠僝②，不克奏功，其工程浩繁勿庸轻议，断可识矣。浮谈荧听③，慎勿轻采，匪独劳费徒恣，罔获实效，加以岭高峪卑，更虞水势迅驶、沉菑汩漂，其鱼之嗟，不仅近峪诸堡已也。

【校记】

［一］此处语义不明。乾隆四十三年《富平县志》作“止五里，灌田二百亩”，光绪《富平县志稿》作“止长五里，灌田二顷，旧志灌田一百亩”，可参考。

［二］乾隆四十三年《富平县志》作“骆馱巷”，光绪《富平县志稿》作“骆驼巷”。

【注释】

①义官：明清时官府为了表彰那些经常出钱粮赈灾、修筑城池桥梁、对社会大众做善事的非官宦家境出身的贤达人士而专设的一种编外官职。荣获义官称号的人在社会上拥有一定的地位，能直接参与当地官府、域内的管理事宜。

②鸠僝：筹集工料，以从事或完成某项建筑工程。语出《尚书·尧典》：“驩

兜曰：‘都！共工方鸠僝功。’”孔传：“鸠，聚；僝，见也。叹共工能方方聚见其功。”

③荧听：淆乱听闻。

桥梁附

东济桥　在县东门外，跨玉带渠。

高媒庙前桥　在县东十里。

南阳桥　在县东十里。

李公桥　在县北门外，跨温泉水上，亦名带温桥。明邑人鸿胪卿李道源修，故名。

金城堡北桥　在县西里许。

温泉桥　在县西十里。

定国寺桥　在县东十里。

安头河桥　在县东南二十里。

宫里涧头沟桥　在县北十五里。

赵家湾北沟桥　在县北七十里。

永兴桥　在县城北，废。

通济桥　在县北门外。万历元年李尽心修。

兴济桥　在庄里镇，通文昌渠。

泽民桥　在兴济西，亦通文昌渠。

旧县桥　在旧县故城西南。

窦村桥　在县东一里，东济桥南。

兴利桥　在元陵镇，有石槽二丈余，通文昌渠水。此即华原路，自旧富平经此至侯家山，通华原路。

顺阳桥　在薄台后泥河。

洛如桥　在县东十里。

西亳乔履信曰：“诗之称漆沮也，指其地不及其利。书之纪漆沮也，志其道之行于地，不及利之及于民。富邑水利得二水力良多，虽然水之利天为之，兴水之利人为之，插云渠雨之说具在也。云雨，天也，以插渠代，非天也，人也。以插渠代，犹小人也。俾得相均相安，长以插渠代者，非小人也。”

赋役粮额　税课　俸给　驿铺　物产附

厥田上上，惟黄壤甲天下矣，而赋列中下，何与？意秦地阻山，可耕者尠[①]与，胡公刘迁豳遽有彻田[②]为粮之制也？或以生齿日众、垦田日广，以故滋生日以繁、蓄备日以蕃耶？富邑黄册[③]鱼鳞[④]较若列眉[⑤]，检而叙之。志赋役。

【注释】

①尠（xiǎn）：少。

②彻田：垦治田地。

③黄册：户口册籍。

④鱼鳞：即鱼鳞册，明清两朝记载田地形状面积的地籍册。按田亩方圆画图，编以字号，宛如鱼鳞比次，故称。

⑤列眉：事情清晰明白如眉毛的整齐排列。比喻所见为真，毫无犹疑。

粮额

原额凡五等，一等金地八十六顷五十六亩五分九厘三毫八丝，每亩科粮七升七合八勺六抄三撮七圭，共粮六百七十四石三升四合四勺二抄二撮，内孙姜里河崩过地一十顷三十八亩二分五厘，赔粮八十石八斗四升一合九勺八抄六撮五圭二粟五粒。雍正七年，知县李肖筠查明以田没粮赔等事，详请豁免，未果。至雍正十三年，知县乔履信复详请豁，经巡抚硕讳色，满洲人题请豁免，讫浮泽等里河崩过地五顷九十九亩一分六厘六丝，赔粮四十六石六斗五升二合八勺六抄一撮二圭一粟二颗二糠。乾隆二年，知县乔履信查明于遵旨详查议奏事具详请豁免，乾隆五年，奉抚宪张讳楷，汉军人题请豁免，讫止该金地七十顷一十九亩一分八厘三毫二丝，该粮五百四十六石五斗三升九合五勺七抄四撮二圭六粟四粒七颗八糠。

二等银地一千五百八十一顷八十亩一分八厘五毫五丝，每亩科粮六升六合，共粮一万四百三十九石八斗九升二合二勺四抄，内除知县乔履信两次详请豁免孙姜等里河崩赔粮地八顷七十九亩八分一厘，该粮五十八石六升七合四勺六抄。外有浮泽等里河崩赔粮地五顷三十九亩三分二厘一毫八丝，该粮三十五石五斗九升五合二勺三抄八撮八圭，止该银地一千五百六十七顷六十一亩五厘三毫七丝，该粮一万三百四十六石二斗二升九合五勺四抄一撮二圭。

三等铜地四千八百八十六顷十四亩二分九厘四毫五忽，每亩科粮五升四合一勺，共粮二万六千四百三十四石三升三合三勺，内除知县乔履信详请豁免赔粮地五亩五分，该粮二斗九升七合五勺五抄，止该铜地四千八百八十六顷八亩七分九厘四毫五忽，该粮二万六千四百三十三石七斗三升五合七勺五抄。

四等锡地三千八百九十九顷八十九亩九分三厘一毫六丝五忽，每亩科粮四升二合，共粮一万六千三百七十九石五斗七升七合一勺三抄。

五等铁地二千二百二十八顷三十亩七分五厘五毫二丝，每亩科粮二升七合，共粮六千一十六石四斗三升三勺九抄，内除知县乔履信详请豁免怀德等里山荒地三十七顷一十亩一分三厘六毫八丝一忽七微，该粮一百石一斗七升三合六勺九抄四撮五粟九粒，止该铁地二千一百九十一顷二十亩六分一厘八毫三丝八忽三微，该粮五千九百一十六石二斗五升六合六勺九抄五撮九圭四粟一粒。又续收地七顷八十五亩五分八厘三毫八丝，该粮三十二石九斗九升五合一勺。

康熙十六年，清查出溢额滩地二十二顷一十九亩六分九厘三毫，该粮五十九石九斗三升一合七勺一抄一撮。以上原额金银铜锡铁五等并新收共地一万二千七百一十二顷七十七亩三厘七毫，该粮六万三十六石八斗九升四合二勺九抄三撮，额征银八万九百九十五两二钱五分五厘八毫六丝四忽七微二纤四尘一渺，遇闰加银七百七十六两二钱三分六毫六丝八忽，内乾隆元年于田没粮赔案内豁免金银共地一十九顷一十八亩六厘，该粮一百三十八石九斗九合四勺四抄六撮五圭二粟五粒，该银一百八十七两三钱九分三厘一毫四丝二忽五微三纤二沙，遇闰加银一两四钱一毫三丝九忽七微二纤八尘八渺。

乾隆五年，于遵旨详查议奏事案内豁免金银铜铁共地四十八顷五十四亩一分一厘九毫二丝一忽七微，该粮一百八十二石七斗一升九合三勺四抄四撮六粟九粒二颗二糠，该银二百四十六两五钱九毫九忽六微六尘一渺五漠四沙六涯，止该地一万二千六百四十五顷四亩八分五厘七毫七丝八忽三微，该粮五万九千七百一十五石二斗六升五合五勺二撮四圭五粒七颗八糠，该银八万五百六十一两三钱六分一厘八毫一丝二忽五微八纤七尘九渺四漠三沙九洙四涯，遇闰加银七百七十四两八钱三分五毫二丝八忽二微七纤一尘二渺。

一　民丁原额三门九则不等，共折下下丁八万二千三百八十三丁，每丁征银四分，共征银三千二百九十五两三钱二分，内除优免丁二千二百六十四丁，共免银九十两五钱六分，实行差丁八万一百一十九丁，该征银三千二百四两七钱六分。

停免银三百一十六两五钱二分六厘四毫。

匠价银一百一十一两八钱七分，乾隆二年摊入民粮，讫遇闰加银九两三钱二分二厘五毫。

军籍银一千四百五两二分六毫九丝八微一纤八尘三渺。

额外课程银五十五两三钱七分，遇闰加银四两六钱一分四厘一毫六丝六忽六微六纤六尘六渺。

军器鞘价银二两二钱四分七厘四毫。

请仿以粮载丁等事，案内新增丁银八千一百二十六两三钱二分三毫九丝一忽三微七纤二尘九渺，遇闰加银二百九十五两六钱五分三厘二毫四忽八微三纤五尘八渺。

以上共银九万三千七百八十三两四钱七分六厘六毫九丝四忽七微七纤九尘一渺四漠三沙九洙四涯，内遇闰共加银一千八十五两八钱二分五毫三丝九忽五微二尘四渺。

额解礼部买解本色药脚价并盘缠银一两一钱七分。

巩昌布政司裁站充饷银一百九十八两四钱八分八厘九毫八丝一忽三微二纤九尘五渺。

额征存留银四千六百三十七两二钱八分二厘八丝六忽九微四纤八尘六渺二漠，遇闰加银三百五十九两三钱八分八厘一毫二丝三忽。

起运银八万八千九百四十六两五钱三分五厘六毫二丝六忽五微一尘二漠三沙九洙四涯，内除请留防兵县仓米豆草准抵正赋银八百四十四两五钱五分五厘七毫九丝九忽九微九纤九尘九渺九漠八沙五洙，遇闰约加银四十八两三分四厘四毫。

实起运银八万八千一百一两九钱七分九厘八毫二丝六忽五微一尘二漠五沙四洙四涯，遇闰加银六百七十八两三钱九分八厘一丝六忽五微二尘四渺。

额征存留银四千六百三十七两二钱八分二厘八丝六忽九微四纤八尘六渺二漠，遇闰加银三百五十九两三钱八分八厘一毫二丝三忽。又收拨补各官役荒银四两二钱八分八丝八忽五微二纤八尘四渺。二项共银四千六百四十一两五钱六分二厘一毫七丝五忽四微七纤七尘二漠，内额解宁镇料豆银五百六十九两二钱三分七厘一丝一忽六微五纤五尘五渺。

一　接收西安中卫原额军下旱豆减征共地一十二顷三十八亩三分。

额征丁条、马草、折布共银一十两一钱一厘二毫一丝，奉部文照依有闰之年该均丁银二两二钱二分九厘四丝五忽五微九纤六尘，无闰之年该均丁银二两二钱一分二毫六丝四忽四微三纤九尘。

额征莞豆一十八石六斗二升九合四勺。

额征粟米二十二石一斗二合六勺。

以上共额征本色粮四十石七斗三升二合。

学田原额共地一顷五亩六分九厘九毫五丝，内除社圃亭占地三亩三分，实纳租粮地一顷二亩三分九厘九毫五丝，每年征小麦一十九石七斗一升八合一勺，粟谷一十九石三斗一升八合七勺。

税课

一　额征解当税银六百六十两。

一　额征解牙税银六十两三钱九分三厘九毫。

一　额征解地税银。

俸给

西安布政司俸薪银一百五十五两，内乾隆元年均摊俸工减银七十一两四钱四分七厘五毫二丝六忽三纤九尘五渺，实解银八十三两五钱五分二厘四毫七丝三忽九微六纤五渺，遇闰加银一十二两九钱一分六厘六毫六丝，奉文充饷。

西安布政司半留纸札银一钱六分九厘八毫六丝四忽四微。

门子四名、皂隶一十二名、轿伞扇夫七名、快手一十二名、听事吏四名、铺兵二名、库子五名，以上各役四十六名，每名岁解工食银六两，共额解银二百七十六两，遇闰加银二十三两。

经历一员、理问一员，共二员，每员岁解俸薪银六十两，共银一百二十两，遇闰加银一十两，奉文充饷。

经历门皂、马夫共六名，每名岁解工食银六两，共解银三十六两，遇闰加银三两。

理问门皂、马夫共六名，每名岁解工食银六两，共解银三十六两，遇闰加银三两。

检校一员，岁解俸薪银三十三两五分四厘二毫七丝三纤九尘七渺，遇闰加银二两七钱五分九厘五毫，奉文充饷。

检校门子一名，岁解工食银五两九钱八分九厘一毫七丝七忽三微九纤四尘四渺，遇闰加银五钱。

皂隶四名，岁解工食银二十三两九钱五分六厘七毫九忽五微七纤七尘六渺，遇闰加银二两。

马夫一名，岁解工食银五两九钱八分九厘一毫七丝七忽三微九纤四尘四渺，遇闰加银五钱。

广积库大使一员，岁解俸薪银三十一两五钱二分，遇闰加银二两六钱二分六厘六毫。

广积库大使皂隶一名，岁解工食银六两，遇闰加银五钱。

巩昌布政司俸薪银一百五十五两，内乾隆元年均摊俸工减银七十一两四钱四分七厘五毫二丝六忽三纤九尘五渺，实解银八十二两五钱五分二厘四毫七丝三忽九微六纤五渺，遇闰加银一十二两九钱一分六厘六毫，奉文充饷。

门子二名、快手六名、皂隶一十二名、轿伞扇夫七名、听事吏二名、铺兵二名、库子五名，以上各役共三十六名，每名岁解工食银六两，共额解银二百一十六两，遇闰加银一十八两。

照磨一员，岁解俸薪银四十两，遇闰加银三两三钱三分三厘三毫，奉文充饷。

照磨门皂、马夫六名，每名岁解工食银六两，共额解银三十六两，遇闰加银三两。

副大使一员，岁解俸薪银三十一两五钱二分，遇闰加银二两六钱二分六厘六毫，奉文充饷。

副大使皂隶一名，岁解工食银六两，遇闰加银五钱。

本县知县一员，每岁支俸薪银四十五两，内乾隆元年均摊俸工减银二十两七钱四分二厘八毫三丝一微四纤五渺，实支银二十四两二钱五分七厘一毫六丝九忽八微五纤九尘五渺，遇闰加银三两七钱五分，奉文充饷。

门子二名，皂隶、仵作一十六名，轿伞扇夫七名，库子四名，斗级四名，以上各役共三十三名，每名岁支工食银六两，共额银一百九十八两，遇闰加银一十六两五钱。

民壮五十名，每名岁支工食银六两，共额银三百两。雍正十二年裁去一十七名，应解银一百二两，止留三十三名，应支银一百九十八两，遇闰加银二十五两，奉文充饷。

马快手八名，每名岁支工食银一十六两八钱，共额支银一百三十四两四钱，遇闰加银一十一两二钱。

禁卒八名，每名岁支工食银六两，共银四十八两。雍正十二年每名加增银二两，共该银六十四两，遇闰加银四两。

县丞一员，岁支俸薪银四十两，遇闰加银三两三钱三分三厘三毫三丝，奉文充饷。

县丞门皂、马夫六名，每名岁支工食银六两，共额支银三十六两，遇闰加银三两。

典史一员，岁支俸薪银三十一两五钱二分，遇闰加银二两六钱二分六厘六毫六丝六忽，奉文充饷。

典史门皂、马夫六名，每名岁支工食银六两，共额支银三十六两，遇闰加银三两。

教谕、训导二员，每岁支俸薪银三十一两五钱二分，乾隆元年奉文照八品食俸加增银四十八两四钱八分，每年每员额支银四十两，遇闰加银一两三钱一分三厘三毫三丝零，奉文充饷。

斋夫三名，每名岁支工食银一十二两，共额支银三十六两，遇闰加银三两。

门斗三名，每名岁支工食银七两二钱，共额支银二十一两六钱，遇闰加银一两八钱。

廪生二十名，每名岁支月粮银三两二钱，共额银六十四两，遇闰加银五两三钱三分三厘三毫三丝。

膳夫二名，每名岁支银六两六钱六分六厘六毫六丝五忽，共额支银一十三两三钱三分三厘三毫三丝，遇闰加银一两一钱一分一厘一毫。

额支春秋祭祀银一百二两五钱三分九厘八毫四丝五忽八微一纤九尘九渺。

额支乡饮银四两九钱九分九毫八丝一忽一微六纤二尘。

额支霜降祭旗纛并犒赏民壮银二两九钱九分四厘五毫八丝八忽六微九纤七尘二渺。

额解永丰仓斗级二名工食银二十一两三钱三分三厘三毫，遇闰加银一两七钱七分七厘七毫七丝。

钟鼓夫五名，额支银一十二两，遇闰加银一两。

孤贫三十五名，每人日支银七厘零，乾隆三年奉文增给一分，岁支共银一百二十六两，冬衣银一十七两四钱六分八厘四毫三丝四忽六纤七尘。本年奉文查设额外孤贫十二名，口粮、冬衣银俱在布政司领支。知县乔履信复续收捐支十二名，五年具详请支，尚未奉文。

驿铺

铺兵四十名，每名岁支工食银四两八钱，共额支银一百九十二两，遇闰加银一十六两。

额支扛轿夫工食银三百九十六两二钱七分六厘八毫六丝四忽二微九纤八尘三渺二漠，遇闰加银四十三两三钱五分。雍正九年奉文裁汰扛夫二十五名，应解银二百六十七两七钱五分三厘八毫七丝，遇闰加解银二十九两二钱九分五毫五丝，止留扛夫一十二名，应支工食银一百二十八两五钱二分二厘九毫九丝四忽二微九纤八尘三渺二漠，遇闰加银一十四两五分九厘四毫五丝。

额支夫马工料银九百七十两七钱六分五厘，遇闰加银一百九两八钱。康熙三十六年奉文拨协神木厅安站马十匹、马夫五名，岁解。

驿盐道转发边厅银三百一十六两三钱，遇闰加解银三十六两六钱。雍正七年奉文拨协沿边口外安站马十匹、马夫五名，岁解。

布政司银三百一十六两三钱七分九厘一毫六丝八忽四微，遇闰加解银三十六两六钱。止留走递马十四、马夫七名，岁支工料银三百三十八两八分五厘八毫三丝一忽六微，遇闰加银三十六两六钱。

额支支直银一十五两。雍正十三年奉文裁解银八两，止留支直银七两。

物产

金石类

原磬紫石　出紫金山。

砂器　出尚书村。

石窠石　一名墨玉，石理细腻，阖[一]陕古今碑刻取之，然匠工之艰、搬移之累，利病半焉。

石窠炭　出北山，数县赖之，贫民借以营生。

白土　出明月山，如银包金。又出泔泥，同官磁器以此为之。

红土、石灰　傍石川河出。

布绵类

绵布　黄丝间有　绵花　红花　羊毛

禽兽类

马　骡　驴　牛　羊　猪　鹿獐　鸡　鹅　鸭　鸠　鹌鹑　雀　鹞　兔　黄鹂　黄鼠　雉鱼出温泉，然亦偶有　血鱼出万泉

谷类

大麦　小麦　荞麦　无缝麦出美原　谷　稻　莞豆　胡豆　匾豆　豇豆　绿豆　黄豆　小白豆　芝麻　糜子

果类

杏　柿　梨　李　林檎　石榴　桃　蒲萄　核桃　枣　酸枣　桑椹

瓜菜类

西瓜　甜瓜　王瓜　菜瓜　冬瓜　南瓜　北瓜　瓠　茄　韭　蒜　葫芦　白菜　豆芽　菠菜　萝卜红、白　苋菜　芹菜　芥菜　芫荽　莴苣　不老　茼蒿

木类

松　柏　槐　梧桐　樗　桑　榆　楸　椿　椒　竹　苇

花类

牡丹　芍药　海棠　木槿　葵　莲　菊　腊梅　蔷薇　刺梅　月季

石竹　萱草　玉簪　金盏

药类

麻黄　防风　薄荷　茴香　香附　车前　知母　葛根　天花粉　远志　泽泻　紫花地丁　甘遂　地黄　甘草　茅香　苍术　黄芩　柴胡　瓜蒌　地榆　漏芦　升麻　沙参　地骨皮　槐实　玄参　茯苓　陵苓香即兰香，以地产此，故名兰山　黄芪　透骨草

酒类

石冻春　梨花　秋露　兰若　五香　苦酒　甜酒

西亳乔履信曰："富邑人满，患在地狭。如山荒河崩，浮粮赔累。余后先请豁计三百余石，困惫稍苏，似应渐有起色矣。胡维正之供率，苦奔命不遑也。民无余赀，吏乏长策，忝居司牧，独有单心毕力，为嗷嗷谋耳。至粟如水火，力忘井田，虽不能至，然戴星[①]出入，蒿目[②]若营，敢或须臾忘此耶？"

【校记】

［一］光绪《富平县志稿》作"关"。

【注释】

①戴星：早出晚归，后用以称誉能干的官吏。语出《吕氏春秋·察贤》："巫马期以星出，以星入，日夜不居，以身亲之，而单父亦治。"

②蒿目：极目远望。

富平县志卷之三

西亳　乔履信敦峰　编次
高陵　雷　亨彦礼　校订

乡甲风俗附

乡甲法权舆于比闾族党，参酌于轨里连乡，而兵以寓，而役以供，而俗以成，后世甲不出甸，邮职于官，古今之势异耳。至六俗安民，因时地而制其宜，无古今一也。志乡甲。

乡联

阖县共一千八十七堡，四万四千一百三十八户，丁男一十二万七千四百二十八名，妇女八万六千三百一口，每堡旧设乡约、练总各一二人不等，按户轮应，习俗相沿，视为贱役。知县乔履信至，敦致绅士耆老，各以其里之望举为乡约、练总，授以札付，又分县属为八十五联，每联领十余堡，设立约正、乡长各一人，给以条约，稽其乡约、练总之勤惰，朔望率士民讲谕读法，以申教化。约正以绅士之品端学优者为之，乡长以耆老之望隆而知义礼者为之。

中一联领　在城、南关、敦陆堡、南门下、小团庄，共五堡七百六十户，丁男一千八百七十名，妇女七百六十二口。

东乡第一联领　东屏堡、东屏堡连城、焦村东堡、焦村中堡、焦村南堡、焦村盘石堡，共六堡七百八十七户，丁男一千九百六十五名，妇女一千三百八十三口。

第二联领　上官村龙盘堡、南新村刘家堡、南新村焦家堡、南新村孟家堡、北新村焦范堡、北新村桂林南堡、北新村桂林北堡、定国寺孙贺堡、上官村柳杨街、寨上村、寨上村、寨上村宁丰堡、寨上宁丰堡、下寨乔家堡、下寨村太平堡、邢家沟元村堡，共十六堡五百一十一户，丁男一千五百七十一名，妇女一千九十六口。

第三联领　永固南堡、金汤堡、永固北堡、玉垒王家堡、马家堡、马村南堡、马村北堡、马村中堡、牙村刘家堡、水道村、牙村唐家堡、水道村、牙村堡、安头村，共十四堡四百四十二户，丁男一千二百六十七名，妇女八百四十二口。

第四联领　贺兰官清宁堡、贺兰官南赵堡、贺兰官张家堡、丰乐村赵家堡、南都村齐正堡、牛村宋家堡、高堂村永乐堡、高堂村王家堡、里端村惠家堡、里端村刘家堡、里端村史家堡、里端村朱史堡、里端村除刘堡、里端村吕家堡、里端村李家堡、里端村杨赵堡、里端村兰家堡、西柯村周家堡、柯村王家堡，共十九堡六百五十九户，丁男一千九百一名，妇女一千三百九十九口。

第五联领　南阳村田家堡、任家堡、褚家庄东王堡、西曹堡、东曹堡、紫结村阎家堡、李家堡、马家堡、马村邢家堡、马村孔家堡，共十堡三百六十九户，丁男一千三十二名，妇女七百一十八口。

第六联领　留古镇鲁家堡、韩家堡、辛家堡、赵家堡、刘家堡、西张家堡、要子村同家堡、孟家堡、王家堡、杨家堡、留古镇、张家堡，共十二堡三百九十四户，丁男九百二十九名，妇女六百三十六口。

第七联领　南殷村义会堡、孝义坊刘家堡、南殷村郑家堡、南殷村校家堡、朱家堡、大冢乔家东堡、孝义坊乔家西堡、孝义程刘家二堡、绳杨堡、石家堡、大冢温田堡、新尚村何家堡、新尚村、褚堡，共十四堡四百七十七户，丁男一千三百一十二名，妇女九百六十七口。

第八联领　黄甫村阎家堡、陈家堡、吕家堡、刘家堡、田家堡、张王贺堡、草坊头李家堡、大吕堡、王家村、豹子沟范堡、杨堡、大吕北林家堡、汝家堡，共一十二堡三百七十五户，丁男一千一百二十三名，妇女九百一口。

第九联领　枣林村维宁堡、方城堡、枣林村、军寨东堡、孟家西堡、纳依坊王家堡、刘家堡、成家堡、兴户村庙西堡、中堡、庙东堡、路家堡，共一十二堡五百二十五户，丁男一千七百七十七名，妇女一千一百八十三口。

第十联领　车道堡、吕当村、吕当村张家堡、留集镇南坡堡、留集镇西堡、留集镇南街东堡、留集镇北堡、小田村何家堡、小田村董家堡、留集镇田家堡、陈家堡、小田村石家堡、田家庄田家堡、胜光庄赵家堡、胜光庄惠家堡、胜光庄黑家堡、田家庄惠家堡、东川刘家堡，共一十八堡四百六十户，丁男一千四百三十九名，妇女八百九十四口。

第十一联领　殷村南坡张堡、殷村南坡杨堡、殷村南窦堡、殷村陈堡、殷村耿家堡、殷村老堡、殷村邵堡、殷村新堡、殷村杨堡、殷村秦家堡、石桥杨堡、长路村东王堡、北坡长路村，共一十三堡二百六十六户，丁男六百九十六名，妇女五百四十八口。

第十二联领　华阳尚家堡、张家堡、念家堡、刘家堡、王家堡、三里村曹家堡、马家堡、高家堡、李家堡、石家堡、田家堡、荆家西堡、荆家东堡、刘家堡、坡头张家堡，共一十五堡五百三十二户，丁男二千二十七名，妇女一千六十七口。

第十三联领　张桥永安堡、张桥吴家东堡、隆盛堡、马王堡、马王堡、吴家西堡、金渠堡、苏家堡、南苏家堡、南庄堡、铁门堡、李家村、北庄村西堡、北庄村东堡，共一十四堡四百七十一户，丁男一千二百三十四名，妇女七百五十九口。

第十四联领　甘井韩家堡、甘井王家堡、甘井张家堡、甘井唐家堡、甘井胡家堡、甘井东堡、甘井西堡、甘井李家北堡、甘井中堡、甘井阎村王家堡，共十堡二百一十八户，丁男六百三十九名，妇女四百九十口。

第十五联领　平礼村王家南堡、尸家镇西街、尸家镇雷堡、田家刘堡、平礼村中堡、平礼村上堡、开善坊尚刘堡、开善坊马家南堡、开善坊马家北堡、田村西堡、田村东堡、田村侯家堡、田村王堡、古贤村胡堡、古贤村孙张堡、铁李堡、寺西张家堡，共一十七堡五百九十六户，丁男一千六百四十名，妇女一千一百六十四口。

第十六联领　柏王村堡、北玉村、金沟村王家堡、北玉村展家堡、碑楼吴家堡、花园头兰家堡、花园头朱家堡、赵村吴堡、花园头段家堡、赵村堡、半截塔保家堡、半截塔东王堡、赵村堡，共一十三堡三百六十八户，丁男一千九十八名，妇女七百口。

第十七联领　杨眷村崔家堡、西安平村李堡、东安平村、河子村赵家堡、曹村东堡、曹村西堡、曹村后堡、营村岳家堡、何家庄赵家堡、河家庄杨家堡、河家庄河西堡、河里刘家堡、河家庄靳家堡、河家庄张家堡、河家庄杜家堡、太康曹李堡、河家庄太康堡，共一十七堡五百八十六户，丁男一千六百七十九名，妇女一千七口。

第十八联领　庄子镇弹丸堡、弹丸堡、金槐堡、人和堡、仁义东堡、翠屏堡、和义堡、阳和堡、琏渭堡，共九堡二百九十六户，丁男八百七十一名，妇女五百三十一口。

西乡第一联领　连城堡、小连城、金城堡、安息堡、寺后堡、化龙村、东化龙村、西化龙村、二龙观孙家堡、孙家沟东团庄、孙家沟西团庄、枣林村、枣林堡、东良村小团庄，共一十六堡六百七十三户，丁男一千九百二十八名，妇女一千五百五口。

第二联领　盖村永闰堡、新移堡、良村权家堡、科子头东咸宁堡、科子头西咸宁堡、南社中和堡、南社安定堡、元亨堡、湾渡村、教场村泰宁东堡、教场村泰宁西堡、复兴堡、堡里堡、堡里村永安堡，共一十七堡七百九十二户，丁男二千三百八十六名，妇女一千八百三口。

第东三联领　都村镇、忽周堡、南都村永新堡、南都村荆麓堡、南都村圆明堡、南都村荆仪堡、南都村团庄堡、都村凤凰堡、都村屏翠堡、都村带荆堡、丈八村康庄堡，共一十一堡五百二十四户，丁男一千四百九十名，妇女一千二十四口。

第西三联领　丈八村千城、带荆二堡、丈八村贲园堡、丈八村金汤、坤元二堡，共五堡一百七十五户，丁男四百八十九名，妇女三百二十九口。

第四联领　北邵村武陵堡、北邵村永宁堡、北邵村龙湾堡、北邵村永润堡、北邵村东董堡、北邵村西董堡、北邵村永瑞堡、北邵村蟠龙堡、北邵村线张堡，共九堡三百七十五户，丁男一千一百一十八名，妇女七百八十五口。

第五联领　淡村镇、淡村古西堡、淡村盘石堡、淡村望荆堡、坡峪铺、老户沟、徐五村堡、乐善堡，共八堡四百八十五户，丁男一千二百三十八名，妇女七百二十三口。

第六联领　康家洞李堡、康家洞中堡、康家洞西堡、永兴堡、铁佛寺永宁堡、尚家西堡、毓秀堡、太平堡、元吉堡、七星堡、南闫村、别家堡、上官村、永盛堡，共一十四堡八百六十四户，丁男二千六百七十三名，妇女一千八百五十六口。

第七联领　里仁堡、姚营坊运城堡、新城堡、觅子镇、西河堡、西河李家堡、陈家河堡、西间村、寺东堡、文运堡、文运堡北街、永胜堡、南十八坊、安宁堡，共一十四堡八百六十三户，丁男二千三百二十一名，妇女一千五百六十二口。

第八联领　永清堡、丰盛堡、长春堡、横水堡、万全堡、周刘堡、岔口堡、庙沟村凤翼堡，共八堡五百二户，丁男一千五百五十一名，妇女一千九十一口。

第九联领　树林坊东村堡、树林坊毓秀堡、树林坊张家小堡、树林坊降宝村贾家东堡、树林坊西贾元亨堡、树林坊迎阳堡、铧角堡、萧郭堡、后郭堡、堐窑堡、龙湾堡、木截口永兴堡、涧里永万堡、涧里新兴小堡、涧里临河堡、涧里董家堡、涧里毓秀堡、永昌堡、上涧堡，共一十九堡七百三十三户，丁男二千二百六十四名，妇女一千六百七口。

第十联领　索村堡、索村南堡、南午村集义堡、南午村永盛堡、南午村西堡、神芝坊、西硙村金台堡、西硙村新兴堡，共八堡四百一十户，丁男一千三百一十二名，妇女一千三十口。

第十一联领　庄里镇、斜里堡、铺户，共三堡五百八十三户，丁男一千六百二十二名，妇女一千一百七十一口。

第十二联领　雄镇堡、永昌堡、安和堡、吉恒堡、长春堡、王家庄、太和堡、卫家庄、三和堡、太安堡、寿阳堡、元陵堡，共一十三堡六百二十八户，丁男一千二百三十二名，妇女九百三口。

第十三联领　东西红崖堡、太安堡、三里堡、奥家窑、永逸堡、永安堡、侯家堡、姚子头杨家堡、南昌堡、梅家平万家堡，共一十一堡九百九户，丁男一千八百三十五名，妇女一千一十二口。

第十四联领　三里村、义门村顾家堡、义门村利和堡、义门村金墉堡、横坡村杨家堡、横坡村东堡、横坡村明远堡、横坡村永宁堡、万安堡、齐村东堡、齐村西堡，共一十一堡四百三十二户，丁男一千二百一十七名，妇女八百二十五口。

第十五联领　大阳村东堡、大阳村西堡、灶角村金墉堡、灶角村西北二团庄、董家庄东西文昌堡、董家庄永宁堡、吴村永宁堡、吴村中田堡、吴村吴兴堡、方井万全堡，共一十二堡五百五十七户，丁男一千四百四十七名，妇女一千二十二口。

第十六联领　石窠堡、胡同村、邑山寺清宁堡、邑山寺永宁堡、邑山寺拱秀堡、邑山寺屏南堡、鸡峰堡三条沟，共七堡二百五十五户，丁男七百二十一名，妇女五百二十一口。

南乡第一联领　大牛村、大牛村田刘堡、卧龙村中堡、卧龙村东西二团庄、卧龙村东西二堡、古城村东西二堡、刘招村荆镇堡、吕村鼎峙中南堡、鼎峙北堡，共一十二堡五百一十九户，丁男二千五十一名，妇女一千二百二十七口。

第左二联领　东渠村钟灵堡、德盛堡、龙文堡、东宁堡、西渠村清宁堡、西渠村毓秀、钟秀、永新三堡，共八堡二百五十一户，丁男七百七名，妇女四百二十三口。

第右二联领　谢村西南二堡、东南小堡、发祥堡、毛家团庄、东南堡、中北堡、绥宁堡，共八堡一百九十六户，丁男六百一十二名，妇女三百九十二口。

第三联领　王旦村南堡、王旦村北堡、小牛村东西二堡、永宁田堡、巩家庄窦家堡、姚村金城东北二堡、姚村金城堡、巩家庄长宁堡，共十堡四百二十二户，丁男一千九十八名，妇女八百五十三口。

第四联领　皂角树东王堡、灶角树西堡、土地庙三小堡、元梁西中堡、元梁西常堡、元梁西村、元梁东中堡、元梁东堡，共十堡三百二十五户，丁男九百五十名，妇女七百一十六口。

北乡第一联领　河北荆家堡、河北新庄堡、北关堡、河北纪家堡、东魏村庙西堡、西魏村村里堡、东魏村庙南堡、东魏村仇家堡、东魏张王堡、东魏村萧王堡、西魏村庙前堡、西魏村寺东堡、西魏村寺西堡、西魏村仇家堡、西魏村安龙堡，共一十五堡四百四十四户，丁男一千三百一十八名，妇女一千四十七口。

第二联领　怀阳城袁家堡、怀阳城钟家堡、怀阳城纪家堡、齐堡村东堡、温泉村槐林堡、齐堡村、小阳村东堡、小阳村西团庄、龙王堡、温泉村仁里堡、东神下村、温泉村杨王堡、西神下堡，共一十三堡六百九十八户，丁男二千一百二十六名，妇女一千六百三十一口。

第三联领　庄头樊家堡、后坡樊家堡、后坡梁家堡、后坡保恒堡、后坡杨家堡、后坡保安堡、泥河堡、强村庙前堡、强村金汤堡、永宁胡堡、强村庙后堡、中明两孙堡、西明两冯堡、东明两张堡，共一十四堡五百三十四户，丁男一千六百一十五名，妇女一千一百三十八口。

第四联领　桥头沟东堡、桥头村、桥头上堡、宫里高家堡、宫里永宁陈家堡、桑园堡、涧头村定涧西堡、定涧东堡、定涧南堡、定涧北堡、屯里忠信堡、屯里杜家堡、袁家北堡、齐罗村袁家南堡、齐罗南堡、齐罗北堡、齐罗西堡，共一十八堡五百六十五户，丁男一千六百九十名，妇女一千一百八十二口。

第五联领　仇村石家堡、仇村北堡、仇村南堡、董村斗城堡、董村人和堡、董村仁里堡、董村北杜南堡、董村重光堡、董村北杜北堡、演村堡，共十堡三百四十七户，丁男一千六十七名，妇女八百八十九口。

第六联领　王郭村永昌堡、小贾村西堡、小贾村复兴堡、小贾村常堡、大贾村堡、漫张村西堡、漫张村东堡、大阳村堡，共八堡三百七十六户，丁男一千一百六十一名，妇女七百八十四口。

第七联领　曹村定安堡、曹村镇、中元堡、忠义堡、曹村龙韬堡、曹村太和堡、曹村金汤堡、大保村刘堡、大保村曹堡、程卢山，共十堡四百五十三户，丁男一千一百二十六名，妇女八百六口。

第八左联领　西头村永宁堡、人和堡、中天堡、福兴堡、挹岚堡、池北堡、顺义东西二堡、随北堡，共九堡二百九十八户，丁男八百八十九名，妇女五百一十口。

第八右联领　中兴三堡、石李堡、金斗堡、振西堡、雄藩堡、建宁堡、乐善堡、大保村贾家堡、兴仁堡，共九堡四百一十四户，丁男一千九十三名，妇女八百一十九口。

第九联领　陵前西堡、南堡、北堡、邹村上元南北三堡、尚书村仪凤堡、招贤村，共八堡四百户，丁男一千二百三十八名，妇女九百九十一口。

第十联领　西魏村东西二堡、南魏村、北魏村东堡、李家堡、北村林川堡、土桥村、金堂堡、广坊西王堡、广坊王家堡、赵家堡、涧贤村，共一十一堡四百五十户，丁男一千一百四十三名，妇女七百三十二口。

第十一联领　中惠村莱阳堡、小惠村、广惠堡、西留村、留村刘家堡、忠惠堡、留村东西堡、小惠村、人和堡、金汤堡、永宁堡、涧头定宁堡、张家堡、涧头永宁堡，共一十三堡五百九十七户，丁男一千四百二十五名，妇女九百五十四口。

第十二联领　仁张村北堡、东中堡、东北堡、东堡、河西堡、湾头堡、庙前堡、城西村东西南三堡、城西村辛家堡、人和堡，共一十二堡五百四十六户，丁男一千六百七十四名，妇女一千一百七十五口。

第东十三联领　顺阳镇、顺阳镇西南东南二堡、盖村堡、盖村纪家正东堡、河尽三堡、邵家村堡、南纪村、张家村，共一十一堡三百二十六户，丁男九百六十七名，妇女六百口。

第南十三联领　北荆家村团庄、龙溪堡、崇信庄、老槐院、永昌堡、金汤堡、西中团庄、南荆家村东头、西槐院，共九堡二百四十九户，丁男七百三十名，妇女五百三十二口。

第北十三联领　盖村马家堡、河西堡、李家村、马家堡西头、李家村东头、盖家村、盖家村、张家堡、王家堡、马家西槐院、盖铁堡、将军堡、马赵东槐院、西河堡、徐王堡、常家堡、西盖村大惠堡，共一十七堡二百三十二户，丁男七百六十二名，妇女五百八口。

第十四联领　田村贺堡、大田村凤仪堡、弘化坊老堡、清河堡、惠家堡、东连城堡、武城堡、李家堡、勾村永盛堡、保障堡、三称堡、河东堡，共一十二堡五百七十二户，丁男一千六百三十二名，妇女九百四口。

第十五联领　辉宁堡、勾龙村河西王家堡、勾龙村河东党家堡、河东王家堡、东勾龙村杨堡、勾龙村董家堡、安家堡、河东堡、相子庙西堡、殿下玉镜堡、赵家堡、路家堡、万盛堡、赵老峪马家堡、峪里王家堡、雷峪堡，共一十六堡六百五十一户，丁男一千八百三十二名，妇女一千二百二十五口。

第十六联领　薛家镇、北堡、仁兴堡、奠居堡、建中堡、庙西堡、金城堡、土门坊、义和堡、太和堡，共十堡四百一十三户，丁男一千一百九十六名，妇女七百八十八口。

第十七联领　南陵下铁炉堡、赵家堡、刘家南北二堡、北陵下永盛堡、面临堡、铁瓮堡、中原堡、集宁堡，共九堡四百二十一户，丁男一千二百七十五名，妇女九百五十一口。

第十八左联领　底店北村、东堡西村、永宁、西村二堡、康家堡、中堡、下庄堡、温同堡、刘家团庄，共九堡三百九十户，丁男一千九十九名，妇女六百六十八口。

第十八右联领　河西堡、井赵堡、西王堡、莘村仁和堡、陈家堡、萧家下河村、左眼安神堡、老池村杨家堡、张家埝村，共十堡三百二十九户，丁男七百三十一名，妇女四百九十六口。

第十九联领　天台堡南头、天台堡、张村张大堡、牙道堡、兴隆堡、中兴堡、吴（邱）［丘］村东堡、杨家堡、中和堡、化城堡、九连堡、乾元堡，共一十二堡三百四十八户，丁男九百七十名，妇女六百二十四口。

第二十联领　康庄频阳老堡、频阳新堡、康庄北堡、康庄中堡、康庄西堡、韩家村中原堡、西韩家村定远堡、草滩村永安堡、永宁堡、井儿头宋家堡、武家坡顺和堡，共一十一堡二百九十六户，丁男八百四十八名，妇女四百六十九口。

第二十一联领　雷村锦屏堡、永宁堡、环山堡、明秀堡、雷村西堡、五龙峪陈家堡、郭家堡，共七堡三百二十户，丁男九百二十八名，妇女六百九十四口。

东北乡第一联领　下庙焦家堡、和息坊太平堡、下庙村东朱堡、下庙常乐堡、和息坊安乐堡、和息坊前王堡、金汤寨、平观村、龙头村、东关北堡、臼县东关南堡，共一十一堡三百八十五户，丁男一千九十三名，妇女七百九十六口。

第二联领　铧朱村东西二团庄、十里铺陈家堡、鱼家堡、臼县堡、庄王堡、潘家坡、孟家村、赵家坡南堡、后坡赵家北堡、阎村北坡堡、阎村惠家堡、阎村彭家堡，共一十四堡五百二十二户，丁男一千五百八十四名，妇女一千八十二口。

第三联领　南董村段家堡、南董村王邵堡、南董村鹰都堡、常家堡、孙村杨家堡、王家堡、仵家堡、坚李堡、孙村村堡、五冢平原堡、七良村、王寮镇王家堡、南阳堡、王寮镇纪家堡、王寮镇纪张堡、王寮镇张家北堡、杨家北堡、孙村李家堡，共一十八堡七百八十五户，丁男二千三百三名，妇女一千五百七十八口。

第四联领　簸箕掌浮岭堡、簸箕掌田家堡、簸箕掌永宁堡、簸箕掌雷家堡、千口村、丈八村浮原堡、丈八村岩城堡、由典村东堡、由典村金盛堡、由典木刘堡、惠村南郭堡、惠村西堡、惠村北郭堡，共一十三堡四百八十一户，丁男一千五百六十三名，妇女一千七十一口。

第五联领　西李堡、寺张堡、善宁堡、善宁坊东村堡、善宁村杨家堡、臧村复盛堡、金汤徐家堡、金汤北堡、臧村金汤党堡、金汤东张堡、金汤北张堡、金汤前张堡、王罗堡、孙家堡、淡村张家堡、淡村西寨焦家堡、淡村田家堡、赵家堡，共一十九堡七百二十四户，丁男二千三百九十八名，妇女一千五百二十六口。

第六联领　齐村重振堡、齐村毓锦堡、齐村田家堡、齐村荣和堡、锦川镇、锦川镇东堡、刘明堡、刘韩堡，共八堡三百三十九户，丁男九百一十五名，妇女六百八十八口。

第七联领　带和堡、东李堡、东川村胡罗堡、东川村、东川堡、东川村胡家西头、东川村金城堡、东川村金瓯堡、东川村连城堡、东川村永宁堡，共十堡二百六十户，丁男七百八十二名，妇女六百一十三口。

第西七联领　流曲镇，共五街五百九十一户，丁男一千五百六十五名，妇女一千四十二口。

第八联领　大冈村李家堡、大冈村永盛堡、人冈村涧郭堡、尚义村频南堡、永宁堡、尚义村顺阳堡、尚义村永康堡、昌宁村昌宁堡、昌宁村西刘堡、金墉堡、重宁堡、永宁堡、人和堡、复宁堡、和宁堡、梅家庄鸣皋堡、凤鸣堡、永宁堡、梅家庄兴盛堡，共一十九堡七百二十六户，丁男二千七百八十八名，妇女一千九百五十八口。

第九联领　坡头堡、到贤镇、惠店中村、惠店东村、惠店南村、白家堡、西张堡、西堡、人和堡、太和堡，共一十堡七百九十七户，丁男二千五百八十一名，妇女一千七百五十二口。

第十联领　南原魏家堡、徐吕村全盛堡、徐吕村、钦仁村页坡堡、阿弥村马家堡、阿弥村姜家堡、车固村张坡堡、车固村萧家堡、车固村赵家堡、车固村忽家堡，共一十一堡三百四十二户，丁男一千一百二十五名，妇女六百五十口。

第十一联领　高村景家堡、高村景家北堡、高村刘家堡、高庙堡、北甫村缑家堡、北甫村刘家堡、北甫村崔家堡、北甫村范后堡、北甫村前堡、南甫村，共十堡四百一十四户，丁男一千二百七十三名，妇女七百九十二口。

第十二联领　古城堡、人和堡、周家堡、云亭东西二堡、吴村永宁堡、吴村西堡、河漕马堡、河漕姚堡、菜园头魏家东西二堡、菜园头东西刘家二堡、水都村李堡、水都村杨堡、新城堡，共一十六堡五百四十户，丁男一千六百九名，妇女一千一百四十九口。

第十三联领　沐惠村清光堡、沐惠村东南堡、沐惠村金汤堡、沐惠村西北堡、阳高村南堡、阳高村道北堡、阳高村道东堡、阳高村刘堡、阳高村西北堡、千口东西二堡，共一十一堡四百二十三户，丁男一千六十八名，妇女六百五口。

第十四联领　赵村姚家堡、赵村寨子堡、赵村东李堡、赵村刘家堡、赵村王老堡、赵村铁杨堡、赵村惠家堡、赵村杨老堡、赵村西李堡、赵村张任堡、赵村张南堡、赵村常堡、独惠村周马堡，共一十三堡三百九十五户，丁男一千二百二十二名，妇女六百六十四口。

第十五联领　西仁义坊西北堡、西仁义坊西南堡、西仁义坊南李堡、西仁义坊东北堡、西仁义坊东北小堡、仁义堡、西仁义坊徒家堡、西仁义坊村堡、西仁义坊金汤堡、仁义村，共十堡三百五十五户，丁男七百六十五名，妇女四百九十六口。

第十六联领　由礼东西二堡、降村赵家村、降村张家堡、降村杨家堡、独惠村李堡、独惠村李家堡，共七堡二百五十四户，丁男七百二十名，妇女四百六十三口。

第十七联领　五级坊金南堡、五级坊金汤堡、金城堡、五级坊沟东永宁堡、五级坊沟西永宁堡、五级坊仁美堡、五级坊王家堡、五级坊孔固堡、五级坊金瓯堡、五级坊永兴堡、五级坊崇义堡、黄村连城东堡、黄村西堡、黄村王堡、黄村老堡、黄村北堡、黄村党家堡，共一十七堡四百四十一户，丁男一千七十八名，妇女五百四十一口。

第十八联领　万家村西南堡、万家村西北堡、万家村东北堡、笃福杨北堡、万家村东南堡、万家村罩张堡、坚王堡、安乐坊武堡、笃福杨南堡、安乐路堡，共十堡二百九十户，丁男八百二十六名，妇女五百六十八口。

第十九联领　美原镇东城、西城、中城，共三城七百一十户，丁男一千七百三十三名，妇女一千二百四十一口。

第二十联领　修府村、尚家堡、盘石村前场东堡、北堡、前村、东堡、中堡、南堡、两门村金屏堡、东同堡、西同堡、永宁堡、小村任家堡、魏家堡、张家堡、鲁家堡，共一十六堡六百四十八户，丁男二千五名，妇女一千四百三十六口。

第二十一联领　党隆村党堡、王家堡、曹堡、曹西堡、曹东堡、党一堡、李家堡、魏家堡、韩家堡、党家堡、张家堡、党东一堡、李家东堡、李家中堡、曹北堡、杨家堡、贺西堡、魏堡，共十八堡五百二十六户，丁男一千四百三十一名，妇女八百九十八口。

第二十三[一]联领　笃祜村东北堡、杨前堡、西北堡、东堡、郑家堡、广化村杨家堡、火烧村西刘堡、河西党家堡、新庄堡、东刘堡、东庄王堡、上河里许家堡、河东党家堡，共一十三堡五百五十七户，丁男一千五百五十四名，妇女九百六十八口。

第二十三联领　吴古村、南昌村吕堡、张家堡、没子村南北党家二堡、东党堡、兰山姬家堡、姬家东堡、杨家堡、李家堡、赵家堡、新店王家南堡、王家北堡、杨家堡，共一十四堡七百八十八户，丁男二千一百七十名，妇女一千二百五十八口。

第二十四联领　畅家堡、斜里西南堡、利惠村缑家堡、尹家村前田堡、山田堡、孟家社后李堡、社前张堡、西堡、庙儿堡、斜里北堡、斜里中堡、尹家村中堡，共一十二堡五百二十一户，丁男一千五百二十名，妇女九百八十三口。

第二十五联领　西龙门村堡、龙门村西南堡、东南堡、北堡、雷北坊中堡、西堡、北堡、雒家堡、红彦村前张堡、任家堡、后张堡、陈家堡、涧北村常堡、涧门村南常堡、龙门村西北堡，共一十五堡四百九十户，丁男一千六百四十名，妇女九百五十八口。

【校记】

［一］根据上下文判断，应为“二”。

条约[一]附

西安府富平县正堂加一级乔为选委约正、乡长颁发条约，以司联率，以董化导事，照得德能抚众，礼可服人，在善恶有分，则民知耻格，俾理化得当，则俗致和平。本县叨沐皇恩，谬司民牧，一心兢业，三年勤劬。缘富邑民粮十万之余、户口千村之广，为陕省第一烦剧之区，故下车之始即与邑之士大夫及耆老相为约会，每村皆举公直服众之人以为乡约、练总，专司稽察保甲、约束化导之事。幸近年以来奉法从风、亟公自好者益多而干法坏纪者亦觉渐少，是保甲之法已有成效，由此兴行教化势不为难。但乡约、练总虽经慎重选举或未必尽得其人，其间勤惰优劣多有不齐，又不无质直少学未谙文理之人，稽察虽可胜任，而于讲解上谕及训诲化导之事或未克优为。本县自顾一身，兼治百务，虽与民最亲，犹未若指臂相使，以乡人教之为更近也。因将阖县乡镇村堡按其道里远近编联统属，共分八十五联。复又会同绅士耆民每联之内公举约正、乡长各一人，皆品行端方、才德服众、文理优通者，俾之统属各堡，为乡约、练总之领袖，加以化导之方，重以稽察之责，所有该管应行事十条，皆平易近人，可共遵守，谨详列于左。惟尔某受兹委任，益懋前修，勤慎正直，靖共乃职。本县惟视风俗之美恶分别，化导之优劣，稽察之勤惰，且以办事之公私定其贤否之黜陟焉。所冀俗登礼让、民乐升平，毋作具文①，自失令誉。著有成劳，自当酬奖。会将乡饮宾筵，荷圣朝养老之典，抑且②志书姓氏、留芳名后世之荣，慎为勉旃③，以副选举委任之至意。

须至条约者：

一　宣讲上谕。恭惟圣祖仁皇帝上谕十六条、世宗宪皇帝广训一万言，诚化民淑世之至道，不可须臾不遵者。本县每月初一日、十五日恭设龙亭香案，齐集文武、同城绅士行三跪九叩首，礼毕，令约正立台上高声宣读一条一篇，凡在县士民人等两行侍立，敬听宣毕，仍排班官员行一跪三叩首谢恩，其余人等亦行三叩首礼而退。今各联敬择适中堡内有洁净宽大庙殿，每至朔望日恭设上谕广训香案，尔约正、乡长各吉服④，传集本联内乡练，会集绅士耆老军民人等，照本县行礼仪注，约正敬谨宣读上谕广训一条，务使人人咸知，行谢恩礼而退，此约正、乡长第一要务，务须慎始慎终，恪恭将事。本县不时密访，如有奉行不善，重罚不贷。

一　讲解律例。盖律为不刊之经，例行一时之法，皆所以弼教、明刑、惩恶、窒欲者也，然科条甚烦，乡民难以遍晓。蒙上宪择其有关命盗重情、风化攸系者刻版颁发，一加讲解，人知遵奉，免罹法网，乃教民趋善避祸之至意。尔约正、乡长每逢宣读上谕之后，当众人聚集之时，将颁发律例详明讲解，俾愚民知犯法之罪甚重，不敢妄行，咸知警畏，皆为良善之人，则刑期无刑，端在讲解化导之有素也，慎之勿忽。

一　清查户口。保甲之法，首在清烟户，烟户既清，又在查丁口。一堡共若干户，每十户编成一甲，甲有长，长名牌头，十户为一甲，互相保结，故名保甲。所谓烟户者，凡一家之内分产另爨者即为另户，便须给一门牌，方有分别。先自第一家起，每一户共是几代，或有祖父母、父母以及本身夫妇、儿女、男孙女孙、伯叔父母、兄弟、侄儿侄女，男为丁，女为口，共几丁几口，逐人问明实在年岁，作何生理，实有田粮若干，以上各项有则写（土）［上］[二]，无则不开详，悉填入门牌，挨次编造，至编完十户是为一甲。凡户内人丁有出外游宦、贸易者，亦要一一开明取具。十家连环保结，如有一家为匪，十家甘罪。照此编列，由一甲而至十甲，由十而至百甲，悉如此法。如有余零，即寄于末后。至甲内各户有僮仆、雇工亦须确查籍贯、年岁，附于门牌之末，开写分明，造成二册，一册送县存案，一册交付约正、乡长，以便清查。如有外来归籍，在第几牌居住，即报明另填门牌，附该甲之内。如有在内搬出别方居住者，亦即报明销去门牌。如一户之内丁口有增减，每至一季之底，乡练同牌头本户报明，另换门牌。如有改易生理、分家另爨者，亦如之，即增入册内。如此清查，方无舛错遗漏，不惟匪类不能隐藏，即贫富亦有分别矣。虽从前编造具有规模，今番清理尤须精慎。况现奉抚宪严饬清查保甲，今当应编之时，尔等会同各堡乡练，遵照清查，编造册结，呈报本县，示期亲行查点，如有遗漏丁口、查造不合，定将该堡乡练照违令例处究，尔约正、乡长亦照失察重罚，决不宽贷。此《周礼》党族比闾之法，恭逢明良垂情至理，本县遵奉推行。虽今昔不同，而因时制宜，洵为宁民之本，各宜凛遵，慎务轻忽。

一　崇尚积聚。夫粮为命本，食乃民天。家有余粮则盈宁，日不再食则饥馁。查富邑人繁地狭，户鲜盖藏，遇丰登不知节俭，偶歉薄即见流移。

恭逢盛世，重固本宁邦之道，建设常平社仓以备水旱不虞。即如今年三月夏禾偶被冰雹偏伤，其时男妇哭声遍野，势在存亡莫保。据阖邑地粮统算，其损尚不及十分之一，此从古不准报荒者。荷蒙宪德题请，皇恩浩荡，开仓赈济，免粮停征，灾黎幸免逃亡，室家咸庆完聚，诚为亘古罕有之洪仁旷典，未可自恃为有备无患之道也。此吾民亲经身受者，可不亟为先事预防之计。本县职司牧养，每念四十里之民、四万余家之众，必使无一夫之饥方遂本分，故早夜筹画。思及古人有义仓、社仓之积，卒致富国足民，初不过因民之所利而为之。用是访知吾士民各堡旧有善会积钱敬神之例，特劝吾民以敬神之钱为积谷之本，改焚符烧香之会为买粮救荒之计。从睦姻任恤之中作福德果报之基，诚为真正善事。即依原有社会，循照旧例，纳钱分别上中下三等，人户各随力之所能，每月积钱一次，置簿二本，将积钱姓名、数目开明于上，公议有德行殷实者二人掌管钱谷簿籍，不许出借放债。至夏秋收成后将所积之钱按簿计算，共有若干，趁钱买粮，共得谷麦若干，登注簿内，择庙宇谨慎之房屯贮封固，将一簿呈报本县存案，以防奸徒侵骗，名曰社会仓，其一切管理出纳官不得掣肘，吏不得过问。如此积聚三年，约可以济一时之急。倘逢歉馑，该约正、乡长禀明，本县开仓给散，先尽本原积钱之家，有余者赒给鳏寡孤独、残疾无告之人。倘其中有谓原属善会积钱所买之粮，情愿将本身应得之数分助亲党贫乏者，听从其便，报官旌奖，此所谓积之有素、用之得宜而行之，悉归于正者也。或曰改神会为积粮，无乃拂民情而阻善路，殊不思神不歆非类、善不在谄渎[⑤]，古来圣经无庶民朝山礼佛之训。国家律典禁烧香聚众之行，若云设醮演戏、建庙念经可以邀福而免祸，如今年三月天降冰雹，各村堡岂无设醮演戏者乎？岂无建庙念经者乎？与其以有用之钱妄祀泥形木偶、杳冥不可知之神，何如积谷贮粮救荒歉于不可必之天乎？夫神道设教，古有明训，宁禁尔等之不祈报耶？惟神聪明正直，惟德是辅，尔等果能孝顺父母、恭敬长上、勤务本业，即是善人，虽拈一炷香、烧半幅纸，神必祐之，岂曾计及于尔享祀之厚薄以为福报之多寡乎？传曰：“务民之义，敬鬼神而远之。”又曰：“未能事人，焉能事鬼？”倘尔等不孝不弟、作奸犯科，纵日日设醮演戏、建庙念经，神方降之百殃，又何福之能祈也？本县为尔等身家性命起见，不惮谆切告诫，如各约正、乡长有能实心劝化、急于奉行者报明本县，定行破格奖励。倘吾民或有视为迂阔之谈，虽法不必加，然甘心饿殍、自绝生理，本县亦无如何矣。各宜猛省毋忽。

一　匡正风俗。夫礼本人情，与奢宁俭，丧为大事，与易宁哀，况婚配人伦之始，丧葬人道之终。风俗所关，二者首重。近闻无知乡民，往往聘嫁论财至于构讼，或生女不择婿年之老少，止贪定礼之丰多，而娶媳之家不访女性之美恶，惟求赔房之富丽。且有一女两许争告不休，老夫少妇匹配非偶。更有迎亲进门尚未庙见[⑥]，遽行登筵谢客，亲疏不避，有三日勿论大小之说。至合卺之夕，邻友小叔杂入房中，酌酒换杯，谑浪笑傲，名曰暖房，此皆失礼甚大者，岂防微杜渐之谓哉？夫婚姻最重，既不能谨始慎初而平时亦多有逾闲[⑦]隳[⑧]防，往往妇女误听僧尼妄言果报，惑于邀福，游会烧香、入庙朝山杂沓于风尘广众之中，摩肩接踵，大干廉耻，亟宜止绝。至于居丧之道，正人子哀毁之时，闻远乡之民，乃有值父母新亡，乘丧嫁娶，名曰拜丧，此更为灭理之尤者。夫父母初没，体魄未冷，人子何心华服迎娶，甚且优觞宴客、柩前聚饮，妄称伴魄，以至亲本无罪、僧道念经，诸不经事皆为逆理忘哀、败坏天良之举。更有停柩初敛[⑨]，兄弟分家，少有不均，兴词告状。又有子孙泥于流俗，因一时缺钱无力铺张，久不埋葬。更有父母凭阴阳之邪术抛弃幼殇，暴露骨骸，悉属忍心害理，在陕省视为平常而富邑亦属间有。诚恐渐染日深，大伤风俗，不得不预行匡正。除婚丧大节照文公家礼，另颁简明规仪饬遵外，倘本管联内一有上项恶陋之事，即同该堡乡练、牌头、邻佑力行严禁、明白劝谕，务令遵奉。如有抗违，立报本县，定行按律法究。尔等更当化导于平时，毋得碍情容隐，一经访闻发觉，匡正不力之罪难辞。噫！移风易俗固责在官师，物望人归尚宗于巨室，志笃人伦者必知所勖矣。

一　褒奖善良。诗曰："人之秉彝，好是懿德。"孔子曰："十室之邑，必有忠信。"况一联之内，大者七八百户，小者不下三四百户，岂无忠信之士？秉懿之良若不褒奖，是阻兴感效法之几矣。今本县于每联给纪善印簿一本，可尽心访查各堡内有事亲能孝、待兄能悌、教子弟以义方、处族党、知姻睦、居心正直、勤读力田、早完正赋、尚义急公、积粮俭用、周济孤贫、劝解争讼、遇事礼让、教人忠诚以及爱老恤孤、修桥补路，凡有一节之长、一行之美，即是善良之人，均宜褒奖。尔约正、乡长每逢朔望宣读上谕之后，将纪善簿置案上，于众人之前令良善之人赴案下，将伊所行善事宣说一番，即对众书写姓名、事实于簿上而退。于季终呈送本县以凭奖励，庶观感兴起、群相鼓舞而风俗愈加淳厚矣。

一　严稽匪劣。尔约正、乡长查本联各堡中除忤逆不孝、造卖赌具、开场诱赌、勾引逃人、私宰牛驴、窝留土娼、纵容卦子、听入邪教、妖言惑众、创建淫祠、拜把结盟、掏包剪绺、凶徒打架、闹丧演戏、奸诈刁恶诸项，一有其事，立行首报拿究。至如有违父母教训、侍养或亏违、拘兄长敢于无礼、亲族乡党不和不睦、调唆词讼、讦人阴私、败人名节、阻人行善、助人为恶、播弄是非、损人利己、游手好闲、酗酒游戏、恃强骂人，皆属匪迹劣行。本县发纪过簿一本，尔等严加稽查，于宣读上谕之日会同各堡乡练将匪劣之人唤跪案前，对众声明劣迹。若能当下服罪，自愿改悔，恕其无知初犯，暂免上簿，令其自新，后有再犯，必对众声明，书其姓名、事款于簿上。至季终呈送本县，查核若能改过迁善，但行一好事亦即对众声明去其恶簿之名，若又行一好事，仍许对众记入录善簿内一体褒奖，此亦与人为善之意也。

一　法严连坐。夫一牌十户，人情不同，生理各异，即贤愚良顽势不相一，间有作奸犯科之事，同处一牌，习见形迹，断未有不知者。旧俗狃于敛怨，不肯直言，每多引嫌避迹。今既编为保甲，则十户之人犹如一家，荣辱相关，利害与共，是善恶系于祸福，嫌疑不得少避。凡本牌内有奸盗诈伪、造卖赌具、开场诱赌、勾引逃人、私宰牛驴、窝留土娼、纵容卦子、听从邪教、创建淫祠、妖言聚众、拜把结盟、掏包剪绺、刁恶行凶、闹丧演戏诸不法事，同牌九家即首知乡练，据实禀报，以凭拿究。如容隐不举，或经告发，或经访闻，定将同牌九家照犯人之罪一体连坐。如或细行不矜、小过失德，九家共为诫诲，勖以迁改。如不服不改，即请同乡练、约正、乡长鸣攻其非，登注恶簿，再观后效，倘终于怙恶不悛，则直禀本县，治之以法，此以比伍驱归于善之道也。若夫乡练之职，所司专而统属切。牌甲之人，或有互推观望之处，乡练则断不可徇私曲容。一闻有犯即明喻牌甲遵照条约举行，倘敢有违，定行倍处。然凡诸过恶多由愚民无知干冒触犯，乡长、约正既司化导之任务，期勤加劝诱，感善心于固有，绝恶念于未萌，则诸科不犯，而连坐之法亦可以无事矣。

一　共为守望。凡联内各堡各乡练例派居民轮流守门巡更，又有甲长、堡头稽查，可免鸡犬之惊。今编联统率之法诚恐日久渐弛，偷安习惰，见时际升平，怠于预防，驯致宵小窃发，一家有事，邻舍不宁，殊非编联统属共期相安之意。尔约正、乡长必须会同联内各乡练查看城堡有倒缺者急为培筑，门栅有朽坏者及早补修，率领堡头、甲长，城门启闭有时，行走出入有候，定更之后，封门下锁，击梆鸣锣，更次分明，传筹交代，街上不许人行。如有违者，照犯夜例治罪。或有急病延医买药、临产寻觅收生此不得已之事，必须告知甲长同乡练至城门点灯开门，人出之后，即眼同关锁，俟其回时听明声音，仍同乡练领钥开门，亦要查明几人进堡，宁可小心免生意外。此惟交冬三月、春三月之法，余月照常例而行。一堡如是，推之一联。倘一家或有盗窃之事，邻佑闻声救护，协力擒拿。倘邻堡有贼，各堡乡练派人堵截应援，共为守望。一联必无疏虞，联联如此，暴客何敢生心？总之，防范宜勤，守望合力，先要内绝窝引之根，方能外无窥伺之辈。古语云："慢藏诲盗，物腐虫生。"盖匪窃之来，非固圉不密，则潜伏引线。平日牌甲中，遇有形迹可疑、往来不明之人，或由内见，或自外入，该乡练、邻佑即当盘诘申谕。在乡练容有徇情受贿，而乡愚亦不无贪利亡身者，惟约正、乡长善化勤查于平时，庶免蹈法波累于事后，此尤为守望中之最要紧者，更当加意，共保无虞。

一　怜恤孤寡。凡联内有鳏寡孤独、赤贫无依者，例应查报，收入养济院，推广皇仁，抚恤养赡，然富邑原额孤贫口粮仅三十五名，近设额外亦止一十二名。经费有定，人数难拘，恐地广人多，未必全无遗漏。又有一等穷不堕志之人，耻居孤贫之名，甘受冻馁，更当格外矜恤。因思为孤贫者，虽一身只孑，岂无宗族姻党，如同姓之内、姑表之中有家道稍裕、力能顾济者，可推爱周全以敦雍睦，乃系积德累仁正道。只缘俗尚不惇，人多习而不察，所赖约正、乡长交相鼓劝，发其恻隐之心，勉修慈惠之事，共相周济，其费能几，而阴功甚大，义声流传，岂不美哉？

【校记】

［一］此文光绪《富平县志稿》卷四亦有收录，但不完整，可参看。

［二］原志作"土"，光绪《富平县志稿》作"上"，今从之。

【注释】

①具文：空文，徒具形式而不起实际作用的规章制度。

②抑且：况且、而且。

③旃：文言助词，相当于"之"或"之焉"。

④吉服：古时祭祀冠娶或迎立新君等吉事场合所穿的礼服。

⑤谄渎：阿谀在上的人和轻侮在下的人。

⑥庙见：古代婚礼仪式之一，妇入夫家，若公婆已故，则于三月后至家庙参拜公婆神位，称为"庙见"。《礼记·曾子问》："三月而庙见，称来妇也。"孔颖达疏："此谓舅姑亡者，妇入三月之后而于庙中以礼见于舅姑。"汉刘向《列女传·齐孝孟姬》："三月庙见，而后行夫妇之道。"

⑦逾闲：越出法度。

⑧隳：毁坏，崩毁。

⑨敛：通"殓"，给死人穿衣放入棺内。

乡约、练总札付附

富平县正堂加一级乔为选举乡约、兴行教化以襄至治事，照得[①]设立乡约表率党闾，膺斯任者必为人端方、品望服众，庶几领袖无忝。考《周礼》，令乡党以三物教万民，先之以孝弟，即其法也。既有约束化导一方之重寄，讵可不慎重其选哉？兹尔某宅心公正、处世端方、舆论佥谐[②]，堪作一乡表率，特给札付，颁列条约，尔其敬慎奉行，无忝乃职。如果实心供事，著有成效，本县查实，给匾优奖。倘玩愒[③]废公，法不尔贷，慎之毋忽。须至札付者，计开：

一　朔望传集各村庄居民，择洁净公所，设香案宣讲圣谕广训，使民知孝弟姻睦。

一　平日督率练总、保甲长稽查奸宄，有来历不明之人盘诘报究，隐匿失察重处。

一　各村有忤逆不孝及窝盗、窝娼、窝赌、崇邪教、造赌具、开烧锅、宰牛马骡驴、开汤锅及演唱夜戏者，协同练总、保甲长连赃送究，徇隐故纵重处。

一　乡人角口即为劝解，奉批查处务要秉公，如徇私颠倒及推诿延搁，察出重处。

一　遇凶徒打架伤人即协同练总、邻佑将凶犯拿送审究，纵脱重处。

富平县正堂加一级乔为选委练总、清查巡警以靖地方事，照得闾有胥，伍有长，古之制也。今之练总即闾胥伍长之遗意，清查地方、盘诘逃盗是其所司。苟能实力稽查，奸宄从何托足？然膺斯役者固须精壮强干，尤宜公正无私，闾阎方无滋扰。兹尔某精明公直、众议举充，特给札付。照依所管村庄勤加巡察，勿徇私情，条约所开，尔其实力奉行，毋得违越。如果能克著勤劳，本县给匾奖励。若怠惰废弛，法不尔贷。须至札付者，计开：

一　稽查逃人盗贼及面生可疑之人，即行报究。如敢隐匿纵脱，重处不恕。

一　造赌具、崇邪教、开烧锅、私宰牛马骡驴及窝赌、窝娼、演夜戏者，同乡约公举送究。

一　有凶棍用强殴人者，执其凶器连人送究。若打伤人命，先将凶犯拴锁具报，毋得纵脱干咎。

一　奉批查处词状，秉公查处，毋得徇情以及推诿不覆，定行重处。

一　冬月自十月初一日起至三月底止，率村众谨守堡门，支更[④]击梆以防鼠窃，毋忽。

一　强窃盗发，觉失主喊救，即同保甲协拿，本县照例给赏，如坐视不救，定行重处。

【注释】

①照得：查察而得，旧时下行公文和布告中常用。

②佥谐：共同认定，一致认可。

③玩愒：偷安苟且，怠废职务。愒（kài），荒废。

④支更：打更，守夜。亦指打更守夜的人。

里名

义林里　安平里　开善里　张北里　巩家里

高堂里　大安里　孝义里　安定里　石川里

齐村里　平皋里　怀德里　新移里　善宁里

顺化里　义门里　招贤里　通关里　流曲里

薛家里　龙门里　兰山里　美田里　盖村里

党林里　安仁里　到贤里　频阳里　勾村里

盘龙里　阎村里　怀城里　孙姜里　永润里

温泉里　横水里　义城里　廓厢里　浮泽里

风俗附

衣冠　见长者易官服，燕见如常。见少者如常，惟报礼具服。

婚姻　为酒食，召亲友厚其别，亲迎重其礼，重班行，重本原。士宦嫁妆倍于征仪，有回征仪者。贫民娶妇粟以石，布以匹，近则乡人论征仪矣。虽贫，非近百金不能娶，亦世风人心之偷也。

丧礼　服必三年始易，尽哀尽礼，准之五服制度，葬多庐墓。

吊哭　吊生者哭死者。生死皆相识，既吊且哭，不识生者则哭而不吊，不识死者吊而不哭。

士习　好读古，尚义气，质朴不事华，文不骄人。时为悍愚所侮。即宦成，亦谨厚如乡人。

农务　地隘少沃壤，农百亩者不多见，妇子胼胝数亩，租逼债累，终年不偿，水旱少逢，饥寒立见。

商贾　县市花布、农器，即丝帛亦少，各镇市粟米、酒脯、菜、炭而止，资生兴利无长策。

正月元日，黎明设香火、牲果，盛服拜天地、拜灶、拜祖考神主，后拜父母兄长。每族数世祖考共为画像，子孙会拜毕，共欢饮曰“节坐”。

二日，各亲党以面食、豚肉相馈，卑多往尊。

五日，作纸妇持帚负杂谷袋，弃周行，曰“送穷”。

元宵，张灯，亲朋聚饮，家各置面茧。

二十日，置面饼屋宇上下，曰“补天地”。

二十三日，少者作百戏若狂，曰“摆社福”，又曰“过不当”，妇女此日会坐闲游，不操工，曰“忌不当”。

二月二日，用炭围庄墙外，曰“卫庄”。

三月清明前一日，寒食，各拜墓烧纸钱，每请名山泉水，斯日刑牲祷丰年，金鼓伞旗俱备，曰“游水”，亦有举之别节者。

四月四日，人簪皂芽，不病。

五月五日，簪艾食角黍避邪，女作新麦食馈父母。

六月六日，拜坟墓，亦夏祭意，五更取水作麯水不变，曝物作酱不虫。

七月七日，妇女陈瓜果于星月下乞巧。

八月十五日，送月饼瓜果，拜月。

九月九日，母家作枣糕馈女。

十月一日，烧无钱纸，祭祖考，送寒衣。

十一月冬至，士人拜阙、拜先师、拜先生。

十二月五日，食五豆粥，避瘟。

八日，肉果作粥，名“腊八粥”，是日作酒曰“腊脚”。“石冻春”此日造。

二十四日，祀灶用鸡。

除夕，家各会饮，守岁。

西亳乔履信曰：“乙卯岁余，余自眉量移富邑。百凡未遑，即与邑之士大夫、耆庶约设乡练、行保甲，亟先务也。已复编联乡镇，每联俾公举约正、乡长，饬行条约数事，冀有成也。难于图始，鲜克有终，盖两惕之。”

学校

富隶古宗周地，东胶虞庠①之制，宜其耳之悉矣。胶训纠绳，庠训安养，辟雍②升秀，更老③乞言④，始基之矣。则乡学重书院，兴自五季⑤，于今称盛，德造誉髦⑥，成就尤夥，学校之助也，例得附书。志学校。

【注释】

①东胶虞庠：周代之大学、小学，语出《礼记·王制》：“周人养国老于东胶，养庶老于虞庠。”

②辟雍：古时天子所设的大学。

③更老：三老五更的省称，古代设三老五更之位，天子以父兄之礼养之。

④乞言：古代帝王及其嫡长子养一些德高望重的老人，以便向他们求教，叫乞言。

⑤五季：即后梁、后唐、后晋、后汉、后周五代。

⑥誉髦：有美誉的读书人。

学宫

文庙　在县署东，正殿五楹。圣祖御书“万世师表”匾，世宗御书“生民未有”匾，乾隆四年今上御书“与天地参”匾，俱悬殿内。东西庑各九楹，棂星门、戟门各三楹，明洪武三年主簿陈忠信建，九年县丞芮弼修。天顺五年知县王杰、成化十八年知县张本、弘治五年知县陈润、八年知县李良、正德六年知县刘藻、嘉靖三十五年知县赵桐、隆庆间知县史灿、万历七年知县刘兑、崇祯十年知县贾太初相继增修。本朝顺治十八年知县郑昆璧、康熙十九年知县郭传芳、五十二年知县杨勤重修，乾隆元年正殿石栏坏，知县乔履信捐修，泮池坍塌，复捐修，护以石栏。

桂林坊　三楹，在文庙正殿后。乾隆二年知县乔履信重修。

明伦堂　五楹，在桂林坊内。知县杨勤重修左右斋房各五间。明成化中知县张本创修。

尊经阁　三楹，在明伦堂后。嘉靖中知县胡山建，康熙三十九年知县刘灿重修。

崇圣宫　在文庙北尊经阁后。明万历五年知县宋果建，九年知县刘兑增修。

魁星楼　在文庙后。明知县刘兑增修，本朝康熙元年知县郑昆璧重修。

文昌祠　在魁星楼前。明知县刘兑增修，天启中邑御史封崇德重修。

名宦祠　在戟门左。明初建，知县刘兑增修。

乡贤祠　在戟门右。同上。

书院

新城书院　在连城堡，明嘉靖中知县刘希简建，今废。

南湖书院　在东屏堡西门外，去县一里。乾隆三年知县乔履信捐俸创建，讲堂三楹，退厅三楹，后室三楹，门一楹，斋房八间。延渭南进士唐若时主之，肄业诸生四十余人。地基共四亩七分，内监生窦希韩捐一亩七分五厘，邑民党孔见捐一亩七分五厘，杨之玑捐六分，杨玉捐六分，院门北邑民窦尔瑺捐地一亩六分二厘。其学田坐落亩数，详见《南湖纪胜》。

西亳乔履信曰：“古人入学释菜[①]，以周公为圣、孔子为师。既以孔为圣、颜为师，已复专事孔子，配以颜曾诸子。自太学下而郡而邑，不以偏僻遗也。周情孔志[②]，颜苦孔卓[③]，仕者、学者悬的不远，孰何可外耶?”

【注释】

①释菜：古代初入学时，用芹藻之类的植物礼敬先师，称为“释菜”。

②周情孔志：周公、孔子的志向情操，封建社会奉之为思想感情的楷模、典范。

③颜苦孔卓：颜回苦于孔子的卓然不可及。

典礼祀典　政典　寺观附

考礼之目，自吉而下，其数五。辩礼之用，自时而下，其义五。按其目酌其用，可随地行也。吉礼之属十有二，较他礼重且剧，国之大节也，首举之。若夫无文咸秩①，有举无废，守旧也，故以寺观附。志典礼。

【注释】

①无文咸秩：没有文字记述的典礼皆依次序行事，语出《尚书·周书·洛诰》：“周公曰：‘王，肇称殷礼，祀于新邑，咸秩无文。’”南朝梁陆倕《石阙铭》：“一介之才必记，无文之典咸秩。”

祀典

文庙正殿

至圣先师孔子神位陈设礼神制帛一白色、白磁爵三、牛一、羊一、豕一、登一、铏二、簠二、簋二、笾十、豆十、酒樽一。

四配：复圣颜子、述圣子思子、宗圣曾子、亚圣孟子，位前陈设礼神制帛一白色、白磁爵三、羊一、豕一、铏一、簠二、簋二、笾八、豆八、酒樽一。

十[一]哲：先贤闵子损、先贤冉子雍、先贤端木子赐、先贤仲子由、先贤卜子商、先贤冉子耕、先贤宰子予、先贤冉子求、先贤言子偃、先贤颛孙子师、先贤朱子熹，东六位六案陈设礼神制帛一白色、白磁爵各一、豕一、铏各一、簠各一、簋各一、笾各四、豆各四、豕首一，西五位五案与东五位陈设同。

【校记】

［一］下列十一位先贤，疑脱“一”字。清康熙五十一年朱熹升配孔庙十哲

之次，成十一哲。

东庑

先贤蘧瑗、先贤澹台灭明、先贤原宪、先贤南宫适、先贤商瞿、先贤漆雕开、先贤司马耕、先贤有若、先贤巫马施、先贤颜辛、先贤曹恤、先贤公孙龙、先贤秦商、先贤颜高、先贤壤驷赤、先贤石作蜀、先贤公夏首、先贤后处、先贤奚容蒧、先贤颜祖、先贤句井疆、先贤秦祖、先贤县成、先贤公祖句兹、先贤燕伋、先贤乐欬、先贤狄黑、先贤孔忠、先贤公西蒧、先贤颜之仆、先贤施之常、先贤申枨、先贤左（邱）［丘］明、先贤秦冉、先贤牧皮、先贤公都子、先贤公孙丑、先贤张载、先贤程颐、先儒公羊高、先儒孔安国、先儒毛苌、先儒高堂生、先儒郑康成、先儒诸葛亮、先儒王通、先儒司马光、先儒欧阳修、先儒胡安国、先儒尹焞、先儒吕祖谦、先儒蔡沈、先儒陆九渊、先儒陈淳、先儒魏了翁、先儒王柏、先儒许衡、先儒许谦、先儒王守仁、先儒薛瑄、先儒罗钦顺、先儒陆陇其，位前陈设礼神制帛一白色、铜爵各一、豕三、每案簠一、簋一、笾四、豆四。

西庑

先贤林放、先贤宓不齐、先贤公冶长、先贤公皙哀、先贤高柴、先贤樊须、先贤商泽、先贤梁鳣、先贤冉孺、先贤伯虔、先贤冉季、先贤漆雕徒父、先贤漆雕哆、先贤公西赤、先贤任不齐、先贤公良孺、先贤公肩定、先贤鄡单、先贤罕父黑、先贤荣旗、先贤左人郢、先贤郑国、先贤原亢、先贤廉洁、先贤叔仲会、先贤公西舆如、先贤邽巽、先贤陈亢、先贤琴张、先贤步叔乘、先贤秦非、先贤颜哙、先贤颜何、先贤县亶、先贤乐正克、先贤万章、先贤周敦颐、先贤程颢、先贤邵雍、先儒谷梁赤、先儒伏胜、先儒后苍、先儒董仲舒、先儒杜子春、先儒范宁、先儒韩愈、先儒范仲淹、先儒胡瑗、先儒杨时、先儒罗从彦、先儒李侗、先儒张栻、先儒黄干、先儒真德秀、先儒何基、先儒赵复、先儒金履祥、先儒陈浩、先儒陈宪章、先儒胡居仁、先儒蔡清，陈设与东庑同。

祭器：爵、登、樽、铏、簠、簋、笾、豆、篚、俎。

乐器：麾、磬、鼓、柷、敔、瑟、排箫、笙、箫、笛、埙、篪。

舞器：节、羽、干、戚。

至圣祝文

维某年岁次某甲子某月某甲子朔越某日某甲子某官某等敢昭告于至圣先师孔子曰："惟师德配天地，道冠古今，删述六经，垂宪万世。今兹仲春秋，谨以牲帛醴齐粢盛庶品，只奉旧章，式陈清荐，以复圣颜子、宗圣曾子、述圣子思子、亚圣孟子配飨。"

乐章

迎神奏咸和之曲无舞。

大哉孔圣，道德尊崇，维持王化，斯民是宗，典祀有常，精纯并隆，神其来格，于昭圣容。

奠帛初献奏宁和之曲有舞。

自生民来，谁底其盛，维师神明，度越前圣，粢帛具成，礼容斯称，黍稷非馨，维神之听。

亚献奏安和之曲有舞。

大哉圣师，实天生德，作乐以崇，时祀无斁，清酤维馨，嘉牲孔硕，荐羞神明，庶几昭格。

终献奏景和之曲有舞。

百王宗师，生民物轨，瞻之洋洋，神其宁止，酌彼金罍，维清且旨，登献维三，于嘻成礼。

彻馔奏咸和之曲无舞。

牺象在前，豆笾在列，以享以荐，既芬既洁，礼成乐备，人和神悦，祭则受福，率遵无越。

送神奏咸和之曲无舞。

有严学宫，四方来崇，恪恭祀事，威仪雝雝，歆兹维馨，神驭还复，明禋斯毕，咸膺百福。

崇圣祠

按，明嘉靖九年从辅臣张璁议，太学暨各学建启圣祠，祀孔子父叔梁氏，称启圣公，以先贤考颜、曾、孔、孟配，先儒考程氏珦、朱氏松、蔡氏元定从祀。万历二十三年增祀先儒考周氏辅成。

本朝雍正元年诏封孔子五世曰肇圣王、裕圣王、诒圣王、昌圣王、启圣王，改启圣祠为崇圣宫。又增祀先儒考张氏迪，与文庙同日前一刻祭，以本学教官行三献礼，如旧仪。

正位陈设每位礼神制帛一白色、白磁爵三、羊一、豕一、铏一、簠二、簋二、笾八、豆八、酒樽一。

配位陈设每位礼神制帛二白色、豕首一，每位铜爵三、簠一、簋一、笾四、豆四、豕肉一。

两庑陈设礼神制帛二，每位铜爵三、簠一、簋一、笾四、豆四、豕肉一。

崇圣祝文

维某年月日某官某敢昭告于崇圣王孔氏曰：惟王诞生至圣，为万世王者之师，功德显著，今兹仲春秋，率申丁祭，谨以牲帛醴齐粢盛庶品，式陈清荐，以先贤颜氏、先贤曾氏、先贤孔氏、先贤孟孙氏配飨。

名宦祠　祀明巡抚崔应麒、学政叶映榴、知县刘兑、王志正、侯来诏、焦承光、宋日就。祭文曰：“惟神绩媲龚黄[①]，泽深召杜[②]，德在生民，宜馨俎豆，兹值仲春秋，理宜致祭尚飨。”

【注释】

①龚黄：汉循吏龚遂与黄霸的并称，典出《汉书》卷八十九《循吏传序》。

②召杜：召，指西汉召信臣。杜，指东汉杜诗。召信臣与杜诗先后任南阳太守，皆有善政，使人民得以休养生息，安居乐业，后因以“召杜”为颂扬地方官政绩的套语。

乡贤祠　祀唐仆射令狐彰、明吏部尚书张紞、贵州布政司李恕、河南巡抚李宗枢、鸿胪少卿李尽心、宝坻知县孙惟谦、河南道御史杨爵、吏部郎中周文焕、城固训导窦汝器、兵部侍郎朱国栋、本朝江西粮道田时震、福建学道田本沛、偏沅巡抚袁廓宇、户部员外王象天、翰林院检讨李因笃、陕西道御史张冲翼、副都御史赵兆麟、稷山知县孟孔脉、河南道御史张嗣雒。祭文曰：“惟神名高朝宁，德重乡邦，宫墙正位，祀典用光，兹值仲春秋，理宜致祭尚飨。”

忠孝祠　在文庙内东偏，祀唐孝子梁悦、明孝子仇养蒙、窦琳昌、清孝子常崇仁、郝振纲、姚冲瀛。

节义祠　在县署北，内祀窦允升妻古氏、温九鹏妻唐氏、王昂妻窦氏、窦公朗妻赵氏、武承尧妻纪氏、韩养京妻刘氏、郝世川妻杨氏、王永祥妻樊氏、孟弘道妻陈氏、钟鸣震妻陈氏、程文琅妻党氏、袁之崔妻潘氏、张凤举妻王氏、曹栻妻王氏、常名显妻王氏、张瓒妻李氏、成熙秀妻石氏、赵九益妻张氏、张秉乾妻由氏。

以上二祠雍正元年奉旨建。

先农坛　在县东。雍正四年诏各省郡县立坛以祀先农，守土官行耕耤礼[①]。每县制耤田[②]四亩九分，耤田后建坛，高二尺一寸，宽二丈五尺，坛后正房三间，配房各一间，坛庙、耤田外周围缭垣[③]门南向。又奉部文每岁仲春颁示日期致祭，行耕耤礼，祭用羊一、豕一、帛一、铏一、笾四、豆四、簠二、簋二。前期致斋三日，主祭官及各官俱穿朝服齐集先农坛行礼，其一切礼仪悉如社稷坛例。祭毕，各官易蟒袍补服，知县秉耒，佐贰执青箱播种，耆老一人牵牛，农夫二人扶犁，九推九返，农夫终亩耕毕，各官率耆老、农夫望阙行三跪九叩礼。农具俱赤色，牛黑色，箱青色，籽种悉听各处土宜[④]，每年将所收米石及用过粢盛数目报司送部。

【注释】

①耕耤礼：中国古代帝王亲耕田地的礼仪制度。古代帝王重视农业生产，以此礼仪劝农勤耕，每年于春耕之前，亲自在耤田内扶犁耕田。此项制度在西周时就已经确立，历代相沿。耤（jí），“藉”的古字。

②耤田：古时天子亲耕之田。

③缭垣：围墙。

④土宜：各地不同性质的土壤对于不同的生物各有所宜。

社稷坛　在县西北。雍正三年定每岁祭社稷坛，祭品羊一、豕一、帛一、铏一、笾四、豆四、簠二、簋二，刊图通行。

风云雷雨山川坛　在县南。祭品与社稷坛同，仪注与先农坛同。

邑厉坛　在县北。岁以春清明日、秋七月十五日、冬十月初一日祭，先三日有司率官属预告城隍神，至日迎神牌位于坛上主其祭，祭物羊三、豕三、饭米三石。

关帝庙　在县署西。成化二年知县苏鉴创建。雍正五年奉旨用牛一、豕一、羊一、帛一、笾豆各十，五月十三日、春秋二仲部颁日期致祭关帝三代：光昭公、昌裕公、成忠公，祭用豕各一、羊各一、笾豆各八、帛各一，承祭官行三献礼。

八蜡庙　在县北。万历八年知县刘兑建，每年春秋二仲戊日祭，陈设羊一、豕一、兔一、帛一、爵三、大樽二、铏一、笾四、豆四、簠二、簋二。

城隍庙　在县署东。明洪武时县丞芮弼建，正统中知县高应举、成化中知县韩楷、嘉靖中知县崔举次第重修，崇祯中邑人都御史封崇德增修献殿五楹。祭期、祭物与八蜡同。

马神庙　一在县署东南，一在县厩。

土神庙　在县署内东偏。

廒神祠　在县署富有仓内。

政典

万寿圣节及元旦、冬至行朝贺礼，在明伦堂先一日习仪，至日五鼓正印官[①]率僚属朝服诣阙亭，行三跪九叩礼。

讲读圣训每月朔在县城隍庙，望日在南郭关帝庙。各乡联一例举行，详见乡甲门《乡甲条约》。

每岁立春前一日迎春东郊，立春日祀勾芒[②]、鞭土牛。

三岁大比[③]，行宾兴礼[④]。

士子入泮[⑤]，行送学礼。

乡饮酒礼正月望、十月朔举行，先期合学公举年高有德者，县官备启恭请，三日前县官为书戒，宾僎以下按图设坐。至日，主人具朝服、率僚属诣明伦堂，遣使速宾，宾至，率僚迎门外，揖让升堂，再拜升坐。学师为司正，起揖于中堂，扬觯[⑥]而读曰："恭惟朝廷，率由旧章，敷崇礼教，举行乡饮，非为饮食。凡我长幼，各相劝勉，为臣尽忠，为子尽孝，长幼有序，兄友弟恭，内睦宗族，外和乡里，毋或废坠，以忝所生。"读毕，饮酒，设律案，乐正值月，读律诰，读毕，揖，复位皆坐。执事供馔以次举，主人献宾，执事授主人爵，主人洗爵，实酒奠宾，席退再拜，宾饮毕，揖，主人受爵，洗，献馔如初，乃复位。宾酢，如主人献宾礼，酢毕，各就位。介宾、众宾、僚属以次酬酢，汤三进，乐作歌《鹿鸣》《南山》《湛露》三章。撤馔，宾主降再拜，南诣香案谢恩，行三跪九叩礼，送宾如仪。

【注释】

①正印官：明、清百官印信除少数外皆正方形，依不同品级规定其大小，分别以银、铜铸成，俗称地方长官自布政使至知州、知县等为正印官。

②勾芒：古代传说中主管树木的神，又称春神、木神。

③大比：周代乡大夫三年考试一次，称为“大比”。《周礼·地官·乡大夫》：“三年则大比，考其德行道艺，而兴贤者、能者。”后泛称三年举行一次的科举考试。

④宾兴礼：盛行于清代全国各地的一种科举典礼，主要是指府州县级别的地方官举行宴会送别科举生员。

⑤入泮：古代学宫之内有泮水，故称学宫为“泮宫”，童生初入学为生员则称为“入泮”。

⑥觯（zhì）：古时饮酒用的器皿。青铜制，形似尊而小，或有盖。

群祀寺观附

高禖祠　在灵泉山巅。

薄太后庙　在县西北八里。

龙渊庙　在县南二十里，祀汉武帝。

后魏文帝庙　在县东三十里。

后周文帝庙　在县北十八里。

秦王翦庙　在县北六十里，其一为频山神庙，在县北三十五里，亦祀秦王翦。

后汉梁统庙　在县东四十里。

唐李光弼祠　宋皇祐年邑令王哲[一]毁赤眉祠为之。

符璘庙　在县北十里，有柳公权书碑，后改东岳庙。

张太宰祠　在县治东北，祀明太宰紞，唐龙有记。

杨忠介公祠　在县治西，祀明御史杨爵。

孙恭介公祠　在县城北街，祀明尚书孙丕扬。

刘公祠　在县东演武场左，明万历间知县刘兑开玉带等渠以利民，故祠之。

王公祠　在县北，祀王公正志。城井多咸卤，祠内井味独甘。

五岳庙　在庄里，有石狮以华原磬石为之，叩之声极清越。

东岳庙　在县东门外，康熙三十六年重修。

西岳庙　在县西连城内。

频山庙　在县北九十里，未详创始。宋政和中旱，县令王居仁往祷，岁大熟，倡民营廊庑百楹，中设荐献亭，宁神殿、云雷风雨诸祠具备，后筑环翠亭。明万历中知县刘公兑重修。

迤山庙　在县西南二十五里，一在县东演武场右，门外二石相传陨星所化，现存。

后土庙　在北吴村，马溪田有碑。

玄帝庙　在庄里。

显圣庙　在元陵镇，元进士唐堃有碑。

咸泉庙　在县东十五里。

丁溪庙　在县东三十里。

太白庙　在县北流曲镇。

八龙院寺　在县东三十五里，神光说法、八龙听讲处，有塔半截斜立不倾，俗名半截塔。雍正五年重修。

灵荐寺　在县北桥头，北周高祖武帝成陵荐灵地。

显庆寺　在县西南十五里。

普宁寺　在县北三十里。

盘龙寺　在县西南二十五里，金大定年建，解元刘士龙著述其中。又传金定河盘龙寺唐初建，尉迟恭监修。

普净寺　在县东北四十里。

玉泉寺　在县东北二里。

卧龙寺　在县南五里。

元灵寺　在县西北三十里。

善庆寺　在县北流曲镇。

灵感寺　在县西一里，即古圣佛寺遗址，唐行营都统王铎将两川兴元军屯灵感寺，即此。

圣佛寺　在县西三里，有释迦如来第十六所真身舍利宝塔。

大云寺　在县东北六十里。

清凉寺　在县东二里。

瑞莲寺　在县东一里。

鸥波寺　在县东一里。

雁塔寺　在县西三里。

荆山寺　在县西南十五里。

定国寺　在县东十里。

永庆寺　在县东三十里。

温泉寺　在县西十里。

平观寺　在县东六里。

西淡村寺　在县西二十里。

华胜寺　在县东北三十里。

崇光寺　在县东五十里。

薛村西寺　李太史因笃出疏重修。

华善寺　在县东北五十里。

药王洞　在县西二里，有疾祷之，辄应。明正德间邑人孙果立病笃，梦神饵以药，即愈，建庙于此祀之，孙立山有碑。

安头庵　在县东二十五里，有柳公权碑，今没。

观音院　有苏东坡墨迹。

玉清宫　在县东。

长春观　在县西北三十五里，(邱)［丘］长春修炼处。中有陨星石，里人有争辩不决者，各矢誓以钉钉之，理直者入。

栖云观　在县西北三十里。

玉宸观　在县北六十里。

全真观、槐树庵　在美原韩家村。

孙真人祠　同上。

太元洞　在县北一里。

老君庵　在美原。

西亳乔履信曰："关中人士多习礼，为吾乡大儒伊川先生[①]所叹奖。余莅富邑六易葛裘矣，时与荐绅[②]子衿[③]练旧仪、数故典，有折中无聚讼也。夫横渠、蓝田议礼诸书为世楷范，踵而行之，力为倡之，敢曰异人任乎？”

【校记】

［一］哲（zhé），卷之六名宦又作“哲”。

【注释】

①伊川先生：指程颐（1033－1107），汉族，字正叔，洛阳伊川（今河南洛阳伊川县）人，世称伊川先生，北宋著名理学家和教育家。

②荐绅：有官位的人、高贵的人。

③子衿：学生。

富平县志卷之四

西亳　乔履信敦峰　编次

洛阳　张雄图慕堂　校订

职官

职政事者，有令有丞有尉。宣文教者，有谕有训。司武卫者，有专阃[①]有分司。各邑如一也。令、丞、尉等有殿有最[②]，即一邑亦不一也。兹编于官频邑者，自西汉后备列其名，其政迹懋烁、循良著声者，下注详见名宦，一长可取者附籍贯下，余则仅志履历而已。于戏[③]，后之览者，可以慨然兴已。志职官。

【注释】

①专阃：专主京城以外的权事。

②最：古代考核政绩或军功，下等称为“殿”，上等称为“最”。

③于戏（wū hū）：感叹词，亦作“呜呼”。

本朝设立

文职

知县一员　县丞一员　典史一员　教谕、训导各一员

武职

都司一员　康熙十三年设守备，至雍正十二年改今职。

把总二员　外委把总四员　马战兵七十八名　步守兵二百五十名

知县

汉

薛　恭　平陵人，以孝举为频阳令。

尹　赏　钜鹿人，载名宦。

晋

梁　萧　频阳令，籍失考，载名宦。

后魏

曹　续　富平令。

窦　显　频阳令。

后周

裴　景　富平令。

唐

李大亮　泾阳人，高祖时为土门令，载名宦。

杜　徽　富平令。

王　崈

杨爱业

李　涉

柳　井　以上俱美原令。

李子昱

郭嗣立　华阴人。

韦　京

韦　当

李州仇　陇西人。

窦诚奢　洛阳人。

李　埠　以上俱富平令。

王仙客附

宋

司马炫　夏阳人，富平令，载名宦。

张龟年[①]　籍失考，天圣中令富平，载名宦。

王　哲　富平令，籍失考，载名宦。

刘　湜　彭城人，富平令，载名宦。

高文林　富平令，籍失考，载名宦。

王居仁　籍失考，政和中美原令，载名宦。

李节兴　平阳人，美原令。

孙　贲

王　腾　俱富平令。

【注释】

①明赵廷瑞修，马理、吕柟编纂《陕西通志》载："张龟年，知富平县事。仁宗明道二年七月丁丑，诏龟年增秩再任，以其治行风告天下。"嘉靖《耀州志》亦有类似记载，可参看。

金

木虎合沓、李平、任文兴、霍端、段铎、高仲良，以上俱美原令。

米显道、杨思聪、徐伟、刘逊志、邹良臣、周文都、陈廷训，以上俱富平令。

元

杨朝列　大定人，富平令，载名宦。

高秉懿　以下美原令。

段　绎

明

樊　俊　洪武四年任。

孙　义　十五年任，载名宦。

张得先　二十三年任，载名宦。

李　栋　三十年任，以谨守称。

张　经　洪熙元年任。以上籍失考。

石　确　昌黎人，监生，永乐四年任，载名宦。

李　秉　永乐□□年任。

李　书　永乐□□年任。

李　荣　正统四年任。

高应举　大足人，监生，六年任，载名宦。

马　元　保定人，景泰四年任，载名宦。

王　杰　籍失考，天顺三年以监生任，载名宦。

井　炳　成化元年任。

苏　鉴　四年任。

韩　楷　山东人，举人，六年任，载名宦。

郭　镕　籍失考，十年任，载名宦。

张　本　河南人，举人，十九年任，载名宦。

凌　云　二十二年任。

陈　润　大兴籍临安人，进士，弘治元年任，载名宦。

李　良　固始人，举人，六年任，载名宦。

王　钟　十四年任。

聂　珊　汝阴人，正德二年任。

李寿昌　太原人，进士，正德二年任，载名宦。

刘　铭　灵石人，监生，五年任。

路云魁　上津人，举人，八年任。

刘　藻　彭县人，举人，十一年任，政有风力，不拘小节。

王宗源　吴桥人，举人，十一年任，载名宦。

杨　玳　太原人，监生，十三年任，载名宦。

杨　滋　卢龙人，监生，嘉靖元年任，政尚宽和，时御史杨伯修以事逮狱，滋一见奇之，曰："此国器也。"授衣餐，遇以殊礼，迄今人称其明。

廉　明　南阳人，举人，二年任，以简调白水令。

胡　山　富顺人，举人，四年任，载名宦。

刘　怡　巴县人，举人，七年任。

杨时泰　真定人，进士，八年任，载名宦。

刘希简　汉州人，进士，九年任，载名宦。

韩嘉会　眉州人，举人，十三年任，载名宦。

高　义　叶县人，举人，十九年任，载名宦。

张　续　安阳人，举人，十九年任，载名宦。

程　辅　桂林人，监生，二十一年任。

刘　煦　霍州人，举人，二十二年任，载名宦。

胡志夔　安邑人，进士，二十四年任，载名宦。

刘尚礼　汾州人，举人，二十九年任，载名宦。

何通衢　邑[一]州人，举人，三十年任，载名宦。

马　镗　洛阳人，举人，三十五年任。

赵　桐　绛州人，三十六年任。

崔　举　唐山人，举人，三十八年任，载名宦。

王尚贤　昌黎人，监生，四十三年任，平易近人。

姜赞化　夏县人，举人，隆庆元年任，忠厚淳实，临政简默不繁。

王良策　顺天人，举人，三年任，忠笃平易，百姓以事至者，一见悦之。

史　灿　开州人，举人，七年任，载名宦。

聂　武　当阳人，举人，万历二年任，载名宦。

杨守川　淮州人，举人，五年任，载名宦。

刘　兑　新安人，举人，八年任，载名宦。

鲁　童　无考。

聂世润　富顺人，进士。

焦承光　籍无考，载名宦。

侯来诏　山东人，万历午任，载名宦。

李承颜　曲沃人，举人，万历□年任，载名宦。

王正志　祥符人，进士，二十七年任，载名宦。

张大武　雄县人，进士，二十九年任。

宋日就　沂水人，三十二年任，载名宦。

赵民瞻　武乡人，贡士，三十八年任。

隋不矜　寿光人，举人，四十一年任，载名宦。

刘　敕　历城人，四十五年任。

王汲初　山西人，四十七年任，载名宦。

孙如兰　曜州人，举人，天启二年任。

宋　果　莱阳人，进士，五年任，载名宦。

马呈德　杞县人，进士，崇祯五年任。

贾太初　河涧人，进士，十年任，载名宦。

冯贞吉　太康人，进士，十二年任。
崔允升　翼城人，进士，十三年任。

【校记】

［一］本志卷之六名宦作“易”。钦定四库全书本《四川通志》卷三十六记载何通衢为巴州人，似更可信。

国朝

薛良明　三韩旗下人，顺治二年任，载名宦。
侯仲魁　旗下人，四年任。
张　昊　河南人，进士，五年任，和平达政体。
李之粹　旗下人，举人，九年任，载名宦。
汪　惠　山东人，贡士，十三年任，载名宦。
郑昆壁　文水人，进士，十七年任，载名宦。
金声遂　辽阳镶蓝旗人，荫生，康熙三年任。
邹曰仁　籍失考[一]，十年任。
许可荣　籍失考，十二年任。
郭传芳　威远卫人，拔贡，十三年任，升四川达州知州，载名宦。
郭　诗　福山县人，贡生，十九年任。
胡　澄　进贤县人，进士，二十二年任。
徐广元　籍失考，二十八年任。
罗　鍹　籍失考，二十九年任。
蒋陈锡　常熟县人，进士，三十年任，行取，历官云贵总督，载名宦。
刘　灿　正红旗人，荫生，三十三年任。
杨　勤　正黄旗人，监生，四十八年任，载名宦。
简廷佐　籍失考，华阴知县，五十九年署事，有政绩，邑人称之。
董　霑　赣榆县人，岁贡，雍正二年任。
赵挺元　闻喜人，耀州知州，三年署事，历官甘肃布政司、鸿胪寺卿。
单应麟　大兴县人，举人，三年任。
李肖筠　夏邑县人，举人，五年任，升授潞安府知府，载名宦。

张云鹏　建德县人，举人，八年任。

杜賁生　阆中县人，举人，九年任。

陈　越　海宁县人，监生，十二年任。

乔履信　河南商水籍，偃师人，进士，雍正十三年任，乾隆四年行取候补主事，五年调任咸宁。

【校记】

［一］据钦定四库全书本《江西通志》，富平知县邹曰仁系丰城人。

县丞

唐

李　涣　赵人。

王度贤　太原人，美原丞。

宋

李　觌

张延之　许昌人。俱美原丞。

金

柏　德

作　德

刘仁鉴　俱富平丞。

明

芮　弼　洪武间任，草昧创制，鼎建栋宇。

陆　兴

陆具瞻

吴　钐

王　源　以上俱洪武间任。

张　聪　宣德间任。

牛　纶

李　幽

刘　虎

刘　浩　以上俱正统间任。

王　亮　景泰间任。

石　礜　天顺间任。

康　政

寇　铨

霍　瓒

顾　镛

梁　隆

齐　松

丁　玮　以上俱成化间任。

李　嵩

司　珉

赵　伦

王　珙　以上正德间任。

甄　升

李向阳

李　宝

向国臣

刁　伦

常　宣

许　暹　洪洞人。

许　训　灵宝人。

姚廷兰　陨[一]西人，明断折狱。

赵　美　安平人。

王　铸　许州人。

范　阳

卫　相

冯世清　隰州人，任事慷慨。

张致道

李　果　孝感人，劳于趋职。

亢　琼　刚毅有执。

朱道深　与琼同升王府官。以上嘉靖间任。

【校记】

［一］“陨”讹，应为“郧”。

本朝

岳拱枢　河内人，增生，顺治二年任。

胡元方　山阴人，吏员，二年任。

章国祯　会稽人，附监，五年任。

尚　絅　大兴人，十五年任，端雅闲静，粹然儒者。

孙继文　广宁卫人，贡生，十八年任。

杨华凤　乡宁人，贡生，康熙二年任。

祝圣培　应城人，七年任。

赵自敏　於潜人，岁贡，十九年任。

俞长发　山阴人，吏员，三十一年任。

王士龙　镶黄旗人，贡生，三十五年任。

李国玺　寿张人，监生，三十六年任。

林兰芳　闽县人，军功，四十四年任。

卞乾熙　吴县人，监生，五十一年任。

朱学建　钱塘人，监生，雍正二年任。

胡文瑞　大兴人，廪贡，四年任，升远安知县。

朱锡吉　萧山人，贡生，五年任，升固始知县。

李殿魁　武定州人，捐贡，六年任，截取赴部。

高　泓　如皋人，捐贡，雍正十二年任。

柴泽灏　故城人，捐贡，乾隆五年任。

主簿明万历中职裁

唐

张行成　义丰人，载名宦。

宇文融　万年人，开元初以才名调富平簿，时源乾曜、孟温相继为京兆，皆贤其人，厚遇之。

宋

廖山甫　美原簿。

乌近嗣　富平簿。

金

王　德　美原簿。

赵中孚

宣苗实

张　深

王　渊

杨　肇

裴朝荣

侯宗武　以上富平簿。

元

李永庆

李　显

李伯颜　以上美原簿。

杨文贵　富平簿。

明

陈忠信　宏建百规，首开祀典，富民至今称之。

阎名喜　以上洪武间任。

张思敬　永乐间任。

姚　廉　洪熙间任。

杨　立　宣德间任。

李　瞻

衡　庸　以上正统间任。

谷景芳　景泰间任。

杨　斌　天顺间任。

刘　祯

郭　□

武　玙

郑　亨

刘　俊　以上成化间任。

张　选

郗　敬

张　凤

彭　定　以上弘治间任。

张　撰

魏　镛　解州人。

张　定　以上正德间任。

董　瓒

王　诏　清苦守法，以忤吏革职，去时题其厅曰："百种名花亲手栽，一朝对面不胜哀。从今去后谁为主，浅紫深红漫漫开。"其无怨尤如此。

张　鉴

孙　铸

陈　谟

乔元相　内（邱）［丘］人，地震颓驰，鼎新邑治，后升县丞。

杜　经

张国政　中牟人，强毅有为，升经历。

张　朴　宁阳人，刚果称。以上嘉靖间任。

张　兰

宋　宾　静乐人，锱铢不染，升县丞。以上隆庆间任。

李　麟　唐县人。

□大壮

赵　汴　岳阳人，慈惠宜人，又有介节，升耀州判官。

潘希尹

卢　遂　泸州人。以上万历间任。

典史

唐

崔　衍　安平人，载名宦。

郭　通　华阴人，美原尉。
裴　垍　（文）[闻][一]喜人，载名宦。
颜乔卿
胡　珦　载名宦。
韦　器
李　愻　赵郡人，富平尉。

【校记】
[一] 本志卷之六名宦作“闻”，据改。

宋
王　法
高　钧
邵　能　以上美原尉。
杨仲祥　富平尉。
金
王　岦
许君举　俱美原尉。
高正卿
王　崇
王　荣　俱富平尉。
元
臧　傛　美原尉。
明
隋　吉　洪武间任。
韩　玘　永乐间任。
江　忠　洪熙间任。
韦　鹤　宣德间任。
周　敬　在事九年，佐政有绩。
和　谅　功同周敬。

刘　饯　以上正统间任。

王　整

孝　都　以上天顺间任。

张　聚

陈　善

袁　嵩

张　杰

刘　思

樊　杲　以上成化间任。

李　寔

罗　极

李　钦　祥符人。以上弘治间任。

帅　碧

任　源

胡显义

马　骥

（邱）［丘］松　以上正德间任。

张　宁

阎　贯

解廷玉

蓝养愚

卢　珏

刘　奈　滨州人。

王进祯

马士希

王景山

王　禹　以上嘉靖间任。

庞　修　极力捕盗。

潘大治　黄冈人，有才具。以上隆庆间任。

常　伦

赵　泮

张朝阳　钜野人。

侯学孔　山西人，为人谨饬。

国朝

杨万春　鄞县人，吏员，顺治二年任。

杨继震　萧山人，吏员，二年任。

虞舜卿　余姚人，吏员，二年任。

王大谏　慈溪人，吏员，十七年任。

潘受思　山阴人，吏员，康熙三年任。

傅　骖　承德人，吏员，七年任。

沈　恭　慈溪人，吏员，十四年任。

胡士逵　宛平人，吏员，十九年任。

汪　选　神武左卫人，吏员，三十八年任。

张　熊　宛平人，吏员，四十九年任。

全竟成　宛平人，供事，雍正四年任。

魏振基　武清人，八年任。

教谕

明

李　颖

唐　成　俱永乐间任。

商　楫　洪熙间任。

李　俨

涂　定　俱正统间任。

骞　聪　天顺间任。

王　凯

鲁　璠　俱成化间任。

吕子固　解州人，举人，弘治初任，载名宦。

杨　镇

冯　美　盂县人。

金　伦

任　伦　四川人。
崔景章　俱正德间任。
谢　宠　四川人。
庞廷俊　扶沟人。
张　沂　临清人。
林　达　河间人。
张凤翼　巴县人。
吴　凤　临晋人。
李　瑞　新蔡人。
李　玹　沙河人。
祝　安　洛阳人，举人，嘉靖间任，载名宦。
刘仲魁　景州人，嘉靖间任。
冷　健　号沙泉，合江人。
任　鹏　徽州人。俱隆庆间任。
仇　阶　长治人。
李丹桂　清源人。
傅　朝　高阳人。
杜本益　字于谦，号园渚[一]，举人，米脂人。俱万历间任。
江起云　举人，天启三年任。
田敦俭　清宛人，举人，六年任。
伦之楷　举人，崇祯二年任，官至监察御史。
卢元卿　富顺人，解元，六年任。
傅　弼　宝鸡人，举人，十五年任。

国朝

王多才　凤县人，岁贡，顺治二年任。
崔四拱　肤施人，恩贡，八年任，升西安府教授。
田万钟　安化人，岁贡，十年任。
刘昌嗣　葭州人，十五年任。
蔡启贤　秦安人，十七年任。
何献瑞　秦安人，岁贡，康熙五年任。

蒲　璋　秦州人，举人，九年任。

李国珍　石泉人，岁贡，十七年任。

魏　京　安塞人，拔贡，二十二年任。

张体仁　宜川人，岁贡，三十年任。

张　钟　潼关卫人，举人，三十四年任。

王　衮　平凉人，举人，三十六年任。

杨时建　凤翔人，举人，四十年任。

王　佳　保安人，岁贡，四十四年任。

何　渊　灵台[二]，举人，五十一年任。

季秋橘　灵州人，举人，六十一年任。

白　瑭　清涧人，举人，雍正七年任。

王倚重　宁夏人，举人，十二年任。

【校记】

［一］关于杜本益的字号，明万历《富平县志》作“字子谦，号圁渚”，似更可信。另南京图书馆藏明万历十二年刻本《频阳集》卷首题“新安景泽甫刘兑选，米脂子谦甫杜本益校，郸县宗伊甫程希洛辑”，亦可佐证。圁（yín），古水名，上游即今内蒙古自治区的乌兰木伦河，下游即今陕西省的窟野河。

［二］脱“人”字，乾隆四十三年《富平县志》即作“灵台人”。

训导

明

张继芳　洪武间任。

马　英　永乐间任。

武　功　洪熙间任。

程斗南

常　佑

罗存性　俱正统间任。

白　瓛　景泰间任。

阎文辅　天顺间任。

马　忱　夏县人。
邹　政
李　彪
罗文龙　解州人。俱成化间任。
程　旭
车　远
杜来学　俱弘治间任。
张　奏
王　彝　河南人。
王　威　仪封人。
孙　源　陈州人。
郝　崇　安邑人。俱正德间任。
王　道　偃师人。
施　乐　富顺人。
袁　颙　四川人。
罗　星　威远人。
王元甫　四川人。
萧　淅　冠县人。
周文翰　崇宁人。
黄　进　杞县人。
解　辅　山阴人。
裴　昂　汾州人。
王　铮　密云人。
赵　锦　蒲州人。
边　宁　胶州人。
赵时祐　巴县人。
王来聘　临邑人。
马　晋　南部人。
任　玺　隰州人。俱嘉靖间任。
王遵训　文水人。

陈大旺　应城人。俱隆庆间任。
杨君惠　徽州人。
王　澜　鄜州人。
令狐一道　猗氏人。
程希洛　号绍川，郫县人。俱万历间任。
姜兴国　崇信人，天启三年任。
姜　辉　米脂人，贡士，崇祯十二年任。
安　烋　安县人，十五年任。

国朝

王良栋　阶州人，顺治五年任。
李天民　□县人，九年任。
庞应第　洛川人，十一年任。
李天笃　安定人，十四年任。
徐可徵　榆林人，十□年任。
潘启魁　宁远人，岁贡，十八年任。
吕宗周　城固人，岁贡，康熙二十二年任。
张圣治　秦州人，恩贡，二十五年任。
马仁重　肤施人，捐贡，三十六年任。
王用卿　靖远卫人，岁贡，三十九年任。
张元玺　安化人，岁贡，四十七年任。
张　琰　岐山人，岁贡，四十九年任。
左　辅　鄜州人，岁贡，雍正三年任。
朱　绮　兰州人，岁贡，九年任。
周赞文　伏羌人，岁贡，乾隆四年任。

守备

张　斌　周至县人，行伍。
毛中象　山东人，行伍。
宋　魁　靖远卫人，行伍。
段武侯　山西沁州武乡县人，进士。
芮渐茂　固原州人，行伍。

杨鸣凤　潼川州人，举人。

凡　炁　潼关人，行伍。

李　勇　平阳府人，行伍。

王福昌　固原州人，行伍。

周　循　蓬莱县人，行伍，

武绳谟　万全县人，行伍。

黄　都　潼关人，行伍。

李遇贵　湖广人，行伍。

张　灏　松潘人，行伍。

李凤鸣　岐山县人，行伍。

张　勇　湖广人，举人。

马佐邦　陇西人。

李云龙　三千营堡人，监生。

李天福　固原州人，行伍。

都司

(邱)[丘]策普　四川人，行伍。

马忠孝　西宁人，行伍。

李进龙　固原州人，行伍。

王文铎　四川人，荫生。

纳善策　宁夏人，行伍。

农官雍正二年设

朱化炳　二年举。

李朋霄　三年。

韩经纯　四年。

贾　渊　五年。

张学都　六年。

惠三荣　九年。

王良辅　十二年。雍正七年奉旨三年一举，乾隆元年奉旨停止。

阴阳官

李文运

李自超

展明蕊

医官

邢周裔

盖士麟

陈　董

僧官

宽　众

明　智

演　从

道官

王丹霞

鲁正己

杨仁重

王礼乐

东周□□曰："善善欲长，恶恶欲短。"凡事宜然也，于书法尤宜，寸美必附录，遗行缺焉。责人轻以约者不当如是耶，然以恕人之心自恕焉，则不可。

富平县志卷之五

西亳　乔履信敦峰　编次
渭南　唐若时元登　校订

选举

三代后取士之法，汉重里选，唐设诸科，而秦实两朝首善地，以故入彀[①]者较他州部为尤夥。富邑自赵宋前膺选举者，史俱失考，不可识然，庆元以下乃留，更仆未易数[②]也。志选举。

【注释】

①入彀：古代科举时称考试及格为入彀。《唐摭言·述进士》记载，唐太宗在端门看见新考中的进士鱼贯而出，高兴地说："天下英雄入吾彀中矣。"

②更仆未易数：犹言"更仆难数"，原意是儒行很多，一下子说不完，一件一件说就需要很长时间，即使中间换了人也未必能说完。后形容人或事物很多，数也数不过来。

宋

进士

庆元二年邹应龙榜

张大中

金

进士

兴定五年刘遇榜

刘光

举人

王　珪

刘逢辰

任时亨

王　哲

王大礼

伍时武　以上科失考。

元

进士

张彦成　延祐五年仕四川道廉访使，载人物。

许贯道　官监察御史。

张　敏　大定四年[一]，载人物。

唐　堥　载人物。以下科失考。

惠元铯

阎廷玉

李　戬

宇文襄

举人

马好古　美原人，章（邱）［丘］县教谕。

刘光美　美原人，官至知府。

刘　松　蒲城教谕。

王希哲

刘　栋　成纪教谕。履历俱失考。

【校记】

［一］张敏泰定四年即公元1327年考中进士。《千顷堂书目》卷二十九《补·元》："张敏《月山集》九卷。富平人，泰定四年进士，历官陕西行省左司郎中，明吏部尚书张紞父。"《元史·艺文志》："张敏《月山集》九卷。富平人，泰定进士，陕西行省郎中。"

明

孝廉科

梁　甫　官应天府尹，载人物。

贤良方正科

李敬先　官太平府同知。

李　肃　顺庆府通判。

刘　泰　建康府知府。

宋　本　大名府通判。

王　肃　南京户部主事。

杨士谦　知县。

人材科

苏　斌　滁州同知。

张　敔　四川按察司经历。

孟　林　郎中。

尚　文　西安府知事。

宋　孝　许州判官。

梁孝先　顺义县丞。

刘　信　霸州州判。

董舜卿　重庆府通判。

陈　恩　兖州府通判。

刘　能　安州判官。

李敬玉　凤翔府同知。

张　山　定州州判。

徒丹恂　武乡县丞。

党　智　武安县丞。

王文秀　丰润县丞。

韦得才　万泉县丞。

樊　颜　安阳县丞。

田　武　文川主簿。

忽实英　宁海州判官。

经明行修科

张　紞　吏部尚书，载人物。

张　綖　钦天监丞。

党　冕　刑部主事。

第五仝　莒州知州，载人物。

车秉彝　安乐州知州。

进士

永乐十三年乙未陈循榜

石　庆　礼部员外。

十九年辛丑曾鹤龄榜

尔朱钦　蒲圻县县丞，载人物。

成化九年丙辰朱希周榜

李　恕　贵州参议，载人物。

嘉靖二年癸未姚涞榜

李宗枢　河南巡抚，载人物。

八年乙丑罗洪先榜

杨　爵　河南道御史，载人物。

三十五年丙辰诸大绶榜

孙丕扬　吏部尚书，载人物。

万历三十八年庚戌韩敬榜

周文焕　吏部郎中，载人物。

天启二年壬戌文震孟榜

田时震　江西粮道，载人物。

朱国栋　山永巡抚，载人物。

五年乙丑余煌榜

王尔玉　江夏知县。

崇祯十六年癸未杨廷鉴榜

田本沛　福建学道，载人物。

孙钟皋　宝应知县，载人物。

举人

洪武二十年丁卯科

尔朱钦　解元，见进士，载人物。

杜　玉　筠连县教谕。

二十二年庚午科

王　恪　聊城县[一]。

二十六年癸酉科

何　升　凤阳府知府。

永乐三年乙酉科

张　英

房　瑞　鸿胪寺序班。

九年辛卯科

来　秉

石　庆　见进士。

十五年丁酉科

第五规

十八年庚子科

樊　健　知县。

二十一年癸卯科

李　恭

正统三年戊午科

吴　恕

六年辛酉科

党　忠　伊府审理[二]，载人物。

九年甲子科

邓　哲　内（邱）［丘］教谕。

景泰元年庚午科

刘　春　经魁，冠县知县，载人物。

李　英

天顺三年己卯科

刘　顺　夏县知县，载人物。

窦　茂　光禄司署丞。

六年壬午科

盖　萱　资县知县。

王　翰　顺庆通判。

惠　祥　登州府通判，孙恭介公称其宜入乡贤，舆论甚孚，惜无事实可考。

党　俊　顺天中式[①]。

成化二十二年丙午科

李　恕　亚魁。

正德十一年丙子科

李宗枢　见进士。

嘉靖七年戊子科

杨　爵　见进士。

陈　正　潞安府通判，孙恭介公称其宜入乡贤，舆论甚孚，惜无事实可考。

王宗尧　绵州知州，载人物。

十年辛卯科

曹汝菊　襄阳通判，载人物。

十六年丁酉科

曹汝葵　蒙阴知县，载人物。

杜　桂　开封通判。

二十二年癸卯科

由天性　亚魁，合州通判，载人物。

二十八年己酉科

李　羔　亚魁。

三十一年壬子科

孙丕扬　见进士。

吕　恕　顺天中式，王府教授。

三十四年乙卯科

樊　釭　猗氏知县。

万历七年己卯科

张　执　河（涧）［间］府[三]同知，载人物。

十年壬午科

张正化　长沙府通判。

十六年戊子科

杨正茂　亚魁。

二十五年丁酉科

杨名显　临晋、利津二县令，以儒术饰②吏治，历官有声。

三十一年癸卯科

刘士龙　解元，载人物。

唐光耀　南京刑部郎中，载人物。

唐文焕　见进士，复姓周，载人物。

三十四年丙午科

李大芳

马应举

窦允哲　崞县、衡水、黔江、息县四县知县，有循声。

三十七年己酉科

王尔玉　见进士。

李正芳　顺天府通判，有学行。

田光宇　凤阳通判，有政声，居乡出粟赈饥，县令崔允升表其门。

四十年壬子科

张崇德　文登知县，有惠政。

李冲霄

田时震　见进士。

四十三年乙卯科

乔王翰　河间府同知。

张其勋　吉安府知府，有干才，官声克著。

赵　浚　滕县知县。

李昌年　嘉祥知县。

【校记】

[一] 原志未说明官职，乾隆四十三年《富平县志》作“教谕”。

[二] 乾隆四十三年《富平县志》作“纪善”。纪善，明代亲王属官名，掌讲授之职。

[三] 乾隆四十三年《富平县志》作“河间府”，据改。

【注释】

①中式：指科举考试被录取。

②饰：通“饬”，整饬，整治。

天启元年辛酉科

朱国栋　见进士。

董振铎　完县知县。

杨日升　嘉兴同知。

张　橘　冀南少参，载人物。

四年甲子科

何显瑞　河南陕州学正，载人物。

仇桂芳　洧川、中牟二县知县，有德政。

杨之翰　夏津知县，崇祯甲戌会副，载人物。

七年丁卯科

李一杜

崇祯三年庚午科

田在雍　城武知县。

孙钟皋　见进士。

刘顺天　涞水县知县，有政绩。

六年癸酉科

李祚昌

邵应聘　宁晋县知县，有惠政。

周来凤　德安道佥事。

九年丙子科

张乃第　载人物。

田本沛　见进士。
十二年己卯科
张鲸音　潞城知县。
李本泽　南阳知县，有善政。
田奉先
李品馨
赵兆麟　总治郧阳都察院副都御史，见人物。
十五年壬午科
王象天　见进士。
张冲翼　河南道御史。

贡生

刘　泰　见贤良方正科。
张　紞　见经明行修科。
刘　义　湖广按察司佥事。
张　建　山东按察司佥事，载人物。
董舜卿　见人材科。
马　进　成都府推官。
唐　著　监察御史。
来　赞　成都府推官。
魏　振　北京刑部主事。
李　翥　刑部主事。
刘　本　户部主事，一作刘平。
许贯道　监察御史。
第五仝　见经明行修科。
李　禄　枣强教谕。
张　俭　代府教授，载人物。
周　荣　雄县知县。
杨　铎　稷山县丞。
刘　勉　保安州判。
刘时震　中牟丞。

刘　武　布政司经历。

张　珩

南　慱　知县[一]。

樊　䴕　齐东县丞。

党　伟

王荩臣　猗氏训导，孙恭介公称其宜入乡贤。

窦　芳　霸州判。

张振古　洪洞主簿，孙恭介公称其宜入乡贤。

阎　凤

唐　厚　平遥主簿。

由从善

惠本礼　襄阳县丞。

李　举　教谕。

李　麟　布政司经历。

张元佑　辰州府判。

曹司让　玉田教谕。

王　凤　训导。

惠　贯　州同。

刘　信　见人材科。

乔　祯　训导。

来　駣　襄阳照磨。

黄　忠　荣昌县丞。

朱[二]良相　偃氏训导。

衡维恭

任　儒　载人物。

梁　瀹　河南府训导，载人物。

忽云汉　布政司经历。

陈　善　教授。

袁　锐

刘　宁　甘州教授。

韩　容　载人物。
李　宪　马邑训导。
倚思忠
张养心　平凉教授。
魏朝凤　沁州训导。
李廷臣　沁水训导。
郭　玠　深州训导。
郭　武　新安训导。
李　杰　灵宝训导。
韩　釭[三]榆社训导。
杨　偲　固始教谕。
宋致忠[四]广安州判。
田　稔　载人物。
惠迎贡　滨州同知。
盖崇仁　郓城训导。
田朝用　嵩县县丞。
乔邦靖　大同府训导。
田　环　潼川州判。
李　禄　大同府[五]训导。
张廷器　顺庆府知事。
纪　道　阿弥州同。
梁　甫　见孝廉科。
马　进　推官。
唐运福　知州。
余　封　知县。
张　觐　孟县县丞。
张以忠　江西县主簿。
孙惟谦　宝坻知县，封都察院都御史，载人物。
张怀远　山海卫经历[六]。
田景玉

赵　伟　西城兵马指挥。

冯　英　长芦都转盐运使司。

董孝先[七]辽州州同。

马[八]骑　蓟州判。

张　惯　江陵县训。

徐　宾　鄜州训导。

乔　木　潼川吏目。

党　清　和顺县丞。

杨　泰　昆山县丞。

马　清[九]故城县丞。

乔邦静　长洲县丞。

樊　诜　齐东主簿。

支　惠　玉山主簿。

高　登　安岳县丞[十]。

李　景　高苑丞[十一]。

李　贤　榆林卫经历。

李本景　经历。

许　录　经历。

阎　直　秦州卫知事。

【校记】

[一] 原志将“张珩”、“南慱”当作两人处理，不确。“南慱”应为县名“南博”，“慱”字错讹。明万历《富平县志》：“官知县者三人：周荣，雄县。张珩，南博县，絖四世孙。余封翁，讳惟谦，宝坻县。”乾隆四十三年《富平县志》：“张珩，南博知县。”光绪《富平县志稿》：“张珩，南博知县。”

[二] 乾隆四十三年《富平县志》、光绪《富平县志稿》均作“宋”。

[三] 乾隆四十三年《富平县志》、光绪《富平县志稿》均作“钲”。

[四] 乾隆四十三年《富平县志》、光绪《富平县志稿》均作“中”。

[五] 乾隆四十三年《富平县志》作“枣强”。

[六] 乾隆四十三年《富平县志》作“教授”。

[七] 乾隆四十三年《富平县志》作“光”。

［八］乾隆四十三年《富平县志》作“冯”。
［九］乾隆四十三年《富平县志》作“信”。
［十］乾隆四十三年《富平县志》作“主簿”。
［十一］乾隆四十三年《富平县志》作“主簿”。

陈　善　庆府教授。
孙允杰　郃州学正。
李廷实　庆阳府教授。
刘　鼎
仇继宗
杨国柱
庞　宣
黄　钟
郝　松
翟　本
杨　英
姜　望
冯　海
鱼　跃
王　让
赵　儒
陈嘉宾
田　琼　泾州训。
徐　宾
田士亨　晋秦藩长史，载人物。
董邦辅
宋学颜
张养正
杨一正
李　旟　赵城知县，多惠政，居乡喜奖励后进。

邵承光
李鼎年　文水县知县。
樊　攀
张承光　太谷县知县。
韩　汶
田见龙　汝州训导，祀乡贤。
梁希科
董正学
田既霑
郭宗方
李　涛
李可学
高　擢
刘思恭
田光祚
孟师曾
李克昌　肥乡县知县。
刘　琚
朱国楹
李震凤　河内县丞。
赵益光　岷州卫教授。
田时茂　蒲城、汜水二县知县，各有善政。
仇联芳
郭登阶
张士显
张弘纲
魏如京　寿阳知县。
乔王佐　临洮府教授。
玉尔玺　秦州学正。
李在门　肃州卫教授。

王国英　教授。
陈常道　岐山训。
窦汝器　城固训导，死节，入乡贤，载人物。
乔若樻
刘文龙
李　慺

监生

张　建
唐　著
魏　振
李　翥
许贯道　以上俱见贡生。
杨　辉
李尽心
米　瓒
李　资
田　锦
党孟能
陈经纶
王来凤　安乐州知州，载人物。
田　鎡　绛县知县。
田　瓒　新蔡知县。
樊　盛　汝阳丞，载人物。
樊尚文
田　璋
刘　鸾
惠本礼
王胥诲
李　凤
王　用

王良弼

盖廷璋

张振古

李希贤

窦延旭　盱眙知县，以廉能擢军前监纪通判，居乡有行谊。

惠　济

任　庆

王　高

张正道

孙丕振

杨可栋　光禄司署丞。

唐汝裕　蓟州州判。

曹思让　靖海教谕。

本朝

博学宏词科

李因笃　康熙十七年诏举博学宏词，十八年御试体仁阁，取中一等第七名，授翰林院检讨，载人物。

田荃生　雍正十二年举，乾隆元年御试保和殿，钦定平通归班。

征荐

袁廓宇　洪承畴荐，授参政，载人物。

罗星涵　康熙庚午以布衣诏侍内庭。

进士

顺治四年丁亥吕宫榜

王象天　湖广学道，载人物。

田萃祯　洱海道。

王道隆　宁武知县。

六年己丑刘子壮榜

杨绍武　永嘉知县，载人物。

朱廷璟　左江道，载人物。

九年壬辰邹忠倚榜

陈有虞　仙游知县，载人物。

十六年己亥徐元文榜

曹玉珂　内阁中书，载人物。

十八年辛丑马世俊榜

赵　述　丽水知县。

康熙十二年癸丑韩菼榜

王笃祐　知县，载人物。

二十一年壬戌蔡升元榜

张　愫　广西学道，载人物。

王　雍　兵科给事，载人物。

李　蔚　先以举人从军，署丹稜县知县，有异政，事兄有礼。

三十年辛未戴有祺榜

惠靇嗣　通海县知县，载人物。

三十六年丁丑李蟠榜

李　栻　永定知县。

三十九年庚辰汪绎榜

陈协文　宁德知县。

雷先春　西华县知县，有政迹。

四十五年丙戌王云锦榜

李　樟　平远县知县，载人物。

五十一年壬辰王世琛榜

窦祖禹　婺源知县，载人物。

五十七年戊戌汪应铨榜

魏亦晋

雍正八年庚戌周澍榜

王作宾　现任新宁县知县。

举人

顺治二年乙酉科

孟孔脉　稷山知县，载人物。

王继佑　镇平知县，载人物。

魏象胤　顺德通判。
田萃祯　见进士。
王道隆　见进士。
李鹏鸣　礼科给事，载人物。
刘在宸
三年丙戌科
陈有虞　见进士。
朱廷璟　见进士。
韩　文　滨州知州，载人物。
张圣溥　玉山县知县，有政绩。
范应候　费县知县，载人物。
何翊汉　江都知县，载人物。
五年戊子科
田徵瑞
陈正己　大兴县知县，有政绩。
王　伟
李　济　知县。
刘可盈　宁陵县知县，有政绩。
杨绍武　见进士。
八年辛卯科
刘成美
李本深
十一年甲午科
赵　述　见进士。
曹玉珂　见进士。
十七年庚子科
赵之玠
田而穟　岷州卫教授。
王　胤
孙经天

康熙二年癸卯科

仇延祉　平凉府教授，载人物。

五年丙午科

赵游麟

张四维

八年己酉科

张　愫　崇仁县知县，载人物。

田若琬　乐昌知县，载人物。

田而芝　庆阳教授。

石天枢　天津粮道，载人物。

十一年壬子科

王于京　眉县教谕。

王笃祐　见进士。

刘　选

十七年戊午科

李　蔚　见进士。

惠霑嗣　见进士。

李之桂

纪扬世

二十年辛酉科

王　雍　见进士。

二十三年甲子科

许　襄

二十九年庚午科

雷先春　见进士。

李　栻　见进士。

三十二年癸酉科

田　瑛

李　极

杨　雍　洋县谕，附人物。

三十五年丙子科

陈协文　见进士。

三十八年己卯科

李　樾　赞皇知县，载人物。

雷豫泰

张崇礼　累官刑部主事，有孝行。

陈协章

程　池　内（邱）［丘］知县。

王作霖

惠　陵

四十一年壬午科

任席珍　镇番教谕。

陈重温

四十四年乙酉科

李　樟　见进士。

孙嗣雍　同州教授。

乔振先　东安县知县。

李　蓁

四十七年戊子科

来文熼　解元，知县。

孙百长

袁大选　马邑、左云二县知县。

五十年辛卯科

来　埏　乐亭知县，载人物。

党　程　葭州学正，有学行，著五经艺数千首。

魏亦晋　见进士。

窦祖禹　见进士。

田蘅生

万寿科五十二年癸巳

杨之璜

赵　纪　陇州学正。

李　栋　山丹知县。

李　楫

五十三年甲午科

孙祖履　洋县教谕。

张　恒　性沉静，励廉隅，贫不苟取，未任卒。

五十九年庚子科

田　玺

王作宾　见进士。

雍正元年癸卯科

唐建儒　事亲以孝，居乡有行。

魏良弼

二年甲辰科

雷　皋

惠方沛

田吕叶　洮州卫教授。

四年丙午科

郭　愽[一]

七年己酉科

张以壮

何守钥

孙联捷

雷　诠

李　京

十年壬子科

陈广业

十三年乙卯科

田　奥

乾隆元年丙辰科

张克家

刘　卯
王吉士
赵鹏飞
安如恒
魏秉睿
樊元助
张若敏
三年戊午科
封尔爵
赵廷健

贡士

石在闻　江南粮道，载人物。
石毓麒
石维祚　齐东知县。
张乾铭　兴安州训导。
杨国柱
李冲星　洋县教谕[二]。
张乃星　成城知县。
朱廷璨　郑州州判。
王象斗　副榜，巩昌教授。
李　浓
何呈图
曹光裕　全州知州。
张乃祐
田时益　广济知县。
乔象坤　广平通判。
程于天
陈协浚　句容县知县。
马名乐
阴坤生　莱芜知县。

赵振麟　永平府通判。
孙枝芳　知县。
杨继震
王九仪　宝鸡司训。
张其蕴
李震凤
陈协哲　江阴知县。
张尔翮　知府。
李思沆　刑部主事，载人物。
王九叙　保安司训。
高　京　米脂司训。
杨　琦　载人物。
韩之荆
李孕琦　眉县司训。
高莪然　延川训导。
田惟尚　延川训导。
别树宇　蕲州州判，先令南昌，供应大军严整有法，以能名。
石应运　狄道训导。
石天材　洵阳教谕。
董经儒　府谷训导。
田承露　父而泰，庠生，以名节著。
田兰生　狄道教谕。
党崇俭
罗　严　扶风训导。
窦代工　有文行。
赵　纲　安定训导。

【校记】

［一］乾隆四十三年《富平县志》作“博”。

［二］乾隆四十三年《富平县志》作“训导”。

李献廊
王　锦　安定训导。
李春焕　固始县知县。
孙作砺　渭源训导。
张特生　平罗训导。
田　瑆　平利训导。
孙映璧　光州判。
樊元助　见举人。
邵世泽　西乡训导。
刘　琬　以文行见称。
赵之信
孙长陶
孙长阶　副榜。
孙长隆
任鹏远　副榜。
武士奇
路传孔
郭维完　兰州训导。
王应麟
郭　坦
马腾良　副榜。
张济援　副榜。
郝道洽
曹秉直
杨　仔
李仙叶
李鸿受
仇　恮
监生
赵凌汉　永丰知县，有清操，多惠政。

田一鸣　枣阳县知县，有善政。

王　进　景州州判，有清操。

郭九鼎

郝振纲　载人物。

刘毓琪　昆山县丞，有政绩。

陈充礼　富阳县丞。

张乃瑞　即墨知县，有政绩。

王惜民　亳州州同。

田时旸　太原卫经历。

陈芳夏　武康县丞。

朱树滋　载人物。

石启运　吴桥县丞。

刘可道　罗城县知县。

赵　嶷　福清县丞。

窦延旭　军前监纪通判，在官廉能，居乡有行。

罗国相　湘阴县丞。

魏巩泰　永平经历。

郭世彦　四川按察司照磨。

生员

廪生二十名，增生二十名，附生无定额，科岁试每次额进文童十五名，岁试额进武童十五名。

将材

秦

王翦

金

李　兴　以异材累官大将军，刺耀州。

明

齐　兴　勇力过人，洪武间拜百户，永乐间升金州卫副千户。

路　俊　以强力授锦衣百户，载人物。

李时祥　指挥同知，载人物。

王　纲　以武略授锦衣指挥。
党　秉　锦衣卫百户。
王　春　举武略，历指挥将军，纲子。
纪登荣　候补守备。
李从然　成都卫百户。
窦鸣凤　指挥佥使。
李　宣　副千户，从然子。
陈正心　河南营都司，载人物。
路　诚　举武略，任锦衣卫百户，俊子。
魏振虎　平阳参将，载人物。

武进士

魏汝孝　万历己未科，甘州参将，载人物。
杨定国　乙卯科，副总兵都督。
田时升　崇祯戊辰科，山海关副将。
李宸武
秦之翰　辛未科。
李王翰　辽东参将。
党锡戎　丁丑科。
李国柱　甘州守备。
田而硕　癸未科，临清守备。
李良弼　宁夏卫守备。

武举

万历十一年壬午科
刘应聘
刘应徵
马　骥
杨　勋
张应科
三十七年己酉科
秦国栋

刘必道
赵安宇　平番卫都司。
四十三年乙卯科
李晨[一]武
乔王[二]璋
李希锡
四十五年丙辰科
李王佐　游击。
李国英　甘州都司。
四十七年戊午科
魏龙图　红崖堡守备。
崇祯三年庚午科
党从戎
六年癸酉科
邓仕寅
九年丙子科
李春芳
十二年己卯科
田绍单　守备。
李宗牧
张平世
李维汉
李自柄
宋用直
沈国奇
赵　温　遵化游击。
十五年壬午科
邵大武
刘裔世
王三锡

杨毓华　以下科分无考。
李　旆
李　芳
李　条
杨卫国
惠可行
杨定国　见进士。
宋复振
樊登选
田攀龙
魏汝孝　见进士。
路云程
宋镇强
李王翰
田时升　见进士。
秦之翰　见进士。
王本治
李捍芳
田镇国
刘耀武
李希圣
杨启元
杨廷佐
宋登云
李希赐　文县守备。
杨良翰
李王宣
党锡戎　见进士。
李承翰
王宗禹

田而硕　见进士。
刘起龙
沈抱珠
李　桐
党王捍
李国柱
李王佐　见进士。
王靖国
李良弼　见进士。

【校记】

［一］乾隆四十三年《富平县志》作“宸”。
［二］乾隆四十三年《富平县志》作“玉”。

本朝

将材

陈自禄　惠安参将，载人物。
李毓佳　汝州守备。
兰　泗　总兵，载人物。
纪廷枢　固原游击，品行、政绩俱有可称。
王明显　永宁参将。
盖一鹍　广东提督，本姓孙。
刘学商　榆林守备。
邢跃龙　广东副将，累著军功。
盖　镇　韶州游击，有政声。
许云程　成都参将。
魏龙图　红崖堡守备。
樊化龙　守备。
樊化凤　守备。
樊化虎　把总。

武进士

顺治九年壬辰科

邵可仰　建安守备。

十二年乙未科

姚振国　太仓卫守备，有乡行。

十七年庚子科

惠　瑾　卫辉参将。

赵　温　遵化城游击，在任有政绩，王太史豫嘉铭其墓。

康熙六年丁未科

陈　范　副将，载人物。

十五年丙辰科

李孕玠　平阳守备，有政声。

乾隆四年己未科

张永祥

武举

顺治二年乙酉科

赵经邦[一]古浪所守备。

孙时雍

党鼎昌

姚振国　见进士。

八年辛卯科

姚振国

赵经邦

窦琳昌　甘卫守备，载人物。

党云龙

十一年甲午科

田继苴

王　化　河南营都司。

十四年丁酉科

赵经邦

魏象贤

康扬武　守备。

惠　瑾　拱极城游击。

本廷徵[二]

十七年庚子科

张瑞凤　浔州营都司。

明季己卯科

赵　温　遵化营游击。

【校记】

［一］赵经邦在原志八年辛卯科、十四年丁酉科重复出现。查乾隆四十三年《富平县志》、光绪《富平县志稿》，赵经邦仅出现一次，在顺治二年乙酉科。

［二］光绪《富平县志稿》作“李廷徵”。

康熙二年癸卯科

陈　范　威茂营参将。

五年丙午科

李习贤

温养度　城守营守备。

八年己酉科

石琮玉

黄象经

张弘勋

李扶世

十一年壬子科

李孕玠　见进士。

朱廷琬

王隽蕙

十七年戊午科

田而生

何昌志
改谦六
任继善
王振先
朱斯绂
王道綋
石启万
阎学孔
钟先宠
陈　璜
二十年辛酉科
王天祐　临蓝营守备，以勇称，御寇有功。
王维翰
田而上
赵　玫　从征噶尔旦有功，后补守备。
二十三年甲子科
李发秀
二十六年丁卯科
田毓珣
李世泰
赵铭鼎
邢　云　泽川北镇游击。
李　朴
王秉哲
二十九年庚午科
张　淑
三十五年丙子科
张　桓
三十八年己卯科
惠天锡

张　昞
四十一年壬子科[一]
惠永义
四十七年戊子科
杨文标
五十三年甲午科
何天民
雍正七年己酉科
王泽溶
十三年乙卯科
刘　煦
荆大勇
乾隆三年戊午科
张永祥
赵安宇　平番都司，科分失考。

【校记】

［一］康熙四十一年是壬午年，此处壬子疑误。

掾吏

明

赵应春　襄阳司狱司。
赵国英　仓州吏目。
孟国诏　永平通判。
魏光远　光山典史，载人物。
田　鉞　德州同知。
李　智　巡检。
田时蕃　新兴县丞。
李　明　锦衣总旗。
陈　霁　平定州同。

李　俊　淮安经历。

李振秀　紫阳主簿。

乔惟忠　蕲水县丞。

李方蔚　中部驿丞。

安　琦　滦州同知。

本朝

武文龙　从经略洪承畴，以军功授溆浦县知县，平滇转饷，尤著成劳。

田茂兰　洪承畴荐，授绥阳县知县，累迁至云南道。

师士式　吏部员外，载人物。

郭　浣　增城县知县。

吴鼎极　新田县知县。

奉万胜　宁远县知县。

袁时泰　安阜[一]县知县。

王汝德　永康县丞，载人物。

胡　伟　汶川、太湖二县知县。

李毓秀　通许县丞，有乡行。

邢大成　龙岩典史。

邢泽鲁　宣化典史。

李鹍鸣　湘潭县丞，附人物。

王维威　石城典史，载人物。

魏万捷　汶上县主簿。

韩　第　太原卫经历。

杨廷枢　黄雒河巡检。

古世爵　乐安典史。

同之位　清平典史。

赵　彻　宜黄典史。

张维垣　昌平典史。

常应试　南康府照磨。

邢宗周　古浪巡检。

魏之琪　典史。

萧养桴　汝阳典史。
黄明训　徐州房村驿驿丞。
孙执中　蓬溪典史。
陈　诘　丹稜典史。
陈之范　安县典史。
王者公　宜阳典史，载人物。
支　枫　陉阳驿驿丞。
乔永纶　广济渡驿丞。
杨树升　西融典史。
韩生梅　松江府照磨。
成贞观　安丘典史。
阎述孔　京山典史。
李　钰　闽县闽安镇巡检。
张洪春　渑池县义昌驿驿丞。
张之俊　通州金沙场大使。
杨景秀　鱼台县南阳闸闸官。
韩孔宪　汉川县刘家驿驿丞。
陈居恒　程乡县程[二]江驿驿丞。
由仕威　永宁典史。
贾汉谊　化县典史。
李天璧　西长典史。
张国典　两[三]浙运司下砂三场大使。
曹崇爵　萧山西兴水驿驿丞。
田开基　南丰典史。
郭毓英　密县典史。
代文宾　山阴典史。
张昌宗　两浙运司许村场大使。
白尔素　济宁州南城驿丞。
彭芝麟　保宁府剑门关驿丞。
李建吉　韶州府司狱。

王龙都　鄢陵典史。
高占魁　东昌府崇武驿驿丞。
孙广福　保定府陉阳驿驿丞。
王希舜　滕县临城驿驿丞。
张居恒　介休典史。
袁复仁　阳朔县古祚驿驿丞。
马自藩　漳州府司狱。
翟集律　吉安府经历。
吴国信　南海县巡检。
郭世彦　杭州府知事。
倚升旭　龙溪县江东驿丞。
蒙大业　浮山典史。
别奇珍　馆陶典史。
张弘俊　江西按察司司狱。
侯　铎　海宁典史。
魏洪懿　长宁典史。
唐　佐　宜兴典史。
强时祥　怀集典史。
齐韶治　淮安府淮阴驿丞。
韩泰兆　蒙城驿驿丞。
王　雷　石首典史。
武壮猷　范县典史。
乔为桀　龙安府经历。
魏之珽　浚县典史。
周应祥　山阴典史。
王鼐臣　清江典史。
董扆讲　瑞州府经历。
唐凤来　南宁县白水驿丞。
张　綍　恩县典史。
田世福　岑溪巡检。

罗　瑄　高要典史。
陈所修　兵马吏目。
李毓番　辰溪典史。
吕　翰　西安典史。
杨秉智　嘉兴分司盐课大使。
华　鸾　主清县西河驿丞。
韩昌秦　新河典史。
张凤翮　海丰县平安驿驿丞。
仇符宸　土木驿驿丞。
秦良宰　沙县典史。
田良足　交河典史。
杨　镃　归善县平山驿驿丞。
刘聚星　太平驿驿丞。
古有义　壶关典史。
胡继宗　英德典史。
何景象　沙子营柳村闸官。
袁　宗　曲沃县侯马驿驿丞。
朱尔桂　德州安得水驿驿丞。
吴之臣　两浙运司将盈库大使。
曹凤正　鄗县典史。
刘棠荫　永春典史。
张　琰　凤台柳树店巡检。
侯秉钺　西城兵马司吏目。
梁建廷　凌江水马驿驿丞。
来凤翔　代州雁门驿驿丞。
李世义　龙溪县江东驿驿丞。
韩得凤　雅州烹灞驿驿丞。
陈文献　南平县茱洋驿驿丞。
张尔泰　玉清县杨村驿驿丞。
张　锐　西充典史。

张大猷　昭平典史。
唐景鸣　石门典史。
乔鹤龄　新淦典史。
纪逢时　中城兵马司吏目。
陈　烈　南城典史。
唐弘勋　两浙鲍郎盐课大使。
李呈祥　泌云典史。
惠泽泓　高邑典史。
仇延祺　盐课司大使。
李率斗　钜野典史。
刘　琏　山西丰瞻[四]库副使。
乔起蛟　当阳典史。
赵尔爵　嘉兴典史。
陈尔瞻　武进县小河司巡检。
窦奇鼎　沿海司巡检。
董圣琳　顺德府经历。
李天祐　江西南浦驿驿丞。
孙　谦　万州吏目。
杨永芳　湖阳巡检。
马云锦　贵州郎溪司吏目。
秦九锡　临清州临清仓大使。
王　翰　琼州司狱。
纪文明　荔浦典史。
魏之珍　迁安七家岭驿丞。
乔昆如　东城兵马司吏目。
魏名瑞　麻阳县严门巡检。
贾承智　祈[五]县典史。
刘　恺　桃源郑家驿驿丞。
韩孔宪　名山典史。
罗经选　砀山典史。

王思振　密云典史。
王思忠　山阴典史。
宋　璞　庆都典史。
田曰璇　南丰典史。
代弘智　湖广按察司司狱。
孙　荣　河桥驿驿丞。
孙　建　永年典史。
张公辅　大邑典史。
王　钦　黄冈典史。
张志升　嵩县典史。
代从新　河桥驿驿丞。
白　祯　福州府税课司大使。
阎祥麟　余姚县三山司巡检。
窦廷爵　宣化府司狱。
王　经　黄梅典史。
史成章　永安仓大使。
赵　玫　盐山典史。
乔为荣　青县乾宁驿驿丞。
李　蕎[六]长卢[七]运司盐课大使。
常作梅　怀集典史。
井文英　行唐典史。
纪宗伟　黄冈典史。
张世翰　儋州大丰仓大使。
高正乾　永年典史。
刘天祐　荥阳典史。
张文衡　临晋典史。
奥其谦　两淮白驹场盐课大使。
吕　和　兴安典史。
黄三汲　临晋典史。
雷　仕　清远县安远驿丞。

姜辅周　六合县堂邑驿丞。
孙　明　罗定州吏目。
张　遵　五寨典史。
魏　愽[八]河桥驿驿丞。
蒙永誉　会稽东关驿驿丞。
蒙　愽[九]临淮典史。
强尔琳　杭州武休驿驿丞。
高士元　武清西河驿驿丞。
张　芝　通流闸闸官。
杨含辉　吴川典史。
奥克昭　邹县典史。
张　绪　获鹿典史。
许廷秀　清丰典史。
董宗儒　浪穹[十]凤羽乡巡检。
武方洽　富池镇巡检。
武锡土　天台典史。
蒙永锡　长汀典史。
成必大　井陉典史。
吴江一　原武典史。
武子由　朗[十一]溪司吏目。
董维蕃　合肥店埠驿驿丞。
张允显　宁河典史。
阎　超　献县典史。
王朝选　宁波府四明驿驿丞。
薛光仪　顺昌典史。
胡养懿　邵武典史。
强永康　永平府滦河马驿驿丞。
王思齐　督粮道库大使。
同　瑞　行唐典史。
孟弘儒　偃师典史。

刘汉银　新城典史。
田明理　元城典史。
张　璇　广昌典史。
宋君相　泌阳典史。
王承泰　定州吏目。
王　遇　石门县丞。
王　进　景州判官。
贾天年　永福典史。
张三畏　大同卫经历。
张明化　垣曲典史。
张　俨　垣曲典史。
贾缵祖　进贤典史。
郭成茂　静州巡检。
邢宗周　古浪司巡检。
胡腾云　荣泽县主簿。
李毓芝　绍兴照磨。
郭永杰　吉安照磨。
赵士元　贵州布政司照磨。
袁必振　掖县县丞。
窦九有　芮城县丞。
常应试　福州府照磨，有政声。
杨育生　淮安府照磨。
刘可鼎　蓬莱县盐大使。
刘必进　宜城县主簿。
改三略　曹县主簿。
鱼跃隆　天津卫盐大使。
马自蕃　漳州府司狱司，有政声。
张养蕴　阳关巡检，有政绩。
改一彰　新会县巡检。
乔有辉　金利司巡检。

刘星聚　太平驿驿丞。

翟圣法　涉县典史，居官、居乡俱有行。

刘　策　中牟典史。

张曰诗　来安县典史。

彭万里　金堂、蒲城二县典史。

彭光祖　曲阜县典史。

彭光龙　武城县典史。

鱼应隆　镇平县典史。

彭世昌　太原县典史。

彭腾化　蠡县典史。

魏大用　龙门卫经历。

魏希盛　江南巡司。

魏丕齐　广昌吏目。

魏丕显　四川盐课司。

魏秉善　河西务巡司。

魏光显　湖广巡司。

魏魁翰　刑部司狱。

魏攀云　仕渡口巡司。

魏登曜　宿州吏目。

魏登朝　西河厅。

魏玑昌　通州卫经历。

魏玑芳　秦州巡司。

魏志贵　辽州吏目。

魏孟熊　金华县丞。

魏　朴　乌城巡司。

魏襄祚　安平巡司。

魏永微　萍乡巡司。

魏天魁　郑州大使。

魏丕海　昆明县尉。

魏丕陛　内乡县尉。

魏丕恩　晋县尉。
魏魁永　庆都县尉。
魏攀印　河津县尉。
魏攀阶　长治县尉。
魏光第　巩县尉。
魏攀龙　大同县尉。
魏登极　阳城县尉。
魏舆图　乌城县尉。
魏联芳　应城县尉。
魏鸿图　大同县尉。
魏志荣　偃师县尉。
魏　阶　长子县尉。
魏　相　常山县尉。
魏　械　临海县尉。
魏之璠　石河场大使。
魏高士　铜仁县尉。
魏景哲　临淮县尉。
魏志璜　湘潭县尉。

【校记】

［一］乾隆四十三年《富平县志》、光绪《富平县志稿》均作“福”。

［二］乾隆四十三年《富平县志》作“程”，光绪《富平县志稿》作“丞”。

［三］乾隆四十三年《富平县志》、光绪《富平县志稿》均作“浙运司下砂三场大使”，无“两”字。

［四］乾隆四十三年《富平县志》、光绪《富平县志稿》均作“赡”。

［五］据乾隆四十三年《富平县志》、光绪《富平县志稿》改作“祁”。

［六］乾隆四十三年《富平县志》、光绪《富平县志稿》均作“籥”。

［七］乾隆四十三年《富平县志》、光绪《富平县志稿》均作“芦”。

［八］乾隆四十三年《富平县志》、光绪《富平县志稿》均作“博”。

［九］乾隆四十三年《富平县志》、光绪《富平县志稿》均作“博”。

［十］乾隆四十三年《富平县志》、光绪《富平县志稿》均作“穷”。

［十一］乾隆四十三年《富平县志》、光绪《富平县志稿》均作“郎”。

寿官

本朝

程必扬

王丕谋

仇继赐

陈绍舜

武言如

魏元亨

雷鸣周

曹三鼎

曹三奇

井瑞麟

徐之瓒

王　楫

百岁寿妇白氏附

封荫

北魏

穆　敦　代人，爵富平子。

王　遇　本名他恶，高祖时赐爵富平子。

元

张得霖　以孙敏赠奉训大夫、秘书监丞。

张　椿　以子敏赠奉训大夫、秘书监丞。

刘　庆　允中父，赠奉训大夫、乾州知州。

刘　桂　（元）［允］中[一]子，荫白水县尉。

【校记】

［一］乾隆四十三年《富平县志》亦作“元中”。光绪《富平县志稿》作“允中”，今据改。

明

李文政　以子昶赠奉政大夫、成都府同知。

孙　庆　以曾孙丕扬赠光禄大夫、太子太保、吏部尚书。

孙　琼　以孙丕扬赠光禄大夫、太子太保、吏部尚书。

孙惟谦　以子丕扬封文林郎、浙江道监察御史，加封中宪大夫、都察院右佥都御史，赠光禄大夫、吏部尚书。

李弘道　以子翥赠刑部四川司主事。

张　和　以子元祐赠东城兵马指挥。

赵　英　以子玮赠西城兵马指挥。

田　智　以子钺赠武功右卫经历。

路　威　以子进忠封太原左卫经历。

王　彪　以子翰赠泰[一]安州同知。

王　璋　以子来凤赠西平知县。

王　美　封卢龙卫经历。

曹思让　以子汝菊赠襄阳通判。

李鸣凤　以子之藩赠将仕郎、康陵卫经历。

乔　谟　以子王翰赠文林郎、岳阳县知县。

朱崇德　以子国栋赠都察院右副都御史，载人物。

周伯济　以子文焕封文林郎、诸城知县，又封奉政大夫、吏部郎中。

杨　瑄　以子名显赠文林郎、临晋知县。

王良正　以子可大赠将仕佐郎、刑部司狱。

唐克振　以子光耀赠刑部主事。

韩国用　以子弟封徵仕郎。

田必达　以子在□赠文林郎。

杨　恒　以祖爵荫上林苑监丞。

孙光范　以父丕扬荫吉安府通判。

孙允荐　以父丕扬荫平原府知府。

李　宣　以父从然荫副千户。

杨如松　袭东卫指挥。

路　诚　以父俊荫锦衣百户。

王　春　以父纲袭锦衣指挥。

李时祥　以父宣袭成都卫百户。

本朝

赵应科　以孙兆麟赠通议大夫、抚治郧阳、都察院右副都御史。

赵一韩　以子兆麟赠通议大夫、抚治郧阳、都察院右副都御史。

石孕玉　以子在间[二]封内翰林中书舍人。

田光宗　以子萃祯封朝议夫[三]夫、礼部郎中。

李如柏　以子正芳封文林郎、三河知县。

王大官　以子继祐赠文林郎、河南镇平知县。

杨　偲　以子恒赠奉直大夫。

田弘道　以子本沛赠奉直大夫，再赠承德郎。

曹　铨　以子玉珂赠徵仕郎。

韩应选　以子文赠文林郎，北直文安知县。

曹　格　以子秉仁赠中宪大夫。

邢尚忠　跃龙曾祖。

邢玉玺　跃龙祖。

邢士秀　跃龙父，俱赠荣禄大夫。

邢□□[四]以子云泽封怀远将军。

纪登荣　以子廷枢赠怀远将军。

盖一鹗　赠明威将军。

赵士蔼　荫官生。

赵士蔚　荫官生，俱兆麟子。

陈常夏　有虞子，荫官生，苏州知府。

田一鸣　萃祯子，荫官生，枣阳县知县。

窦琳昌　鸣凤子，世袭指挥。

西亳乔履信曰："张忠定云：'吾榜得人最多。'考富邑，选举、辟举如鷃庵张公、松轩李公，乔梓①继美盛矣。而忠介、恭介亮节硕行，盖尤具有古名臣风，固复不愧忠定语。近丙辰秋八月，文庙钟鼓皆自鸣，旬余乃止，是科得隽②者凡八人，亦云盛矣。幸际文明，宁无应运而起者与？积薪居上，后来勖③诸，无徒甘让前人为也！"

【校记】

［一］明万历《富平县志》作“泰”，乾隆四十三年《富平县志》、光绪《富平县志稿》均作“秦”，应为“泰”。

［二］“闾”讹，应为“阊”。

［三］“夫”讹，应为“大”。

［四］原志此二字难以辨识，疑为“汶官”或“汝官”。乾隆四十三年《富平县志》、光绪《富平县志稿》均作“宗周”。

【注释】

①乔梓：乔木高，梓木低，比喻父位尊，子位下，因称父子为“乔梓”。语本《尚书大传·梓材》：“商子曰：‘南山之阳有木焉，名乔。’二、三子往观之，见乔实高高然而上，反以告商子。商子曰：‘乔者，父道也。南山之阴有木焉，名梓。’二、三子复往观焉，见梓实晋晋然而俯。反以告商子，商子曰：‘梓者，子道也。’”

②得隽（juàn）：古时以小鸟为射的，射中为得隽。后用以比喻科举考试考中。

③勖：勉励。

富平县志卷之六

西亳　乔履信敦峰　编次
洛阳　张雄图慕堂　校订

名宦

岘山碑[①]、桐乡祠[②]，千古艳之。近世一县邑中奚啻祠栉比、碑林立矣，岂尽如古人耶？镌以口，事以心，感之者共知之，致人之感者自知之。志名宦。

【注释】

①岘（xiàn）山碑：晋羊祜任襄阳太守，有政绩。后人以其常游岘山，故于岘山立碑纪念，称“岘山碑”。语本《晋书·羊祜传》：“祜乐山水，每风景，必造岘山，置酒言咏，终日不倦。尝慨然叹息，顾谓从事中郎邹湛等曰：‘自有宇宙，便有此山。由来贤达胜士，登此远望，如我与卿者多矣！皆湮灭无闻，使人悲伤。如百岁后有知，魂魄犹应登此也。’湛曰：‘公德冠四海，道嗣前哲，令闻令望，必与此山俱传。至若湛辈，乃当如公言耳。’”

②桐乡祠：西汉朱邑担任桐乡啬夫一职时，廉平不苛，深受百姓爱戴。死后，桐乡士民为朱邑兴建坟墓祠堂，每年按时祭祀，从不断绝。明潘游龙《康济谱》卷4有详细记载，可参看。

汉

尹赏，字子心，钜鹿人。成帝时以廉举，令粟邑，有治声。冯翊太守薛宣见而奇之，时频阳多盗，县令薛恭不能治，宣随调赏治之，境内以安。

晋

梁肃，负文武才，为频阳令。时刘曜攻长安，三辅骚然。安平太守贾匹威名甚著，肃将附匹，计恢复，遇诸途，遂推平南将军，率众攻曜。

后周

令狐整，敦煌人。徙家中华，为中华守。时郡务草创，整一切调停，身任之，称良守焉。

唐

李大亮，泾阳人。忠谨刚烈，少负奇节。高祖入关，授土门令。值岁饥，且盗聚。亮抚疲民，垦亩教耕，岁乃大熟。又击盗，尽平。无何，胡寇至，度不能支，单骑诣胡，晓以祸福，遂降之。帝闻大悦，累擢至工部尚书，卒谥曰懿，陪葬昭陵。

张行成，字德立，义丰人。擢制举乙科，为陈仓尉。调富平主簿，有能名。补殿中侍御史，纠劾严正。累官至尚书左仆射、太子少傅。

崔衍，安平人。天宝末，擢明经，调富平尉，寻调清源令。劝民力田，怀附流亡。观察使马燧表其能，徙美原尉。俭约畏法，禄周亲族，葬埋嫁娶，依以济者甚众。时建言民瘼，德宗嘉之，诏为观察使。卒日，以遗惠在民赠工部尚书，仍录其嗣，谥曰懿。

裴垍，字强中，绛州闻喜人。擢进士第，以贤良方正对策第一补美原尉，后迁考功员外郎。累擢中书侍郎、同中书门下平章事加集贤殿大学士。

胡珦，为富平尉，长于吏治，剖决如流，一府称其明断。

宋

司马炫，夏县人，温公曾祖。举进士，以气节著乡里。为富平令，在官未几，境内大治。

张龟年，天圣中为富平令，以循良称，民爱戴之。明道时，诏增秩，再任顺民望，仍以治行风告天下。

王哲，令富平时，邑多淫祠，哲痛革之，毁赤眉祠，以祀李光弼。又封其墓，书其碑曰："使后世知忠良勤劳，可祀百世。"

侯延广，平遥人。端拱间为同、麟、坊、延、丹缘边都巡检使。时叛卒刘渥啸聚亡命，寇耀州富平县，谋入京兆，其势甚盛。延广率兵数百，自间道追渥至富平西十五里及之。渥素惮延广，传言："我辈草间求活，视死如鸿毛，侯公家世富贵，奈何与亡卒争须臾命？"延广闻之，怒，挺身出击，战大树下，断渥右臂，脱而走，追兵旋获之。渥素骁勇，至是为延广所杀，群盗丧气，稍稍自归，关内以定。上嘉其功，擢拜崇仪使。

刘湜，字子正，彭城人。举进士，为富平令。有盗掠人子女，既就擒，阳死，伺间逸去。追获，复阳死。湜促焚其尸，后拜监察御史。

高文林，令美原，有惠政。值岁旱，祷于频泉，翌日果雨。林曰：是福地也！遂祠之，事载赵节度推官记中。

王居仁，政和中为美原令。旱甚，祷罔应。仁迎神园亭，率僚祷频山祠。未几，大雨，岁熟。

元

杨朝列，大定人。大德间令富平，重农课桑，诲士犹谆，人爱戴之。时关内多蝗，独不入境。祠在王寮镇左，有碑。

王会，字彦嘉，新野人。至正间为富平守御。时邮亭供费浩繁，民甚苦之。会易以市廛，俾得息肩。又疏永润滨河诸渠灌田，旱不为灾。近山田遇雨水溢辄坏，教民筑堤，赖以无虞。

明

孙义，洪武十五年任。承元末极敝，事皆草创，躬行俭约，饬簠簋以为民先，建社稷、风云雷雨山川暨邑厉诸坛。

张得先，洪武二十三年任。时中原初定，众庶艰食。首建招福、平皋、频阳、永闰四乡社仓，以赡闾阎，民利赖焉。

石确，昌黎人，监生，永乐四年任。性坦易明爽，服官五年，莅政公勤，终始如一，有乐只恺悌风。

高应举，大足人，正统六年以监生任。谨厚雅饬，实心干济，扶弱锄强，不少假借。在事九年，废坠毕张。县仓、预备仓皆移置今所，城隍祠尤极力崇饰。尝微行，过酒肆，闻人问："酒何如?"酒家曰："高知县!"问者讶，叩之曰："彻底清!"父老至今传之。

马元，保定人，景泰四年任，慨然以兴学为己任。月试旬课，日有讲明。又躬行道义，为诸士先，儒风大振。邑科目题名自元设。

王杰，字时英，天顺三年以监生任。多才能，为政识大体，兼练民情。新县治，修文庙，声名籍甚。

韩楷，山东人，举人，成化六年任。性刚介，寡言笑，暴横者惮若神明。重修文庙，毫不累民。

郭镕，成化十年任。政尚勤俭，务大体，绝苞苴[①]。建鼓楼及吏胥诸房，多所兴革，时称循吏。

张本，河南人，举人，成化十九年任。质直尚义，民不敢欺。尤注意庠序，设后堂于明伦堂北，左右各翼五楹以处师儒，士追思之。

陈润，字维泽，大兴籍临安人，进士，弘治元年任。持己公廉，平易近人，民爱如父母。驭吏体严而恕，胥徒畏服。初辟西门，广明伦堂为五楹，文教焕然，升沔阳州知州。

李良，字从善，固始人，举人，弘治六年任。有担当，喜任事，建学舍并医学、阴阳学，修永兴桥，兴举甚夥。议纂县志，未卒事去。

吕子固，解州人，举人，弘治初为富平教谕。赋性刚正，立教严肃。昼课生儒于堂，夜秉烛巡视，漏下二滴始罢。晨兴考校，不率教者予夏楚[②]，多所成就。兼喜著作，县令李良属纂邑志，惜未就。

李寿昌，太原人，进士，正德年任。有才干，善折狱，兴革得宜。操守严正，百姓畏之。时后先尹县者，以昌为第一。

刘藻，字文洁，彭县人，举人，正德十一年任。政有风力，不拘小节。

王宗源，字文渊，吴桥人，举人，正德十一年任。方正有守，政先明断。视篆未几，卒，邑人涕泣送之。

杨玳，字文瑞，太原人，监生，正德十二年任。望之凝然老成而剖决如流，长于吏治。凡前令修葺未竣事，极力成之。

罗星，威远人，监生，嘉靖初任训导。性方正，言动不苟，士类式[③]之。时县尹稍易[④]，星遂弃官去，其风节如此。

胡山，富顺人，举人，胡文定公后，嘉靖四年调富平令。初令白水，多所建白[⑤]。慷慨负奇气，遇盘错身任之。时巨寇刘朝臣、大小马暨游侠者骄横武断，闾阎侧目。山首捕之，置重典。又以法绳豪右，四野肃然。遇生儒恩义兼隆，创经阁，缮学宫，文风丕振。升易州知州，去时，父老攀卧舆至不得行。又刊碑纪其惠。

杨时泰，号恒南，真定人，进士，嘉靖八年任。劲直著清节，接人莅事，一遇辄不忘。富邑田故无井，泰教设桔槔兼疏渠道灌溉，岁不能灾。又白所辖，发廪赈贫。居甫一年，邑称大治。以繁调章（邱）[丘]，百姓刻碑志德。光禄卿马理纪之。

刘希简，号了庵，汉州人，进士，嘉靖九年以给事中左迁富平令。刚毅挺直，节不可夺。搏击强豪不遗余力，守尤清严，又建新城书院以造士。甫期年，邑称大治。后因公罚调用，人咸惜之。官终巩昌知府。

韩嘉会，眉州人，举人，嘉靖十三年任。优文学，守清苦。每朔望誓庙曰："嘉会清归，神必福归；嘉会赃归，神必祸归。"闻者凛然。以忧去。

高义，叶县人，举人，嘉靖十五年任。外柔内刚，礼师儒抚疮痍，不愧良吏，升平凉苑马寺寺丞。

张续，安阳人，举人，嘉靖十九年任。政尚和易，然不可干以私。

刘煦，霍州人，举人，嘉靖二十二年任。性醇惠，听讼能尽民情。催科尚宽，人不忍欺。洪水故逋[⑥]赋，后称良里，完额自煦始。

胡志夔，号浒南，安邑人，进士，嘉靖二十四年任。器局整肃，人望而畏之。出令如山，人弗敢违。所建有鼓楼、砖埤暨诸堡墙。在事四年，以异政征拜监察御史，官至巡抚榆林、都察院右佥都御史。

刘尚礼，汾州人，举人，嘉靖二十九年任。才气英发，抑强扶弱，又旌善者，以励风教。未几，以忧去。

何通衢，易[一]州人，举人，嘉靖三十年任。清操自持，宽严得宜，不愧循吏，以忤府调用。

赵桐，号峄山，绛州人，进士，嘉靖三十二年任。弘阔不羁，然聪明过人，制作倚马立办，人共推之。爱才礼士，尤极诚切。

祝安，洛阳人，举人，嘉靖间为富平教谕。善属文，在师席时，诵读无异学士。又耻言利，诸生贤者优礼之。以忧去。

崔举，唐山人，举人，嘉靖三十八年任。古朴尚道义，注措一本诚心。革里甲日支费，百姓感若父母。又均田，核余地二千余顷。耻为脂韦[⑦]态，社鼠者萋菲以去。既归，四壁萧然，无少怨尤。邑人孙丕扬巡抚北直，题其门曰"清吏第"。

史灿，号鹤亭，举人，开州人，隆庆七年任。刚方有远略，接上下截然有体。强横者法惩不少借，临良民以和气。县中故有总里，日醵金候尹措用，岁会不啻千金。灿尽革之，境内欢然。又文庙以地震后陋甚，灿倡修。诸绅士输金，出纳未经灿手。当路疑其干没[⑧]，竟以简调。

聂武，字仁卿，当阳人，举人，万历二年任。莅政精严，发摘如神。有僧匿民妇历年无问者，武廉[9]得状，置之法，立焚其寺，人称神君。又文庙大工能终前令事。

杨守川，号浚源，绛州人，举人，万历五年任。动履谨饬，防吏如寇，视民如子。邑北山产石，诸郡县采者率邑民代运，里甲更班，名“匝班车”，岁费数千金，百姓苦之。守川申白得均派。

杨君惠，号浒北，徽州人，监生，万历间任训导。少有柳下之操兼让贡、授金诸善状。比司教席，益扩廉节。又立会课，督诸生读秦汉文。其贫不能婚丧者，捐俸周之。升井研知县。

杨允中，遵化人，以庶吉士改监察御史，左迁西安同知。时值岁大凶，跳梁者盘据北山，以数百计。允中单骑驰至，集千百长，群力团练于美原堡，不五旬擒其渠魁，一方累卵措诸衽席。北山人每谈御寇，必曰印南先生。印南，允中号也。

刘兑，字景泽，号钟所，新安人，举人，万历八年任。时奉司农核田，兑令有田者先自拟等并以数闻，率吏亲执丈量之，漏者听自首不罪。乃区分金、银、铜、锡、铁五等，视地酌粮，筹度[10]尽善，克奉上令而民不累，至今尸祝[11]。又兴复漆沮、赵氏、温泉诸水利，创立者七，疏通者二十有二，计灌田数千亩，遂成永赖。建修庙坛、祠宇、郭门、公廨具如法式，有祠在北郭外。

信按，公遗爱在人，到今弗替。每听讼时，即山农野老多出公均田册籍相质，曰此刘爷原札也。赫褫脱落，朱墨黯澹，历数百年遵如蓍蔡[12]，视古循良宜其上参一座矣。

焦承光，大同卫人，万历年任。先是郡守某设立乡约，他邑有司视为故事，光奉行惟谨，家喻户晓，勤督厚期，不遗僻壤，民风一变。

侯来诏，山东人，万历年任。肃严清正，遇事明断，民立祠祀之。

李承颜，曲沃人，举人，万历年以高陵令调任。操守清严，民怀其惠。

王正志，祥符人，进士，万历二十七年任。性刚方，为政持大体，不事烦苛，民甚安之。时税珰[13]梁永肆虐关中，遣人至富，倚势横索，正志各予笞毙一人，被诬拿解。是日县试，正志以“道之将行”四句命题，放榜后赴省，怀白刃向永，抚道力解方已，后竟瘐死[14]诏狱。富人冤之，与刘、焦二公建祠并祀。刘解元士龙有记。

宋日就，沂水人，万历三十二年任。和平宽厚，勤政爱民，有“宋佛”之称。

隋不矜，寿光人，举人，万历四十一年任。爱民如保赤⑮，待士以和，称贤父母。

王汲初，山西人，万历四十七年任。刚果严肃，执法不挠。

宋果，莱阳人，进士，天启五年任。剔厘奸弊，狐鼠屏迹。

贾太初，河间人，进士，崇祯十年任。以文盛，性宽和，听讼明允，征输不扰。修理文庙，黝垩⑯一新。有祠碑，调知襄阳县。

【校记】

［一］明万历《富平县志》、乾隆四十三年《富平县志》均作“巴”，光绪《富平县志稿》作“易”。钦定四库全书本《四川通志》卷三十六记载何通衢为巴州人，似更可信。

【注释】

①苞苴：贿赂。古代行贿恐怕为人所知，故以草苇包裹掩饰。

②夏（jiǎ）楚：古代学校中施行体罚的器具。《礼记·学记》：“夏楚二物，收其威也。”郑玄注：“夏，槄也；楚，荆也。二者所以扑挞犯礼者。”

③式：效法。

④易：轻视，含有“不以为意”的意思。

⑤建白：指对国事有所建议及陈述。

⑥逋（bū）：拖欠。

⑦脂韦：本指脂油及软皮，后用来比喻谄媚、圆滑。

⑧干没：暗中吞没他人的财物。

⑨廉：察考，访查。

⑩筹度：谋划。

⑪尸祝：祭祀。

⑫蓍蔡：指蓍龟，即蓍草与大龟，均为古人卜筮时所用。因大龟出蔡地，故称为“蓍蔡”。

⑬珰：汉代武职宦官帽子上的装饰品，后借指宦官。

⑭瘐死：古代指囚犯因受刑、冻饿、生病而死在监狱里。

⑮保赤：养育、保护幼儿。语本《书·康诰》：“若保赤子，惟民其康乂。”孔传：“爱养人如安孩儿赤子，不失其欲。”清陈元龙《粤西旧无育婴堂创建告成有作》诗：“圣治重仁育，保民如保赤。”

⑯黝垩：涂以黑色和白色。《礼记·丧服大记》：“既祥，黝垩。”孔颖达疏：“黝，黑色，平治其地令黑也。垩，白也，新涂垩于墙壁令白。”

本朝

薛良明，汉军人，顺治二年任。政务宽平，升汉中同知。

李之粹，汉军人，举人，顺治九年任。任事有胆量，政尚严肃，尽革里马安置。行取御史，累官至江西巡抚。

汪惠，山东人，贡士，顺治十三年任。浑厚精明，听断称平，民安之。

郑昆璧，字仑辉，文水人，进士，顺治十七年任。邑中故多水利，昆璧因势利导各支渠，漆沮、金定、北温泉诸河岸地悉成沃壤。又编审均核，吏胥罔得上下其手。《通志》有传。

郭传芳，字九芝，山西大同威远卫人，由选贡授咸宁县丞，摄合阳、长安篆，俱有声，迁富平令。值滇逆之变，凉寇窃发，传芳侦贼将入境，乘雾捣其巢，斩获有功。时军书旁午[①]，传芳转输有法，民不告劳，常语人曰：“为百姓即为朝廷。”闻者叹服。

信按，本朝名宦故不乏人，而脍炙人口、历久弗替者惟此公称最，几与前明刘公相伯仲，上丁[②]附祠，血食同飨。呜呼！岂倖□哉？

蒋陈锡，江南常熟人，进士，康熙三十年任。甫至，值关辅大饥，流移载道，捐千金设厂煮粥，以食饥者，全活无算，复捐赀收瘗[③]道殣。时濒河水利久弛，陈锡循行阡陌，疏故玉带、直城、文昌各渠，民享灌溉之利。后历官云贵总督。

杨勤，字慎修，汉军正红旗人，监生，康熙四十八年任。刚断有惠政，开渠灌田，民利赖之。值岁歉，访民间孤弱无依者育署中，存活甚众。五十七年，富邑应拨粮若干运军前，勤时奉委办差凉州，代民卖[一]纳，省挽输[④]劳费计万余金，民极感之。又力表孙自慎妻樊氏，苦节详见《孝义樊氏传》。

李肖筠，河南夏邑人，举人，雍正五年任。操守清严，为政宽和仁恕，识大体。先是邑孙姜里浮粮[⑤]赔累几数十年，民多逃亡。肖筠具详请豁，奉驳覆勘，缘调办噶斯军需，未及行。继事者惮覆勘劳，事遂寝。雍正十三年，知县乔履信莅任，里民复恳，因检旧牍具请，得旨永免。民以事端发自肖筠，至今怀之。后升邠州牧，现任潞安知府。

西亳乔履信曰："所在无赫赫名，所去人思，不其难乎？曰不难。务实不务名，故无赫赫名。未去，务实不务名，故所去人思。无名之名，斯真名。无名之名，不仅名也。"

又曰："富邑名宦殊寥寥，历按政迹提鲁[⑥]攀卓[⑦]者堪几屈指耶？有美毕登，永垂厥后，继而起者或蹑其尘，抑或驾乎其上，先正[⑧]有灵，安知不虚左[⑨]俟与？"

【校记】

［一］据乾隆四十三年《富平县志》、光绪《富平县志稿》，"卖"讹，应为"买"。买纳，征购。《宋史·食货志》："亭户煎盐，官为买纳，比旧既增矣。"

【注释】

①旁午：交错纷繁，从四面八方涌来。《汉书·霍光传》："受玺以来二十七日，使者旁午，持节诏诸官署征发。"颜师古注："一从一横为旁午，犹言交横也。"

②上丁：农历每月上旬的丁日。

③收瘗：收殓埋葬。瘗（yì），掩埋，埋葬。

④挽输：即运输。挽，拉，牵引。

⑤浮粮：定额之外的钱粮税款。

⑥鲁：指鲁恭（32—113），字仲康，任中牟县令，注重以道德风尚感化人，深受人民爱戴，有"鲁恭三异"（蝗不入境，化及禽兽，竖子有仁心）的传说。

⑦卓：指卓茂（？—28），字子康，任密县县令，政绩突出，深得百姓爱戴、官吏信服。卓茂、鲁恭均以循吏见称，后因以"卓鲁"代指贤能的官吏。

⑧先正：前代的贤人。

⑨虚左：古代座次以左为尊，空着左边的位置以待宾客称"虚左"。

富平县志卷之七

西亳　乔履信敦峰　编次
洛阳　张雄图慕堂　校订

人物乡贤　节烈　流寓　仙释

无谓秦无人，无谓富无人也。人耻生关外，富实隶关内也。忠孝廉节，守故常者也，固其人清静苦空①畸矣，然亦不可谓为非其人也。乐其风土，寄其乡，非其人也。庄岳齐语，并州故乡，非其人者，亦其人也。志人物。

【注释】

①清静苦空：明胡应麟《少室山房笔丛·双树幻钞引》："为老氏之道者曰清静，为释氏之道曰苦空。由清静而之于长生，繇苦空而之于顿悟。"

乡贤

秦

王（剪）［翦］，频阳人，少好兵事。始皇帝拔赵定燕蓟，继始皇谋取荆。问（剪）［翦］，（剪）［翦］以六十万对，始皇以为怯，遂用李信。比信败，悔不用（剪）［翦］言，驰入频阳，谢（剪）［翦］强起之，自送灞上，令以六十万击荆。将行，请田宅园池以自坚。荆闻（剪）［翦］至，悉起国中兵拒之。（剪）［翦］坚壁犒士，荆数挑战不出，乃引而东，（剪）［翦］令勇士追击，大败荆军，虏荆王负刍，平其地为郡县。

王贲，（剪）［翦］子，亦秦将。初，贲伐魏，引渠河灌城，魏王假降，贲杀之，遂灭魏。又灭燕，虏燕王喜。还，灭代，虏代王嘉。乃乘胜攻齐，卒入临淄，人莫能御，齐王建以降。

汉

耿定，频阳人。成帝时，王商专权，中外侧目。定抗疏论商阴事，下有司按不法状。后蜀人张匡指定疏论，商竟坐免相。

唐

梁悦，富平人。秦果[一]杀其父，悦即杀果复父仇，诣吏请罪。诏下尚书省议，职方员外郎韩愈议曰："律无复仇之条，非阙文也。盖不许，则伤孝子之心，而乖先王之训；许之，则人人倚法专杀，而无以禁止之。宜定其制曰：'凡复父仇，具事由，尚书省集议奏闻，酌其宜而处之。'"遂杖悦一百，流循州。

古押衙，邑多古姓，或云即押衙后。李太史因笃云："薛市有押衙洪隐居遗迹数处。"

后汉

李彦温，富平人，今尚书村其宅址也。乾佑[二]间朗州马希萼遣兵次长沙，楚王马希广命彦温将兵拒之，官指挥第二都头兼都虞侯[三]、银青光禄大夫、检校刑部尚书，兼御史大夫、上柱国。墓碑在村之南。

金

惠元钧，少聪慧，贯通百家，属词敏赡，以文名。

元

王瑄，美原人，官千户。好涉书史，有胆略。性不嗜杀，而摧锋陷陈①战功独多。征蜀时与士卒同甘苦，故乐为之用。子孙并官千户。

刘允中，号西涧。大德间授顺鹿路[四]总管，讨叛酋有功，调广南部尹。治故事②三五姓联户饷马，民苦甚。酌令月出钱缗市马，人安之。迁长宁州同知，地接蛮徼，允中招徕有方。又教种陆田，作水车引溉，夷民感之。后改泾州，值岁饥，多方赈济，全活甚众。既请老，制以耀州知州致仕。

张成之，幼即有志，刻意读书，官朝请大夫、河南督转运使，盐课顿增。子文贤，四川道廉访使；彦成，进士，四川廉访使；彦文，延安税务提领；友文，四川嘉定州判官；文冲，奉元路治中；允恭，巩昌府知府；允济，同州府提领。一门八士，皆以才名。

刘尚，字伯升。家贫嗜学，官至京兆知府兼招武大将军、军民总帅，有破郓都海、白顺、红巾功。子安世，耀州乾涧山场提领；安国，宣命银牌征行头、百户；安民，蓝田县主簿。安世子源，安抚司知事；瑛，遂宁盐司副使。安国子斌，宣命金牌八番蛮夷土木洞军民长官。安民子燧，宝安库支纳。三世缙绅，为邑望族。

第五昌言，字圣俞。尚节概，不妄交人，闭户读书，淡如也。为奉元路儒学学正，有善教，克称厥职。

唐堃[五]，某科进士。愽[六]极群书，抱负宏巨。后进行艺优长者，极力奖诱，学者宗之，称犀峰先生。

张敏，大定四年[七]进士。先世习医术，急人疾苦。敏尤端朴以孝称，初授解州判官，迁平陆令，调闻喜，有惠政。历官陕西省左司郎中，所至称廉谨。子八人，紞，吏部尚书，为名臣；綎，钦天监丞；余子皆励隐德。所著有《月山集》，人称月山先生。

王贾僧，居丧庐墓，一本至诚，时人称之。

第五胜愚，字仲学，昌言从子③。元末不仕，凿洞万斛山中居之，甘贫乐道。家有始祖第五伦像，至明孙恭介公犹及见之，补缀线迹不下万余，历千五百年，子孙能守，可敬也。

【校记】

［一］万历十二年《富平县志》、乾隆四十三年《富平县志》、光绪《富平县志稿》和《资治通鉴》均作"杲"，《新唐书·孝友列传》作"果"，存疑待考。下同。与孝子梁悦相关的历史文献还有韩愈《复仇状》和《梁悦复仇减死勅》（周绍良主编《全唐文新编·卷六一　宪宗皇帝》，长春：吉林文史出版社，2000年，第756页）等，可参看。

［二］乾佑：应为"乾祐"。后汉高祖刘知远年号（948），隐帝刘承祐（948—950）、北汉世祖刘旻（951—954）、睿宗刘钧（954—956）均沿用不改。

［三］都虞侯：应为"都虞候"，"都虞候"是根据"候"的"侦察"义命名的，与表"爵位"的"侯"无关。《说文解字·人部》："候，司望也。"古时称军队中进行侦察的人为"斤候"，隋代把负责东宫侦察、巡逻等事务的禁卫官叫做"虞候"。唐朝中后期诸节度使借用隋代"虞候"这一官名置"都虞候"，掌整肃军纪。五代侍卫亲军马步军都指挥使司、殿前都指挥使司各置一员，其属亦各置一员，俱为统兵官。

［四］顺鹿路：应为“顺庆路”。元至元二十年（1283）升顺庆府置，治今四川省南充市。

［五］唐埜：疑为“唐堃”，“埜”系“堃”之讹。1994年《富平县志》即作“唐堃”。此外，承蒙惠军昌先生告知，富平文庙元碑碑文亦书“唐堃”。一云“唐堃厚”，不确。据清沈清崖编纂、钦定四库全书本《陕西通志》卷三十记录，唐堃厚乃三原人。另，《关中胜迹图志》卷七“游岩宫”条亦可佐证：“游岩宫，《三原县志》在县治龙桥北安政坊。相传为唐田游岩宅，高祖所幸第也。唐堃厚记其地势，前对终南，后枕嵯峨，峪水、泾渠左右交流，为渭北胜地。元中统初，邑元帅杨子江请天光白真人主之，重构殿宇，元末毁，明重建。内有神钟，形仅逾尺，声闻数里。”唐堃著有《犀峰诗文藁》。

［六］慱：“慱”讹，应为“博”。

［七］大定四年：应为泰定四年，即公元1327年。《千顷堂书目》卷二十九《补·元》：“张敏《月山集》九卷。富平人，泰定四年进士，历官陕西行省左司郎中，明吏部尚书张紞父。”《元史·艺文志》：“张敏《月山集》九卷。富平人，泰定进士，陕西行省郎中。”

【注释】

①陈（zhèn）：军队作战时的战斗队列。后作“阵”。

②故事：旧日的制度，例行的事。

③从子：侄子。

明

张紞，字昭季，号鷃庵。少颖悟，日诵数千言。洪武初，举经明行修科，由京兆教授迁东宫侍正，历通政司左参议。十四年十月，改云南布政司右参政，寻升右布政使，又升左布政使。莅滇最久，草创乡甲贡赋，城郭公署、坛壝祠庙、法令条格、公用程则悉为裁定，民大悦服。初紞至滇，即疏请得以海贝、布漆、朱砂、水银诸土物充秋税，又奏商人纳粟金齿者如旧制，听入谷，皆报可。二十一年入觐，课最天下第一，超擢吏部尚书。三十五年永乐靖难，师入，甫即位，召紞暨户部尚书某，遂自经。紞居官三十载，功业节义巍然山斗，兼励清操，至手耘园蔬、夫人绩纺。云南、富平皆有祠。著作甚富，多散佚，其存者见《频阳四先生集》。

信按，鷃庵先生身后论定，颇遗多口。顾其激烈似逊方、铁，而旋捐躯命，视杨、刘诸公遗节建功，相去远矣。方其隐忍数日，安知不别有所图，如彼文曲犯帝座，其色甚红者，死亦何嫌迟耶？呜呼，烈矣！

第五仝，有抱负，举明经，知山东莒州，三年大治。入觐，以病辞，上敕褒之。

梁甫，洪武间以孝廉举，授应天府尹。在官八年，清约不异寒士。初携妻乘二驴往，比归，仍乘之。禄入，多所存济，人亟称焉。

尔朱钦，字敬伯。夙有文望，洪武壬子乡试第一。明年会试，高帝亲制“敬天勤民”策问，钦对称旨，赐进士，补蒲圻县丞。廖道南《辛亥录》赞云：“敬伯登庸，纳言效忠，乃赞邑政，明试以功。”

党荣，庠生。父冕以刑部主事得罪，将遣戍，荣上疏乞代。高帝喜曰：“君亲，人道大伦；忠孝，臣子大节。党荣能笃大伦、全大节。”其令应天府给引还乡，并除父戍。

张建，贡士，山东按察司佥使。因妖女作乱，城陷死。

路俊，字文英。宣德间以强力直文华殿，寻官锦衣卫百户。从英庙北征土木，败绩，俊持金瓜奋击，溃围出，号诸军，无应者。复冲敌营，入，未达行在，力竭遇害。天顺间锡诏褒之，谥昭信，以子诚世袭锦衣卫百户。

党忠，正统辛酉举人，初训磁州，迁榆次教谕。工文词，淹贯六经，旁及法律，靡不究心。迁伊府审理，卒，人咸惜之。子俊以举人知故城，有惠政，升知州，父老扳卧不得行。又相率请留，得以知州视县事，民生祠之。次子伟，仕司训。

刘春，景泰庚午举人。天顺间知冠县，公廉明断，邑民畏而爱之。刁猾屏迹，威信大行。

刘顺，字孝天[一]，景泰乙卯举人。少苦贫，灌园养母。遇方士授以易，学殖日进。每构文，无笔札，辄以木画地成之。岁不给，负米同官山中。值邑宰索某士子文，苦无以应，因款顺请代，顺援笔立成，宰见大奇之。既以儒士举于乡，就试时士争求识顺，其见重如此。比宰夏县，犹衣不掩膝，诚确朴直，有古人风。

李时祥，父宣任城都卫[二]百户，有智略，成化中以讨六川、高梁寇死事，官时祥正千户。贵州土夷畔①，祥随征，所部斩获独多，升指挥同知。

李昶，字道夫，号松轩。貌魁梧，美须髯，有雄略而内忠笃。由成化丙辰进士授德平令，数有措注。归藩王田，裁蔺氏恶，积粟万石，邑民树碑颂其德。已升同知，历佥事。会松州石鼓寨番叛，提兵破之。无何，大盗蓝四起，川东震动，昶亲身逐北，前后四十二战，俘获七千余众，迁贵州左参议。长子宗桥，以膂力闻，破川寇有功。

李宗枢，字子西，号石叠，昶第三子。正德癸未进士，授诸城令，政尚严饬，境内肃然。旋以治绩拜御史，劾都御史汪鋐不法状。既而揽辔上谷，言边机十事，又陈安攘大计，风裁凛然。历官河南臬、藩，皆有声。会河汾寇警，冢宰、科道交章荐其才可大任。晋巡抚，扼要害，禁奢侈，画便宜，中州安堵②。会病卒，不竟其施。宗枢性慧才敏，有干济略，又工诗，善章草，所著有《石叠集》[三]。

梁瀹，字天衢。为诸生时，刻意尚行，让产还金，人服其义。以岁荐任河南府训导，力却馈遗。俸入自具衣食外，辄推以予人。学宪王凤泉亟称之。致仕归，焚香洁坐，课子耕读，乡里推为介士。

杨爵，字伯修[四]，号斛山。生时室有火光，长美姿仪，身长七尺。家故贫，日挟书陇上，耕且读，夜辄燃薪雒诵③。以白兄冤系狱，邑令杨滋览所上书，奇而出之。既从朝邑韩恭简公④学，躬行实践，以圣贤自期许，与椒山公⑤称“韩门二杨”。嘉靖戊子举乡试第三人，未试时于食馆拾遗金，俟原主还之。明年成进士，授行人，三使藩国，却馈不受，转山东道御史，将草疏劾大臣专权状，会以母老移病归，未几，母没，哀毁庐墓，终三年，有冬笋驯兔之异。服阕⑥，授徒讲学。越五年以荐起河南道御史，巡中城，权贵敛避，旋上封事数千言，指陈五弊，皆切中时事。世庙震怒，逮治拷略，几死。是日，都城风霾昼晦，人呼“杨御史风”。比入狱，吏受指加匣锁，沉狱五年，日与周刑曹怡、刘工曹魁相切劘⑦，著述不辍。既上以受厘⑧赦出，甫抵家，复逮入狱三年。高玄殿灾，上于火中闻呼公及周、刘名，因释归为民。二年，有大鸟集舍，公曰：“兆在我矣。”遂卒。病革时惓惓以“作第一等人、做第一等事”饬子孙。隆庆元年赠光禄少卿，万历初谥忠介，所著有《周易辩解》《中庸解》《斛山集》，易庸二解在狱时著。

信按，斛山先生忠梗不减焦山，韩门二杨并称允当。今走卒妇孺罔弗知有焦山，至斛山遗事，士夫之口能举其凡者不少概见，岂垂老生归视毕命西市未可一例称耶？两下诏狱，几化青燐，卒致大鸟，争烈先世矣，媲美焦山夫何疑？

【校记】

［一］孝天：明万历《富平县志》作“孝夫”。

［二］城都卫：明万历《富平县志》、光绪《富平县志稿》均作“成都卫”。

［三］据第一批陕西省珍贵古籍名录记载，陕西省图书馆藏有（明）李宗枢撰《李石叠集》四卷，附录一卷，明嘉靖二十九年（1550）西亭书院刻本，国家名录号06063。

［四］伯修：《明史》作“伯珍”。

【注释】

①畔：通“叛”，背叛，违背。

②安堵：安定，安居。

③雒诵：反复诵读。雒，通“络”。

④韩恭简公：即韩邦奇（1479—1556），字汝节，号苑洛，谥号恭简，明朝邑（今陕西省大荔县）人。正德三年进士，官吏部员外郎，以南京兵部尚书致仕。嘉靖三十四年，因关中大地震，死于非命。韩邦奇文理兼备，精通音律，著述甚富。所撰《志乐》，尤为世所称。

⑤椒山公：即杨继盛（1516—1555），字仲芳，号椒山，直隶容城（今河北省容城县北河照村）人。明代著名谏臣，因弹劾严嵩而遭害，死后追赠太常少卿，谥号“忠愍”，世称“杨忠愍”。著有《杨忠愍文集》。

⑥服阕：三年守丧期满除服。

⑦切劘（mó）：切磋相正。

⑧受厘：汉代有祭天地五畤的制度，皇帝派人祭祀或郡国祭祀后，皆以祭余之肉归致皇帝，以示受福，叫“受厘”。“厘”即“胙”，祭余之肉。《史记·屈原贾生列传》：“孝文帝方受厘，坐宣室。”裴骃集解引如淳曰：“汉唯祭天地五畤，皇帝不自行，祠还致福。”司马贞索隐引应劭云：“厘，祭余肉也。”《汉书·贾谊传》颜师古注则以“厘”为“禧”之借字，言受神之福，与此说异。

王宗尧，字汝敬，号泉冈。嘉靖戊子举人，官郫县。修河渠，建社学，百姓德之。升绵州知州，既而弃官归，父子兄弟蔼如也。今郫县有去思碑。

王来凤，以监生令西平。先是岁饥，道殣相望，凤恻然念之，因谋实廪庾①，为闾阎备。出藏金易粟，益以赎锾②，得谷六万余斛，扩仓楹五十四所。在任数年，毁淫祠，表忠义，平征敛，核会计，政绩不一。兼长听断，案无留牍，尤守清介，升安乐知州，念亲老请归，西平有祠。提学葛守礼记之。

张俭，以岁荐司训献县。为诸生时，学行足式，文人硕士多出其门。比仕，教尤有法，献士宗之。子怀远，博闻强识，复以善教著称，拥皋[一]座者垂二十年，人推世美。

樊盛，监生，任汝阳丞。励清操，勤职业，九载如一日。力救荒灾，尤堪称最。以疾归，为里望人③，当路七旌其门。杨御史伯修纪其事。孙钰登乡榜，咸称德报。

曹汝葵，字子云，嘉靖丁酉举人。祖清，庠生，仕太医院判，加俸世袭。父思让，以茂才仕清海教授，耀州派累富民，思让偕陈睿、王增伏阙奏告得免。汝葵笃志向学，少时读书山寺，六年不窥户。弱冠举于乡，为主司郑端简公所拔，既授庆符县知县，旋改蒙阴。所至吏民畏怀，归结里社，奖引后进，学者称南谷先生。书仿颜楷得其神，著有《南谷前后集》二十卷。子五人，并以文学擅名。长子煌尤尚实践，万历中为关山书院山长，亦善书法。

曹汝菊，字子逸，汝葵弟。兄弟并有文名，人称“双凤”。束发入庠，试辄冠军。嘉靖辛卯举于乡，授平遥县知县，升襄阳府通判，今襄阳有曹山为遗爱碑处。致政后，年甫四旬，与兄互相切劘，学殖益进，书仿颜柳，兼善章草，著有《见山堂草》。

孙惟谦，字幼撝，号前川，孙恭介公父。事继母以孝闻，由选贡授宝坻知县。节爱教民，俾勤耕织，构讼者至公所，训之不听，始责之。县故有银鱼厂，中贵缘以为利，惟谦惩其羽翼，岁省无算。又念县东南濒海，秋时大盗多匿其中，申明保甲先事为备，赖以无虞。后忤当路罢归，囊橐④萧然，民德之为立生祠，郝进士鸣阴纪之。既归，闭门养静，即贵绅过访，罕得一面。殁后，陕西布政使朱炳如题其墓曰“七勿先生”，所著有《家训》及《去思集》传世。

由天性，字纯夫，号严斋。嘉靖癸卯亚魁，有文名。性和厚乐善，取友一出至诚。每检阴骘诸事，以自警惕。初知鄗城，再判合州，所至人感。练乡兵，抗巨寇，厥绩尤著。

李忍，性至孝。偶以狱讼当对，县捕之。差役罗武朱素豪横，求忍不即得，即系其母同行且以绳穿母裳辱之。忍愤然曰："安有辱母如此，尚可共戴天者?"捶朱立毙，自诣县请罪。县官置以法，直指某公重而戍之。

孙丕扬，字叔孝，号立山，嘉靖丙辰科进士。初授行人，时严嵩焰方炽，独谢不往。壬戌升授浙江道御史，巡视居庸、顺天等处，偕同官邹应龙力纠嵩子不法事，士论称快。旋按江北，发奸如神。再按顺天，丰采弥峻。转大理寺右丞，值新郑用事不相能，所亲程文诋丕扬，坐落职。未几，新郑与文皆罢去，起补原官。嗣擢都察院右佥都御史，巡抚保定，深为桑土计，紫荆一带增砖楼三百六座，石垣一千九百余里。会张居正谋逐新郑，倚丕扬为重，权珰冯保居正私人也，托为建坊，力拒之，由是忤居正，乃引疾去。后以修边功升副都御史，而居正终衔[⑤]之，调南京别用。后起应天府尹，历升大理寺卿、户部右侍郎，转左侍郎，风节益厉，以忤时转南京都察院右副都御史，抵里辞疾不赴。已又起为刑部尚书，改都察院左都御史，定有巡方总约，著为令。升吏部尚书，虑铨政流弊，创立签法，复分南北中签调剂之，部选掣签自丕扬始。循[二]加太子少保，嗣以御史赵文炳受用事大臣指劾，文选郎某觊撼丕扬，屹不为动，事白丕扬自念三朝老臣为少年播弄，因抗疏归居。久之复起为吏部尚书，加太子太保，因时事龃龉，归不复起，朝廷数遣官存问[⑥]。先是富邑属耀州，邑人供役甚劳费，公白抚臣奏隶西安，至今颂德。后以病卒于家，事闻神庙，震悼辍朝一日，从优谕祭，荫其子，谥恭介。著有《应世草》《立山诗》《都院奏议》《巡抚约束》《吏刑二部奏议》《格物图》《论学篇》《富平志》等书。孙允杰以荫授中书舍人，累官广西平乐知府，持名节，多惠政。在户曹时，以不附魏珰矫旨追夺丕扬诰封冒死陈言，事得寝，时议多之。

信按，新郑、姚江俱名臣，恭介先生前后离立其间，尚持矫矫之节，不欲稍涉依附，矧江陵与？昵就[⑦]不可，旋成仇隙，权相常态于公，奚伤乎？扬历中外，政绩赫奕，赵宋理学家以文富诸公为大人，恭介其亚也。

【校记】

［一］皋：皋比，即虎皮，古人坐虎皮讲学，后因以指讲席。光绪《富平县志稿》作“高”。皋，通“高”。亦聊备一说。

［二］循：乾隆四十三年《富平县志》、光绪《富平县志稿》均作“寻”。

【注释】

①廪庾：粮仓。庾，露天的谷仓。

②赎锾：赎罪的银钱。锾（huán），钱币。

③望人：有声望的人士。

④囊橐：盛物的袋子。大称囊，小称橐（tuó）。或称有底面的叫囊，无底面的叫橐。后亦代指行李财物。

⑤衔：心中怀恨。

⑥存问：问候，慰问。

⑦昵就：亲近，亲昵。

周文焕，字尧章，号闇然。万历庚戌进士，初授诸城知县，捐俸赈饥，活数万人。癸丑奇荒，募淮商转输以中币衡收，准市价不昂其值。设粥厂七十所，境内大济，惠及邻邑，就者如市。以卓异历升吏部文选司郎中，时魏珰欲相逆党崔呈秀，坚持不应，呈秀数召之，谢弗往。珰婿闫青雷觊超迁，终不可得。珰怒矫旨戒冢宰自为政，勿听选郎，文焕乃引疾罢去，以忧时嫉奸呕血卒。子有凭，三中副榜，性豪迈，有胆识。崇祯间孙总戎白谷兵肆掠府邑，有凭只身诣军门，力请调兵归营，辞色严正，孙不能屈，卒调兵归。又虑流寇焚掳，规创窦村堡城以备守御，至今赖之。

张志达，字通甫。隆庆中捐赀疏渠，人感之，名其渠曰怀德。邑令刘公兑均田之役以达公正，专意委任，又建桥梁、修八蜡祠。殁时刘公助以椁，孙恭介公表其墓。

张执，字叔允。万历己卯举人，由教谕历迁徐州知州，升河间府同知。在徐以修河工竣蒙神宗降玺书赐帑金奖之。既复访拿谋叛妖人赵古元，胁从罔治，活数万人。又识万进士崇德于未遇前，众称“人鉴”。徐郡名宦、富邑乡贤两祠之。

魏汝孝，万历乙未武进士，清水营游击，征寇阵亡，荫其子。

朱崇德，号淳庵。方严谦恭，以子国栋贵封中宪大夫。凡公私、利弊无不直言关白当路。辛巳奇荒，捐济二百余金，本族百余家赖以举火，远来者计口给粮，全活甚众。洎闯逆据关追饷，乃自缢，恤赠副都御史。

朱国栋，字玄培，号西昆。崇德子，母梦神授古镜，光照满室而生。中天启壬戌进士，初任芜湖知县，调休宁，补山阳，三任江南，除奸正田，戢叛兵，异政颇著。入觐授户科给事中，两劾部臣，五劾都抚，丰采凛然。其请更时政奏议，激切中理，人尤称之。转刑科都给事中，数召对，侃侃不阿，升太常寺少卿，以修典礼。膺眷晋山永佥都御史，复晋右副都御史，择将简士，建竖尤夥，军民戴若神明。寻晋兵部右侍郎，镇昌平，以疾告归。甫出都，卒北极寺，上怜之，给葬，荫子。著有《谏垣存稿》《抚关奏议》若干卷。

刘士龙，字雨化。万历癸卯解元，嗜古博学，工诗、古文词，名噪海内，学士宗之，所著有《藿议》《狂言》《醒言》《韵记》《韵语》《月令》《香律》《醉溪斋三刻》《信腕草》《碎壶集》《落花诗》《终南游记》《终南游草》《池阳大会草》诸书，《藿议》言关经济，尤可传述。

唐光耀，字公白。万历癸卯举人，任宣府推官，时为魏珰建祠，耀不列名。又任临江推官，升南京刑部郎中，持法平允，请释失入罪犯陈光衡，人尤美之。后为阉党陷害下狱，死庄烈，时赠奉政大夫。

韩容，字双台。贡士，高隐不出，日以仁义孝弟训乡里。初与杨忠介公同笔砚，杨表其闾曰“凤翔千仞”，又赠诗有“关中高士韩双台”之句。子孙曾（元）［玄］列黉序者四十余人。

田时震，字出孟，号御宿。父见龙，汝州学正，殁祀乡贤。时震中天启壬戌进士，自县令官至侍御，转参政，直言敢谏，触权贵，数黜数起。崇祯末以言时弊忤当事，废弃归里。所著诗文遭兵燹毁于火，余《奏疏》一册、《履难记》一册，李太史子德序之。弟兄多显贵，而弟时需性坦直，内明外刚，临难不夺，遭逆闯寇乱，力拒伪命，弃诸生，尤有兄风。

张橘，天启辛酉举人，初任东阿知县，时南石头民多为盗，抚兵议尽剿，橘单骑往谕，党遂散，取渠魁置之法，余罔治，民大感服。继升昌平州守，给牛垦荒三百余顷，捐修学宫毫不累民。迁本州兵宪，庚辰奇荒，赈米二千余石，人赖以生，兵民敬畏若神。未几，转冀南少参，甫莅任以病卒，不竟所施，士论惜之。

田士亨，以岁荐为秦藩长史，抗阉挂冠归。

何显瑞，天启甲子举人，任陕州学正，和平坦易，嗜古能诗。后知灵宝县事，值闯寇入河南，显瑞力拒不克，后归里，自成逼授以官，逃去。子曰浩亦弃诸生隐居，自有传。

杨之翰，字清宇，崇祯甲戌会副，授夏津县令，仁厚廉明，未尝轻笞一人，行法辄垂泣，民爱如父母。后挂冠归，自号逸叟，年九十三卒，德政文章，脍炙人口。

杜邦举，任鄢陵典史。崇祯十四年城破被执，闯贼知其得民，欲降之，骂曰："朝廷臣子岂为贼用?"贼怒，截其舌，邦举含血喷之，遂遇害。

魏光远，光山典史。崇祯十三年贼陷城，死节。

魏镇虎，平阳营参将。崇祯十五年征寇，死豹子山，赐葬祭。

程云逵，字天衢，庠生。明末逆闯据关中，使贼众要之，不屈，露刃强逼，拒益力，贼以刃剺①面入骨，仆于地，乃去。

赵希壮，文水县典史。崇祯十六年流寇围攻，希壮率乡兵出战，死之。

乔惟忠，天启中任邹县典史。时妖贼作乱，当事多议招抚，姑息养奸，惟忠设法捕剿，挺身捍御，不恤掣肘，贼平，两台交奖，邹民感再造恩，建祠祀之。

陈忠心，庠生，以才品气概重一时。闯寇入关闻其名，使人招之，力拒不从，强逼之行，以官饵之，拒益坚，继以拘缚[一]，迄不少挫，遂见杀。弟正心力兼数人，精武艺，任河南营守备，尝以数骑侦贼，遇大队围之，鼓勇奋击，拔众归，署城守都司。崇祯十四年贼攻河南，请率众出尝贼，贼佯败，诱陷峪中，使人招降，正心戮其使，旋闻城破，乃自杀。

窦汝器，幼颖，既长尚节义，以岁荐授城固司训。崇祯癸未闯寇入关，诸郡风靡。汝器劝邑令缮障练卒戮力拒守，既贼至，众溃，度势危，归整冠带，望阙拜毕，坐明伦堂待之。贼入，杀县令，执汝器，抽刀胁降，大骂不屈，死泮池侧，血渍入石，历久如新。

冯霔，字腴田，博学精易数。明末郑军门延诸幕，筹无遗策。后从孙军门战死河南，子士往求尸不得，哭死。

田而腴，字沃千，时震子。崇祯癸未逆闯僭号②，胁诸绅强授以官，稍抗即械系，以输饷为名檄下伪令。而腴父时震不为屈，贼将逮治，而腴请代。其父预决不免，数谕意而腴曰："父不逃陷父，父子并逃陷宗族，父子俱往俱死，无益也。"卒自行系长安狱，拷掠备至，贼东行，挟至平阳杀之，仆刘麟以骂贼并遇害。时而腴季父时茂亦缘拒逆被逮，子而大协而腴同代父往，以计得脱。虽生死异辙，均以孝行见称于世。

孙忽邂，字舜宾[二]。父世吾被贼追逼，忽邂请代死，弟忽迈不忍，随兄往，同时遇害。

仇养蒙，家贫性孝，亲偶不愉辄长跪谢，俟解始安，亲未食不敢食，负粟耀州，竭力承欢。母病躬汤药夜不解带，父足生痈以口吮脓血，立愈。亲殁，哀毁逾节，庐墓六年，年八十每诣墓作孺子泣。直指上其事，蒙旌。子桂芳以举人仕淯川、中牟二县令，有德政，事母亦以孝称。

李尽心，庠生，援例补鸿胪序班。性孝友，乐施济，婚丧弗举者必周之。尝捐千金建石桥，人称"李公桥"。南游出千余金平商於崎岖，人称"李公路"。入义仓粟满千石，复捐千金修文庙，百金修鼓楼。关辅饥，出二万金赈之，另以百金赈庠生。中丞直指入奏，上异之，特加荣表，赐鸿胪少卿衔，建天下义士坊在南郭，祀乡贤。

孙钟皋，字赓斌，力学笃行，事继母以孝闻。崇祯癸未进士，授宝应令，再署兴化，所在多惠政，民立生祠祀之。闻亲病笃，即辞官就道，抵家犹及觌③面。明亡，与门人张乃第同隐不仕，所著有《天逸集》。

魏麟图，生员。明末群盗蜂起，所过村落并遭屠陷。流寇刘永才暂拔庄里镇，麟图率众死守，约束严整。贼再四攻，卒不克，去，阖镇保全。

【校记】

［一］缚：光绪《富平县志稿》作"絷"。

［二］舜宾：光绪《富平县志稿》作"舜宝"。

【注释】

①剚（zì）：用刀刺入。

②僭号：冒用帝王的尊号。

③觌（dí）：相见。

本朝

张乃第，字魁门，一字愚斋，明崇祯十年举人。少孤，依祖母，比殁，厝柩祠中，朝夕泣拜。偶他出数日，归而入哭几绝。邻人窥之，见其祖母掖之出。既长，刻意尚行，充养深邃无远近，率以“张八爷”称之。明末洊饥，倾赀周恤，养瘠瘗殍，义声大著。剧贼老狪狪攻破诸堡，标其门曰：“犯张八爷者死。”他堡来依，赖以全活。明亡不仕，益励学行，当事者慕名造谒，辄引避，家居教授，成就尤夥。高蹈几二十年，走卒妇孺无不知其名者。相传群少夜过其园，窃食莱菔[①]，一曰不畏其知耶，一曰此张八爷园，知亦不责。后有窃食蔬果者辄相嘲曰：“此岂张八爷园耶?”前令郭公传芳奠其墓，树碑流曲镇东门曰“高士前孝廉愚斋张先生故里”。

信数过流曲，见愚斋先生故里碑，辄停鸾凭式，想见其人。圣朝人物裒然[②]居首，论世知人、评操月旦[③]者或亦见为亟，可弗至惊犹河汉也。

田本沛，字汉元，号华石。父弘道，明时以世勋袭授庄浪左所，奉职惟谨，当事器之。旋念亲老拂衣归，以本沛贵累赠奉政大夫。本沛少敏慧嗜学，目一过辄成诵，以名诸生登崇祯丙子乡榜，癸未成进士。值闯寇据关中，欲授以官，曲避不应。本朝定鼎，授长洲令，招集流移，单心安定。时大兵频过，陇亩骚扰，设法筑垣通骑，不损禾稼。大兵后商贾裹足，乃给帖通贸迁[④]，闻风皆至，兼以催科廉恕[⑤]、折狱敬慎、清漕弊、豁悬租[⑥]、革行户、吏不下乡，民极德之。会以饷刍舟夫供禁旅，计夫数十万，公虑贫富役弗均，按里分派，公帮公雇，公私兼济。再任蒙城，招流劝垦，清催科、刁讼诸积弊，节革帮漕、帮驿诸浮费，葺学筑障，赈民教士，善政累累，视在吴不啻。考满迁工部主事，再补屯田主事，奉使、卫河、治漕、监筑皆有法，毫不累民。迁刑部外郎，升正郎，已而督学闽省，矢公慎，严条教，慎简拔，所取皆名下士，盖公素精人伦，先是乡试同考俱号得人，至其雪诬烛奸，人尤称之。考绩，晋参议，以候补归里屏居，不预外事，孝事继母，敬兄友弟，并崇任恤，殁祀乡贤，著有《家谱》及《蒙城志》《漆园草》《栩栩居存诗》行世。

【注释】

①莱菔：萝卜的别名。

②裒然：出众之貌。

③月旦：即“月旦评”。东汉末年由汝南郡人许劭兄弟主持对当代人物或诗文字画等品评、褒贬的一项活动，常在每月初一发表，故称“月旦评”。无论是谁，一经品题，身价百倍，世俗流传，以为美谈。因而闻名遐迩，盛极一时。见《后汉书·许劭传》。

④贸迁：贩运买卖。

⑤廉恕：廉洁宽厚。

⑥悬租：长期拖欠的租赋。

赵兆麟，字玉书，号圣居。父一韩事继母以孝闻。兆麟有奇才，以举人丁[①]明季乱，闯寇逼授神木道。本朝兵至，谒亲王委署延绥都御史，不数月边镇清宁。奉命入觐，授郧阳巡抚，御寇济饥，民渐安堵。会主兵欲于郧属搜西山贼党，兆麟惧株连无辜，力请得寝。供兵养马，调济有方，招集胁盗悉归，命出俸造江南湖广拨漕运船二百余号，时运夫劳顿苦乏，资粮余米未交三万余石，疏请巡理江路抵汉中，见当事者言民困苦状，且曰若得依汉中米价，折输良便。当事首肯，归即具疏陈前事，蒙允折解余漕留襄，准作楚军口粮。已复兴文教，辑襄志，建城楼，禁苞苴，革火耗，垦荒恤驿，简讼惩蠹，历六年以疾告归，卒于家，著有《春秋点注》。祀乡贤，又祀湖广名宦。

袁廓宇，字子远，号绥南。少习兵略，抱经济才。国初受知内相洪承畴为参政监军，运筹指示无遗策。乱定叙功授池泰兵备道，旋擢七省漕储道。值洪公经略南省，简命巡抚偏沅，共理军务，楚滇悉平。在沅八年，尤多政绩，后以兵部侍郎、右副都御史予告归。居乡敦崇孝义，多所建营，卒祀乡贤。子建业以敌忾捕讨功累官山东协镇总兵，莅官、居里咸有懿迹，事母温氏尤以孝闻。又杨味道、王惜民皆以谋略参洪公承畴平五省。

宋尔和，字释之，以字行，生而敏干性嗜学。家故酷贫，里人石哈行爱其才，资给无倦色。释之学稍弛或小过误辄极口诋呵，释之奉若严师。明末寇乱偕隐某山。本朝靖逆，张侯勇闻释之名，以卑礼迎入军幕，一见大奇之，委以腹心，军中事无大小悉取决释之，谋无遗策[②]，发必奇中，佐侯屡奏肤功③，受上赏岁酬不下数千金。既辇积岁所获为哈行寿，哈行笑不纳，力劝其归。释之、哈行皆不娶，故归即迎哈行同室居，金币盈室中，纵横填委，有以缓急告者，无亲疏听以己意自取用。久之，哈行复劝归隐，遂偕入华山，不知所终。哈行志节尤奇，隐佣保中，强敏趋事不计值，有终岁服勤不受一钱者。少暇携畚锹行陌上，拾诸兽物满则随意壅垄苗，迄不问谁氏田，有货恶弃地、力必出己④风，所获佣值悉周贫乏，于释之尤极力供给，成其学行。哈行名可思，里称“哈行先生”。“哈行”语不可解，蒲城杨本涵以为“夷然不屑”意。

信按，释之、哈行，一代奇人，传其事者互有异同。昔人云古人遗事传闻互异，从其佳者，爰依斯例传之。

【注释】

①丁：当，遭逢。

②遗策：失策。

③肤功：大功。

④货恶弃地、力必出己：语出《礼记·礼运》之“大道之行也”：“货恶其弃于地也，不必藏于己。力恶其不出于身也，不必为己。”

田文耀，字君白，庠生。天性孝友，文学优长，为冯恭定公①高第②弟子。明秦藩招试雪竹牡丹诸诗，赏其工丽。永寿王延为上宾，既请业焉。明亡弃举子业，绝意仕进，吕学使云藻曰：“吾阅士多如田，子真学者也。”长子德溥性行和平，事亲尤谨。尝通宵侍侧，父命之退，已复潜入，屏气立夜半，父下床溺，急前扶持，父惊，问知为溥，笑曰：“良苦汝。”又以礼自束检，虽酷暑，衣带必肃整。里有群聚嬉哗者，见其过，掩户匿声，曰：“此可令西院大秀才见耶！”

王汝德，顺治初授金华主簿。时值闽寇甫平，尸骸遍野，躬督夫役捐给棺木，广为掩埋，悉免暴露。招抚流亡数万家，俾各复业。既而缺[一]裁以保荐留。升永康县丞，洁己爱民，永人至今感之，臬司刘自纮保留详册尚存。又康熙初李鹍鸣任湘潭县丞，遭吴逆变乱，迫授长沙知府，坚拒不从。

何曰浩，字志海，号四周，明学生。遭闯寇叛逆，辞文庙，焚衣冠，衣白袷[③]，终身不易。家贫甚了不介意，辟园名五柳，筑此君台日率童蒙咿唔其间，暇辄瀹茗理琴，啸咏自得，而事亲则敬养委至，亲没，致毁三年不见齿，祭必虔。后以遵例举隐逸，前令某公折柬[④]相邀，答诗有“劝君休下陈蕃榻，不是商山四皓人”之句，迄不赴，著有诗文若干卷。

乔惟华，字峙伯。父若樌，明末岁贡，有学行，游其门者多所成就。闯寇据关中，胁之仕，以死拒之。惟华传父业尤邃于理，以名士举制科，两试皆佹得复失，遂弃去，教授生徒，以人伦为己任。执亲之丧，哀毁三年如一日，先是奉父偕隐，曲尽色养。国初澄叙[⑤]官方，走檄命县官敦促其父，坚辞不起，遂与惟华皆终身韦素，为“盛世逸民”云。

【校记】

［一］缺：光绪《富平县志稿》作“簿”。

【注释】

①冯恭定公：即冯从吾（1557—1627），字仲好，号少墟，卒谥恭定，西安府长安（今陕西省西安市）人，著名思想家、教育家，晚明著名学者。万历十七年（1589）进士，官至工部尚书，创办关中书院，人称“关西夫子”。

②高第：指学习成绩优异。

③白袷：白色的夹衣。

④折柬：裁纸写信。

⑤澄叙：清理整饬。

王义民，嘉善县防守游击。顺治三年流贼余党窃发，义民挺身出战，所向披靡。既贼设伏峪中诱之，复单骑深入，遂遇害，同官刘肃之率敢死军数百人夺其尸以归。

孟孔脉，字祖尼，顺治乙酉举人，授稷山令。听断明允，邑无冤抑，尝割俸赎民鬻子百余人。富邑阴家河病涉，捐资筑石桥以济行旅。又筑堡寨，联守望，为族人代完逋赋，里党赖之。事详《通志》。

李鹏鸣，字图南，号约庵，顺治乙酉举人，授中部教谕，以优荐迁密县令。甫下车，访民间疾苦，叹曰：“防决无术，供师靡费，清占多徇，有一于此，恶用令为?”因悉力兴革，纪绩诸曹者凡十有四。被诏入谏垣①，为礼科给事中，累历兵、礼两科，遇事侃侃直陈，多所建白。癸卯校士两浙，矢公慎，得人为盛，著有《谏垣奏议》。

王继祐，字植三，号痴庵。幼颖，稍长知向学，入庠后试辄冠军。顺治乙酉举于乡，久之选授镇平知县。县故岩邑②而土瘠民贫称难治。继祐下车即革供帐诸物，除弊惩蠹，劝耕抚逃，尤崇学校，兼长听断，其他清盐课、厘屯田、举常平、兴养济、葺县治、修邑乘，善政累累不胜纪。豫抚张公方力荐铨拟内擢，遽请老归，以子象天贵封奉政大夫，著有《信心草》《四书真[一]解》，俟刊行。

魏象胤[二]，字明阳，顺治乙酉举人，授良乡令。明季兵燹后良民凋敝，而地属畿辅，差驿惟繁，公私疲困。象胤力白上宪，委曲调剂，民赖以苏。又以学宫茂草、业儒者少，首葺文庙兼立义塾，延名师启训，由是文风丕振、俊造成林。邑人感而祠之。既升顺德府通判，辞不就。里居义举尤多，详载邑人李太史因笃记中。

何翊汉，字建侯，顺治丙戌举人，授江都令。剔弊决狱，众号“神君”。值海寇侵疆，民散，独从郡守登埤死守，城赖以完。丁父艰③归，年甫强仕④，以养弗逮亲⑤不复起。

范应侯，字次公，顺治丙戌举人，授费县知县。洁己惠民，三年告归，环堵萧然无加于始。前令郑昆璧表其门曰“一代伟人”。

孙一鹍，顺治时任广东水师总兵，征海寇战死，事闻赐葬祭，赠光禄大夫，世袭哈番⑥。

【校记】

［一］真：乾隆四十三年《富平县志》、光绪《富平县志稿》均作“直”。直解，直接领悟，即时了解。

［二］胤：乾隆四十三年《富平县志》、光绪《富平县志稿》均作“荫”。

【注释】

①谏垣：指谏官官署，即专职进谏官吏的办公场所。

②岩邑：险要的城邑。

③丁父艰：即丁父忧。

④强仕：四十岁的代称。语本《礼记·曲礼上》："四十曰强，而仕。"

⑤逮亲：双亲在世而得以孝养。

⑥哈番：小横香室主人《清朝野史大观》卷二《满语》："满语哈番为官。"

王象天，字文石，号颖山，继祐子。顺治丁亥进士，初授临漳令，自奉菲薄，教民各勤职业，游惰有罚，任六载迭撄灾祲，三请蠲额计万余两。又久雨河溢，坏城八百余丈，率属捐俸重修。开渠泄水后水复大发凡四次，城余三板[①]，迄无恙。行取授太仆寺丞，遵谕陈言，奏漳民三苦，乞恤协济、明经界，均优免。奉旨允行升户部主事，转贵州司督储临清，酌量缓急，河无需艘，出监新西关，清浮额银万余两。历江西、山东二司，除旧例帮船银数万两。甲辰典试山西，取卫既济、邵嗣尧等四十人。丁艰终丧，补湖广学道，矢公慎，勤搜罗，详除官童票发顶冒，改拨四弊，选拔得熊赐瓒、江蘩诸名公，未竣事以病卒于官。象天性仁孝，善体亲心，事继母无异所出，爱诸弟如手足，族戚待而举火者数十家，皆恪奉父命无少违，著有《望云轩集》《王氏家谱》《刑戒注释》《学政条约》若干卷。

石在阊，字云门。由选贡授中书舍人，既参亲王幕，从征云中，以功升授福建督粮道，罣误[②]落职，久之事白，授昌平兵备道。时以圈地后民殊困窘，在阊捐牛种，督垦荒地　万余顷。旋以久雨米商罕至，举城嗷嗷，在阊区处借粜，兵民俱苏。后值水旱，设粥厂，施布匹，存活甚众。又建议区兵民居，筑城隍[一]，修仓储，葺学舍，弥[③]盗抑强，以治行最赐玺书、章服褒美，逾年升授苏松粮道，力陈漕务利弊，裁陋规，撙[④]供应，清欠革耗，省费三十余万。丁艰服阕补湖广粮道，值寇据茅庐等山，禁旅南下，在阊转饷不竭，士皆宿饱，以积劳卒。

杨绍武，字式谷，号悔堂，忠介公六世孙。顺治己丑进士，授永嘉县知县。濒海严疆，民疲吏玩，豪猾横肆。绍武下车，抑强字弱，新政可观。时有妖僧交通上官，大倡邪教，绍武招谕。僧倚势抗凌，遂予杖致毙。上官恶其异己，旋以轻视国课奏罢之。归里后授徒讲艺，富、蒲、宜君、白水登甲乙科者多出其门，著有《铁舟意草》等集行世。

【校记】

［一］隍：乾隆四十三年《富平县志》、光绪《富平县志稿》均作“垣”。

【注释】

①三板：古代筑墙、坟所用的板，每块高二尺，三板为六尺。

②罣误：因事受蒙蔽而犯了过失。

③弥：通“弭”，平息，消灭。

④撙：裁减，节省。

韩文，字斗山，顺治丙戌科举人，文安知县，升滨州知州。博学能文，继恭介公著《富平志》，稿未刊。

朱廷璟，字山辉，国栋子。幼聪颖，既长，性严毅，言不妄发，临大事从容有断制[①]。顺治庚寅成进士，授检讨，调工部主事，累迁吏部文选司，出为晋省口北道，累补山东登莱、豫省河北、粤西左江分守道，清慎自矢，剔弊兴利，所至政绩懋著。自粤还，过洞庭，值风浪，苦舟轻，借邻船铁二千斤压之，乃济。解绶十年，乡评尤美，著有《循寄堂集》《古文函始》《古文函余》《仕学箴语》《闲默堂文约》《镜波园花木谱》，共七十余卷。

魏自禄，号西侯。少从军辽阳，顺治十八年委补沂镇千总，屡著战功，升授重庆守备。未几，吴逆寇蜀，自禄誓不降贼，将数骑入闽，归康亲王为前部，讨平海寇吴化等，初授惠安参将，旋署督都同知，封荣禄大夫，推升成都副总兵，以年老致仕归。

陈有虞，字大陆，顺治壬辰进士，任仙游令，劳心抚字[②]。二年值海寇攻泉漳，郡县吏望风奔溃。移兵攻福州，以仙游为福南藩蔽[③]，亟攻之，有虞守御有方，不能克。既遣贼十余人薄城说降，有虞射之，毙其一，乃退。有虞故善骑射，莅任初即虑贼猖獗，募乡勇二百人，自将健丁十五人董率[④]，编成队伍，复缮楼橹[⑤]、修守具、设赏格[⑥]为桑土计。贼入境，辄自率擒俘，称勍[⑦]卒。时抚军佟公亦以仙游地冲调兴化镇游击王嘉祯率兵三百协守，故贼树栅环攻不遽克，攻久之，复射书城内说降，设格募致县官，有虞得书，集士民示之曰：“杀吾以降众可活。”咸泣下请死守，数日复说降不答，守备愈严，又数引兵出城擒杀。贼怒，益兵力攻，火炮、冲梯一时并举，有虞随宜捍御，攻七日迄不能克，贼计穷，更于城下说降，有虞抽矢射杀之。抚军佟公闻贼攻仙游，势危急，檄兴化副将杨进忠赴援，进忠逗留不进，贼侦知，围攻益力，有虞、嘉祯立箭炮中指挥截堵，贼稍却，乃暗穿地道使细作夜入城，约奸民举火为内应，擒之斩首示贼，贼相顾失色。有虞虑民变，集绅士申前议，皆感泣誓如初。贼数失利转怒，因大益兵合二十余万集城下，凿地道，纳火炮，名地雷，绕城俱发，声势撼天，城崩二丈余，贼蜂拥入。有虞知事溃，约嘉祯分卒巷战，自率健丁转斗而西，身被重创，忽马蹶仆桥侧，中枪死，嘉祯亦战死东城魏公祠前，健丁赵启逊、朱世杰等从而战死者十四人。城破五日，三官堂僧海珏入城于积尸中检其尸，面如生。长子常夏冒死入闽访得，载归。事闻赠福建按察司佥事，荫一子入监，赐祭葬。子常夏苏州知府，时夏平湖知县，肆夏宁化县丞，均有善政。常夏子协浚，句容知县，励清操，祷神驱虎，民尸祝之。协哲，江阴知县。协文，有文名，以进士任宁德知县。协哲子崇礼，富阳县丞，五署县篆并励清操，循声大著，著有《堤盐纪略》。

信尝读昌黎叙次张睢阳守御殉城事，岳震星寒，凛然起敬，近览仙游先生遗事，何其直与睢阳相逼似也！繄惟先生，盖即同事诸人亦复举似南八、万春辈，无不可以伯仲。齿薰沐排，传既脱稿，反覆点次[8]，忠愤感人，几于龈裂爪透也。

【注释】

①断制：决断，判断。

②抚字：良吏安抚体恤百姓。

③藩蔽：屏障。

④董率：统率，领导。

⑤楼橹：古代军中用以瞭望、攻守的无顶盖的高台，建于地面或车、船之上。

⑥赏格：悬赏所定的报酬条件。

⑦劻：强，强劲有力。

⑧点次：评点编次。

陈开虞，字嗣徽，有虞弟。有虞任仙游时，开虞方游吴越。闻兄殉城死，哭奔闽海迎其柩。值定远大将军求文武才，招试数百人，开虞与焉，居第一，承制授漳州同知，缮雉堞，严斥堠，募勇敢，寇不敢窥，民赖以安。连署龙溪等四邑，皆有政绩，升江宁知府，在任六年，大兵大役，支应有方，毫不累民。又清案牍，辨冤狱，释株连，活凡数十人，力请除浮赋数千金。子芳夏，以太学生任武康县丞，援升例补义宁知县，调荔波县。在武康察革积弊，佐以安静。在义宁除陋规，清滞狱，葺学筑城。在荔波化蛮俗，禁仇杀，哄斗恶习一变。

田而穟，字秩臣，号漆厓。父时旸，明末以诸生入太学，累授重庆府、太原卫经历，所至有善政。予告归，济荒周贫，恩覃里族。生而穟时有异兆，既长学成，顺治庚子举于乡，久之授固原学正，调岷州卫学正，卒于官。而穟性孝友，刚方不阿，动必以礼，两试学博，先行后文，提觉有方，同官上司皆深加齿遇，谓为“当世古人”。所著有《怀山堂文集》六卷、《诗集》十四卷、《诗余》三卷、《经史随笔》六卷、《五行经子午箴》三卷、《程典注》二卷、《田氏家乘》二卷、《惊枕录》二卷、《传章七程》，以贫故不能梓。侄甚衍，性刚方，博学强识，著有《同心轩诗》十卷、《文集》六卷、《正字录》二卷。

石天枢，字左函，在阊子，性仁孝，以康熙己酉举人授内阁中书舍人，迁户、工二部郎中，擢天津道。莅任后冰蘖[①]自誓，正身倡属，礼士恤民，实政可纪。因罣误革职，津民数万叩阍[②]保留，奉旨免议，再任江南督粮道。江南财赋甲天下，务繁弊滋，天枢守洁才敏，事无巨细，不假胥吏手，制府甚重之，后缘入都候补。值西逆作难，奉新例自备劳费，身任转输，军功议叙加二级，纪录三次。补职在即，自念精力渐惫，旋里[③]不起。至圣祖西巡迎驾潼关，承温旨[④]奖其精健，谕令补官，以老病确辞，蒙赐御书临明臣董其昌书法一幅。天津政绩详《德政录》。

李因笃，字天生，号子德。八岁能文章，年十一入庠，值明末寇乱弃去，肆力古文词，尤长于诗。康熙十七年诏集诸儒纂修明史，廷臣疏荐之，以母老乞罢，不允。十八年御试，授翰林院检讨，未两月即疏乞终养，疏略曰：“臣母年逾七旬，属岁多病。随经具呈吏部，吏部谓称亲援病，恐有推诿。窃思己病或可伪言，亲老岂可假托？臣虽极愚不肖，讵忍藉口所生指为推卸之端？臣仰图报君，俯迫谂母，欲留不可，欲去未能，瞻望阙廷，进退维谷。”疏三十七上，始允归。抵家后，寝食汤药，每事躬亲，越五年母殁，不复仕。性敏绝，博极群书，又好汲引后学。问字者无虚刻，或有过必婉词规勉，未尝以声色加人。昆山顾征君炎武尝集杜句题赠云：“文章来国士，忠厚与乡人。”盖实录也。卒日，里谥文孝先生，著有《文集》三十五卷、《评汉诗》十卷，邑人故乐昌令田若琬镌以行世。弟因材，性孝友，著《耦园集》《姓氏考》。

信按，子德先生词坛宿老，价重鸡林⑤，文盛矣。甫举宏博，以母老辞，将计偕⑥，复再三辞。入都未试具牒辞，既授官具疏辞，久乃得请归养终身，孺慕洵乎孝子也，殁议私谥文孝，并称宜哉！

【注释】

①冰蘖：寒苦而有操守。语出唐刘言史《初下东周赠孟郊》：“素坚冰蘖心，洁持保贤贞。”

②叩阍：指吏民趋宫门陈诉冤屈。阍，皇宫门。

③旋里：返回故乡。

④温旨：温和恳切的诏谕，对帝王诏谕的敬称。

⑤价重鸡林：形容作品价值之高以及流传之广。鸡林，古国名，即新罗。据唐元稹《白氏长庆集序》记载，诗人白居易的作品深受读者喜爱，广为流传，连鸡林国的宰相也出高价让商人代购。

⑥计偕：汉时被征召的士人皆与计吏相偕同上京城，故称为“计偕”。《史记·儒林列传序》：“郡、国、县、道、邑有好文学，敬长上，肃政教，顺乡里，出入不悖所闻者，令、相、长、丞上属所二千石，二千石谨察可者，当与计偕，诣太常，得受业如弟子。”司马贞索隐：“计，计吏也。偕，俱也。谓令与计吏俱诣太常也。”

党国虎，六岁母亡，寄养舅氏。父普宽、兄廉生为族子国孝殴死，以事未露国孝幸免，国虎恚①甚，揣力弱未能报。年十九岁乃诱国孝于野，并其子寻儿挝杀之，诣县自首赴狱，令欲加恤，国虎念父仇已雪，自经死。前令郭公传芳创孝义祠，首肖唐复仇孝子梁悦像，以国虎配。

康保民，字子元，行优学富，为名诸生，遭乱弃去，益迪厥德，年高弥劭。邑名公李子德赠诗有“排纷时所赖，洁己古为徒”之句，朱树滋表其墓。弟安民倜傥尚义气，重然诺。作民敬兄爱侄，天性尤笃。

田若琬，字未若，号少华。本生父本建，以孝友重闾党，兼擅文名。甫生若琬，兄督学公本沛妻刘恭人抱归养为己子，既长，好学多识，内行尤醇备。随任京兆，以诸生入太学，中顺天己酉举人，授乐昌令。初下车，念邑界楚疆，滇变蹂躏，因务抚字不急催科，减额耗十分之四。某抚宪行均差法，杂派浮正赋，他令皆谨奉行，民甚苦之。公独以贫瘠告，得免派。乙亥值荒，捐米千余石，煮粥活民。又念昌邑久无登甲乙科者，修文庙，立义学，课士惟勤，文风一变，科名不绝。在官十余载，服用如寒素，家不增尺亩，独以向诺李子德先生代刊诗集之嘱出俸百余金镌以行世。公留心经济，自性理外，兵农诸学、射御技勇无不娴习。顾小试一邑为当事所格，不克大展。子六人皆名士。

成言，字默之，号卤川。事母至孝，每定省[②]值母合户，于窗前肃揖，头必至地。贫而有守，耻干人师，事李二曲先生，以圣贤自期待，劝善规过，力持风教。二曲殁，服丧三年。丁酉岁讲学泾川，官士服教者三十余人。前令杨公勤踵门投后学刺，聆教益如严师，著有《大易》《四书易简》《成氏家训》及《一贯图》。

乔尔斗，号漆滨，有志节，隐居教授，耄而好学，言理恪遵洛闽，文喜韩柳。李二曲先生以“贫而无谄”目之。桐城方阁学灵皋[③]昆仲慕其名，尝寄书订盟称神交。门人登贤书[④]者三人，入庠尤夥。所著有《博约说》《孔颜所乐论》《四书辩难》及诸杂文，惜罹回禄[⑤]，存仅十一。

窦人龙，字仲永，号默斋。赋性纯明，不慕荣利，少习举子业，旋弃去。潜心正学，肆力经史，李二曲先生一见许之，曰：“厚重沉潜，可与入道。”授徒百余人，以先行后文为宗，事亲曲尽子职，父病祷天尝粪，既殁，庐墓三年。事长兄如父，兄殁粤东官署，值兵乱道梗，人龙冒险迎归。事嫠嫂加敬慎，比殁，殓葬如礼。处里党言不妄发，一介不苟取，终身不入公门。前令郭公传芳慕其为人，欲一晤，力辞不赴，乃造庐就见，匾其门曰“理学名儒”。

【注释】

①恚（huì）：恨，怒。

②定省：子女早晚向父母请安问好的礼节。

③方阁学灵皋：即方苞（1668 年 5 月 25 日—1749 年 9 月 29 日），字灵皋，亦字凤九，晚年号望溪，亦号南山牧叟。清代散文家，桐城派散文创始人。方苞雍正十一年迁内阁学士，清称内阁学士为阁学。

④登贤书：科举时代称乡试中式为登贤书。

⑤回禄：传说中的火神名，后多借指火灾。

李思沆，字圣知，号澹庵。父愫，乐善好施。沆性孝友有父风，由选贡授东莞令，惩顽缉盗，尤善摘发，兼励清操，行取刑部主事，数讯大狱，多所平反，卒于官。

魏朝琏，字烨[一]然，性孝友。明末父□官怀庆府仓库局大使，卒于官。琏年十六独扶榇①归，值闯寇扰河南，道路梗塞，昼伏夜行，渡黄河舟子诈财诘以藏兵，欲开榇捡视，厚赂始免。爱胞弟文籍如手足。康熙二年任广信府兴安县尉，不用行户。壬子吴逆变，摄邑事，甲寅实授，会耿逆复作，郡邑沦陷，守令尽逃，避入南昌，知府高语弋阳巡司以书招琏，不应，益奋励率城中男女殊死守半月，城陷，贼授以冠带，掷地大骂，遂遇害。

曹玉珂，号陆海，顺治己亥进士。生而颖异，授书一过辄不忘，下笔千言立就，初授寿张县知县，政尚廉平。内召擢中书舍人，卒于官。棺衾②不具，王又旦③哭以诗曰："家无旧业留京兆，世有君才止舍人。"玉珂诗古文词皆名家，新城王阮亭、颍川刘公勇、同邑李子德诸公罔不推为一代作者，著有《缓斋初集》《大河志》[二]《史论事论杂诗》[三]，已刊行，其《缓斋二集》《终华仙迹志》《祥刑录》《左国史汉臆评》诸书藏于家。孙秉仁，由教谕改江夏丞，累官至宁波知府。

唐文昭，字含章，庠生。父殁，斋居三年，继母偏爱己子，因逐昭别居。益肆力稽古，精理数学，御史何承都[四]造访其庐，赠以金，却之固，赠以布献诸母，母卒悔悟呼归。家故贫，每值大祲，邑人重其学行，敛粟赡之。前令郭公传芳创祠祀孝义三人，文昭与焉。

张愫，字子丹，号月庄。康熙壬戌进士，任崇仁令。请发仓赈贷，禁溺女。有虎患，为文祝城隍，虎遂屏迹。历官户、刑部郎，清慎自矢。督学广西，革场弊，正文体，绝夤缘④，所拔皆单寒⑤名士。

王雍，字默公，号华麓。康熙壬戌进士，授鲁山令，政尚严明，豪猾屏迹，久之治化大行。报最⑥，召拜兵科给事，慷慨任职，以先时发帑赈秦当事者怙势恃援、骩法干没，特疏攻之。闻者咋舌，或谂雍，雍曰：“天下事予所欲言有大此者，姑以为兆耳。”章未下，旧疾发，告归，未几卒，囊无余财。子二：长作霖，己卯举人；次作楫，庠生。

许襄，字赞公，康熙甲子举人，恬淡寡营，守正不阿，楷范来学，章缝著《美士论》推为宿老。

惠䨓嗣，天性至孝，文学优长，康熙辛未成进士，授通海县知县，善政多端，上宪咸相引重。莅仕八月卒于官，著有《自新》《应用》二录。杨公名时、李公二曲、同邑李太史子德咸为立传，载家乘。

窦祖禹，字大绪，少不羁，康熙壬辰成进士，授婺源令，兴利剔弊，政声颇著。某科入帘⑦，卒闱⑧中，婺民感德共请迎柩归婺，筑坟建祠，春秋祀之。著作散逸，存有《待删草诗集》一册。

【校记】

［一］烨：原志此字缺笔，乾隆四十三年《富平县志》、光绪《富平县志稿》作“华”，均系避康熙帝爱新觉罗·玄烨讳。

［二］《大河志》：据第一批陕西省珍贵古籍名录记载，西安博物院藏有（清）曹玉珂撰《大河志》八卷，清康熙刻本，国家名录号08054。

［三］《史论事论杂诗》：光绪《富平县志稿·艺文》作“《史论事论杂记》”。

［四］何承都：乾隆四十三年《富平县志》、光绪《富平县志稿》均作“何丞都”。

【注释】

①扶榇：扶柩。榇（chèn），棺材。

②棺衾：棺材和衾被，泛指殓尸之具。

③王又旦：字幼华（1636—1687），号黄湄，郃阳（今陕西省合阳县）人，明末清初著名诗人。清顺治十五年（1658）戊戌科进士，初授推官，后由潜江知县升任吏部给事中、户部都给事。博学能文，善雕章绘句，文采风流，官声、诗名并重，时与诗坛领袖王士禛并称“二王”。

④夤缘：攀附权贵以求进身。

⑤单寒：家世贫穷，出身寒微。

⑥报最：旧时长官考察下属，把政绩最好的列名报告朝廷叫“报最”。

⑦入帘：科举考试时阅卷官进入试院履职谓之“入帘”，其在考试期间不得外出。

⑧闱：科举时代对考场、试院的称谓。

师士式，字完贞。性耿介，持己端方，知蓝山县。值蝗，祝天，蝗即死。引舜水灌田百余顷，劝垦荒地二万余顷，招流安集五千余家，礼贤士，课农桑，弭盗锄奸，宽徭革弊，尤善听决，以卓异擢吏部员外，祀蓝邑名宦。又摄宁武、临武，皆有政绩。

陈范，康熙丁未武进士，授守备，擢广东碣石镇游击。十九年海寇犯，甲子所击败之，三月进征磊门，五月征鸥汀背海口，俱有功。二十一年从大兵平台湾，沿海悉定，除甘州城守参将。三十八年升汀州副将，巨寇朱绍啸聚龙门山，永定、归化诸县大扰，范率兵捣巢，一鼓平之，民赖以安。

杨贻清，字白公，号介庵，诸生，事继母以孝闻，与李子德、李二曲诸公游。晚年授黄陂丞，康熙三十年关中饥，民流移入楚者塞道路，奉委安抚，调度有方，全活招归以数万计。在黄请除漕费，至今尸祝。

仇延祉，字召先，号天庥，孝子仇养蒙曾孙。康熙癸卯举人，任凤翔教谕。值军兴，宪檄代催军需，力却私馈，民感之。壬申大荒，姻友就食学署者，供给无倦色。

朱树滋，字长源，号迂庵，廷璟子。生而岐嶷[①]，十岁知书，以诸生入成均[②]为司成[③]，王阮亭先生所拔识，与同邑李太史子德、姑苏顾宁人、太原傅青主二征君相友善。诗古文词皆绝人远甚，居家崇孝友，居乡宏施济，尤见推奖。著有留雪斋诸稿，藏于家。

巴廷杰，乐安典史，三藩作逆，城陷不屈死。

王维威，康熙三十三年任石城典史，视事甫三日，闽逆来攻，与照磨李道明协力守御，昼夜登陴，二旬乃解。十五年刘应麟兵至城下，维威与战，破之，尝巡城流矢中臂不为动，三载寇平，卒保危城，维威实有力焉。载《通志》。

魏万捷，字延之，汶上主簿。河工旧例，工食多侵欺，万捷一切清算，即以羡数倍给工人，并捐己囊若干，夫役踊跃趋事，每一堤成，历久不坏。

来珽，字叔和，号定斋。辛卯举人，授乐亭令。孝事孀母，暂离辄不安，母殁，执礼尤至。在官时拳拳以爱民，为心不畏豪贵，不迎合上司。值水漂民舍，捐助修复，令筑堤防护，民德之。著有《正学书》《警觉录》《探源编》，藏于家。

【注释】

①岐嶷：形容小孩才智出众、聪明特异。嶷（nì），幼小聪慧。

②成均：古代的大学。

③司成：职官名。掌理教育的事，有大司成及少司成。唐时改祭酒为大司成，司业为少司成，后复旧。

李樾，字旬永。祖春先，以诸生入太学，性孝友，乐施予，律己方严，接人宽恕。友人某既绝交，遭奇祸，潜髡其女托之，善遇如己出。父济，顺治戊子举人，任惠来、永城二县令，有能声。樾中康熙己卯科举人，雍正四年部选赞皇知县，引见日以耳聋自请改教职，世宗宪皇帝嘉其忠诚不欺，特加录用，莅任未几致仕归。樾学殖深厚，教泽所及，克自成立者指不胜屈，士夫称之。其伯父泽东平同知，弟栻以进士任永定知县，各有政绩。弟樟有传。

李樟，字章木。生而颖异，稍长就学，以大成自期待。为诗文皆自成一家，以名诸生联捷乙酉、丙戌甲乙榜，谒铨得东粤平远，地险风陋称难治。樟至，厘积牍，除宿蠹，苞苴请托皆严绝，不少假力，表孝子，捐设义塾，甫数月治化大行。会邑绅某某以某乡五庄田腴赋轻拟律侵凌，控惠潮道下府按之。樟念五庄民命系片壤且岩壑回互、林樾丛错，势难均理。密遣人授意而别差县胥随道吏往视，至则百姓皆携眷冒雨立山上，呼曰："累年力垦，得尺寸地，必见夺，即吾辈骈死矣，无宁弃之去。"归报府君，因据状详请，事乃寝。又某某以触禁出二百金托某绅求为地，其人来谒，语移晷①，惮樟严毅终不敢发。邑旧规具公办银三千两，前令循例恣用，樟尽详革。督抚方合章荐，樟遽以病乞休去，合邑遮留②依恋，立祠祀之。樟亦洒泣相慰，其留别诗有"犹窃循声烦父老，遂叨尸祝混明神。

欲把临岐双眼泪，遍随秋雨洒良苗”之句。归里十七年，家政乡行脍炙人口，病革索笺自书曰：“誉咎丛生，未免乡人谁定论？质文顿尽，且乘大化自全归。”掷笔而逝，著有《常华园诗集》，已刊行，余藏于家。

唐作肃，字雨休，生而岐嶷，太原傅征君青主一见奇之，决其大成。年十三值母病，日侍汤药，夜处母榻下，中湿成患，迄不痊。然力疾向学，以博淹著，诗文皆绝。人执贽[3]请业，经其指授者皆成名，下士樊元助、赵廷健、王吉士等各魁一经，卢重吉等二十二人有声庠序，英才济济，辉映门墙，识者颇欲拟诸河汾[4]。孝友慈祥，尤为乡里所推重云。

路立孔，字东山，天才英迈，嗜古工诗，不乐仕进，尝游朔方，与高僧、灵芝为方外友。赵忠襄公延为上客，未几旋里，偕同里魏季始读书明月山寺，老而弥笃，著作甚富，有《春草堂遗草》行世。

周懋康，字宁人，高隐不仕，长于诗，以邑人李太史子德为宗，王阮亭、孔东塘两先生极力推之，有一代风雅之目。

【注释】

①移晷：指日影移动，比喻经过若干时间。晷，日影。

②遮留：拦阻挽留。

③执贽：持礼物作为相见之礼，多指谒见师长。

④河汾：隋代王通设教于河汾之间，受业者达千余人，后以“河汾”指称王通及其学术流派。参见《新唐书·隐逸传·王绩》。

王者公，字亮臣，宜阳典史。邑北道通数省，居民稀少，为群盗出没地。者公捐俸造屋数十间，给牛种招人垦田，立庄两处，一名安远，一名王建，嗣是居人渐密，行旅无虞，事详《宜阳县志》。后值民变，者公挺身出谕，事乃平，活数万人。又山路冲决，往来不便，捐建石桥，众感之，树碑其侧名“王公桥”。以病归，民立生祠祀之。

窦琳昌，父鸣凤以三战斩获功授世袭指挥，早亡。琳昌事母孟氏曲尽子道，母病，尝便以孝行举。蒙旌，月给米布，殁，入忠孝祠。

郝振纲，监生，性惇实，事寡母以孝闻，事无大小皆恪遵母命。年十五入市鬻线拾银八两，坐待失者。至暮，母遣人唤归诘其故，喜曰：“待之良是。”诘朝[①]失者至，母辄令还之。既长，习幕学为养母计，应聘入晋，不忍离母，将以行，久之归。母闻堂侄妇贫寡鬻子，怜其孤苦，振纲即赎归抚之。又教振纲养同族孀妇子郝仕得成立，葬族人某某夫妇，抚其子女，皆虔奉无少违。洎母病殁，哀毁逾节，庐墓三年，雍正六年蒙旌，祀忠孝祠。

常崇仁，弱龄丧父，孝道克全，事节母王氏尤极笃挚。生养葬祭，情文[②]交至，前学宪逢公泰准给衣顶[③]，宠附宫墙，殁祀忠孝祠。

姚冲瀛，字伯海，性驯谨，稍长知孝。家世寒微，生未授书，然问视诸子职率意为之辄暗合。康熙戊子父播殁，致毁，以贫故不克葬，苫块[④]枢侧，自炊以食，妻子馈食，斥弗御。二年母殁，亦如之，更二年始克葬，既葬，庐墓傍日于百步外膝行，戴囊土筑坟历数年，以戚友力劝始归，每当祭或外出，必前期返，哀慕诚至，迄终身如一日。又善教子，卒日里谥孝慈。乾隆元年旌表，祀忠孝祠。

唐鼎鼐，随父四维客兴安，父死，鼎鼐年甫十三，负父尸归，道遇伏虎，顾年幼不知为虎，迫视之，虎终不动。同行柳姓者逃伏山顶，下视见其状，叹为至孝所感。洎事节母窦氏曲尽孝道，友爱幼弟鼎元，训其力学得入庠。

温多艺，康熙乙卯寇掠频山，负母逃难，母恐累及艺，绐[⑤]云少息，艺方蹲踞，母遽投水窟，即掷身随下。时值中夏，窟深奇寒，艺戴母立水中，翼日众共救出，母子无恙。

陈甓，字企卓，号退庵，庠生。德行优卓，言行可法。事母李氏生养、死葬毫无遗憾，事叔父如所生，事长兄克恭，事师尽礼，信友、恤邻、让产、焚券，美不胜纪。博学能文，尤邃于诗。

师其礼，年少丧母，于帏中设榻，夜展衾，晨起洒扫，上食如母在，昼夜号泣三年余，未及举葬而死。

【注释】

①诘朝：次日早晨。

②情文：质与文，即内容与形式。

③衣顶：清代标志功名等级的衣服和顶戴。

④苫块："寝苫枕块"的略语。苫，草席；块，土块。古礼，居父母之丧，孝子以草荐为席，土块为枕。

⑤绐：欺骗。

信按，孝友者家庭自尽之，常任恤者里巷相周之。事在刻意尚行，固非假以弋一时之名而排纂成书，未忍没其一节之美，加以裒编，附诸人物。

其孝友者于明则教授李廷实、贡生任儒、倚师中、庠生张镛、省祭曹思明、民人李尽忠、李时茂、田而成诸人，其最足称者仇同、张彦山皆卖菜佣，日以菜易肉饼奉其亲，妻孥同啖糟糠。通判孟国诏、主簿盖廷章、庠生仇陵、张养正、杨栋、田潜、儒士王胥讽、民人董彦章、刘普好、潘龙、周举、贾良、刘振高等俱以亲没庐墓见称于时，国诏、养正庐墓三年，后居祠三年，尤见推重。省祭官张道治、吏员张然、民人唐顺、王尚贤、窦良栋等割股疗亲称孝子。李尽心、赵孟良、刘孟豸、孙纲、孟天嗣等俱以推产让金称友爱。

本朝则廪生惠居美、处士乔冲斗、民人纪文碧、刘尚义之孝友兼至，孟国脉、许瑭、魏人纪、马光明、武尚谦、杨琳等之善事父母，生员魏渔、刘俨等之善事父，纪炳政、李春盛等之善事母，典史魏之琦、民人杨清等之善事继母，杨述烈等之亲殁庐墓，曹腾翼、杨永宁、曹承健等之割股疗亲，生员班琏之居丧尽礼，贡生孙长阶、孙长陶、孙长隆之兄弟友爱，王璞玉、魏光辉、魏昌兰、魏廷瑞、魏曰恭、纪廷枢之善事兄长，魏魁芳之抚侄如子，韩文星之八世同居，刘永承之让产稽诸里论同无闲言，而张徽典、唐加广、韩文起、刘起本、王义民、康永卫、程文珂、赵思明、赵有循之孝友乐施，人尤推之。

其任恤者明则庠生刘必通、民人乔秦岗、王肃、周肃、魏广、肤施、田自新、魏大伦、李梅、李宗桥等，必通、秦岗明末赈饥，同出粟一千四百石，必通复代供阖里夫役银百两，其子庠生可绎亦乐解推。

本朝则巡检张养蕴、监生杨勳、杨勷、民人雷尔泽、雷中辰、杨标、石璥、杨慎行、杨不倦、仇嗣馨、陈自评、顾济公、杨之玥、魏诗宾、赵之信、孙维天、田作霖、马自蕃等诸人，而之信好义乐施、焚券煮粥，贤声尤著。庠生李廷荐授徒三原，出馆金籴谷捐赈，更属人情所难。至若事师如亲则巴人、李一龙及贡生刘琬门人等诸人。

不昧遗金者则支起都、魏承烈、陈其蕴、韩文仕、张新发等诸人。

隐德可称者则明之张纮、田稔、田深、刘瑶、刘朝阳、宋经、王臣等诸人。

学行可称者则本朝之庠生宋振唐、党懋醰、王在简、许上达、处士沈肃等诸人。

幼颖可称者则明之七岁善书彭佐商。

杂而不厌，牵以备书，凡有美以毕登，庶无幽之不阐，津津乐道。倘后生感于斯文善善欲长，即闻者莫不兴起矣。

节烈

元

五女，姓失考，遭红巾乱，皆自杀，明洪武时谕祭。

明

刘氏，惠敬妻。年二十六，敬死，遗子方在抱，舅姑皆衰老，家故贫。氏纺绩事育几四十年，无异志。成化四年旌。

宋氏，张杰妻。甫举子，杰病，氏奉汤药昼夜不懈。比殁，哀毁濒死。无何，舅姑偕亡。终服后，非大故足不出户，教子入庠。知县陈润上其事。

窦氏，韩能妻。年二十五而寡，事舅姑以孝闻，孀居三十八年。知县陈润并贤而上之。

惠氏，刘五妻。五死，时氏年二十三。守节终身，誓不二志。闻其事者，知县马元也。

仇氏，强果妻。夫死无嗣，氏痛曰："强氏祭扫，舍我谁责！"誓死守节，年七十余卒。

王氏，李萼妻。甫于归，夫即病，氏经年不归宁。萼饭，亦饭；不饭，即终日忍不饭。昼夜事汤药，罔懈。比危，谓氏曰："乘吾生，盍制素衣为汝不虞备?"氏泣对曰："果不讳，吾有死耳，何衣为!"翌日，夫属纩[①]，氏度必不起，入后园自缢。顷之，萼苏，觅之，则已不救矣。时议夫存未宜请旌，识者惜之。

信按，烈妇王氏之死奇矣。夫尚生而妇誓死，妇既死而夫转生，天之苦其身也至矣，即天之成其志也亦至矣。夫何恨？或曰恨不及旌耳，予曰不待旌也。身可朽志不朽，志不朽即身不朽，呜呼，奇哉！天旌之矣。

杨氏，王志才妻。年二十，夫死，有遗孕，里人某欲出重币取之。翁姑知不可夺，令自计。氏遂塞寝室户，不出者数年，苦志抚孤，年登七旬，有孙七人皆成立。

杨氏，李彦章妻。夫死，贫甚。氏勤绩纺，奉老抚幼，姑怜其少，劝令改适，不从。后值乙卯地震，绝粮，巨室谋娶者不一人，氏皆痛骂不从。邻妇哀之，馈食，却弗受，与子某俱饿死。

惠氏，孟学孔妻。万历中夫为宁夏抚吏，卒，惠候丧至，祭毕自缢。事闻蒙旌，有石坊在南郭，明末毁于贼。

翟氏，温九畴妻。明末贼破寨，坠城不死，复投水，骂贼，被杀水中。

田氏，陈俭妻。万历中夫死于客，舆榇归，比葬，氏嘱工曰："穴须宽。"治葬毕，中夜自缢。有司申请蒙旌，坊曰"从容就义"。

刘氏，纪□妻。庠生熙昌母，夫当天启中贾于蜀，讹传不讳，氏即自缢死。直指庄谦题请，奉旨赐旌"贞烈之门"，碑楼见存。

【注释】

①属纩：人临终前，将棉絮置其口鼻附近，以观察其气息的有无。

陈氏，儒士张问德妻。崇祯间问德以父没哀毁死，氏年甫廿二，泣别其母，誓殉夫死，托孤夫兄，殓毕，自缢柩前。有司上其事，遭变未旌，人称憾事。

徐氏，田而腴妻。父某宦秦中，以诬下狱，氏请鬻身救父。而腴闻其贤，聘为继室。既而腴代父死平阳，逾岁柩还，氏从容迎祭，成礼投缳死，衣悉附体，纫缝密比。遗一女，以哭母不食死。

信编撰人物至田氏一门，不禁抚卷三叹也。子以代父死，妇以殉夫死，女以哭母死。明末吾郡东垣陈氏遭乱，死者累累，或题其祠曰："劲节照汗青，慈姥竹凝孝子泪。澄波如血碧，曹娥溪印屈原心。"事虽不同，差可雁行视也。

冯氏，魏丕显妾。显死，氏甫十九，誓不改适。抚嫡子孙历四世，辛勤不懈几七十载，始殁。

温氏，魏希孔妻。年十九守节，抚子及孙皆成立，登仕籍。邑令、丞各表其门，一曰“冰霜抚孤”，一曰“贞节”。

李氏，生员孙应魁妻。归二载，夫故。无出，家故贫，舅姑劝令改适，不从。乃为立嗣，守志终身。

王氏，石若星妻。性端才敏，幽贞自好。崇祯八年流寇入县，氏引三女匿楼上，贼欲生致之，与三女俱自缢死。

赵氏，窦汝玺妻。夫卒时氏年甚少，苦节抚孤，有司旌之。

常氏，李应科妻。夫亡，抚子大亨成立，取妇张氏，大亨复夭，张亦守志不移，人称“双节”。

权氏，石潜珠妻。年十八夫亡，抚孤子玺。玺死，抚孙九鼎，复夭。抚曾孙璋及白粹，璋又殇，白粹得成立。三世保孤，遭尤困。

田氏，生员李允昌妻。年二十九而寡，初允昌病革[①]，谓氏曰：“尔多才，若能教子成立，死无恨。”比卒，痛欲身殉，舅以夫遗嘱谕之，乃止。茹苦完贞，教四岁孤，后果成名。

张氏，生员陈俊士妻。嫁未几，夫远游不归，氏依姑王氏纺绩度日。值大祲，苦饥，常闭户数日不启，邻人号之不应，疑饿死。排墙[②]入视，姑与妇皆整衣坐床上，叩之曰：“无人可求，忍饥俟死耳。”众怜其苦，醵米麦、具饮食给之，约尽再给，拜受。闭户久之，终不启，复排墙视，则皆端坐死床上，所给米麦委床侧，饮食置床前几上，朽败蠹生矣。

信按，首阳一饿，饿且不朽，继而起者，代不乏人，然须眉多矣，巾帼斯鲜，决绝夥矣，从容卒鲜。以视王张二氏之饿而死也，何其从容乃尔耶！咄咄巾帼不愧须眉，视彼不择非肉属餍[③]而已者，其殆不成丈夫者与？

孙氏，支国桢妻。十八丧夫，上奉老舅及同居伯叔，抚侄王佐为嗣，尤竭慈爱，苦节历五十年。

杨氏，李效忠妻，太史因笃祖母。值明末寇乱，族中诸妇共处一楼，贼攻破堡，举火焚楼，有一贼旧为丐者，感杨氏往昔施予恩，亟呼使下，杨氏义不肯从，与同族良贱八十一人俱焚死，贼去火灭，家人得其尸独完好如生。

刘氏，邢加祯妻。明末流寇攻掠，氏投井死。

杨氏，石巍妻。父爵卒，哭死，人称孝女。

惠氏，翟大龙妻。姑早亡，遗一女，与己女年相若。值寇乱，走避度难两全，弃己女，抱姑女奔阴村寨。舅先在焉，问知其故，众义之，约丁壮数十人觅女归。

胡氏，纪瑛妻。二十一而夫亡，遗子甫二龄。值寇乱，投井中折肱，贼退救出得不死。苦节抚孤，教孙入庠。

陈氏，党敏妻。支氏，张饶妻。王氏，张谧妻。孙氏，胡进朝妻。田氏，郭承苍妻。杨氏，田贡妻。刘氏，王应魁妻。俱矢苦节，有司匾奖。

马氏，惠本仁妻。田氏，李可久妻。赵氏，刘绅妻。张氏，李祥妻。刘氏，孙朝用妻。张氏，陈世贵妻。樊氏，刘述尧妻。惠氏，宋尚节妻。王氏，张廷瓒妻。张氏，李大亨妻。张氏，李恙妻。郭氏，纪□妻。张氏，李汝仪妻。胡氏，王山妻。□氏，纪东野妻。王氏，张仲木妻。杨氏，王尽忠妻。纪氏，邵积妻。来氏，刘元义妻。张氏，杨维藩妻。胡氏，李济民妻。

以上诸节妇俱夫亡守志，抚孤成立。

【注释】

①病革：病势危急。语出《礼记·檀弓上》：“夫子之病革矣。”郑玄注：“革，急也。”

②排墙：推倒墙壁。

③属餍：饱足。

本朝

孟氏，韩闾妻。夫没，事舅姑，鞠遗腹子，艰辛糊口，卒年七十有八。

武氏，明文选郎中周文焕继室。夫卒，氏年二十九岁，守节教子三十年如一日。知县李之粹申请，提学李堂馥旌曰“天寿永阃”，县立表曰“贞节流芳”。直指某方拟上请，会职裁，未行。

牛氏，程世武妻。秉性坚贞，克尽妇道。强暴程尚荣逼奸，不从被杀，狱成，尚荣置重典。康熙五年旌。

古氏，生员窦允升妻，夫亡守节。康熙十九年蒙旌，入节孝祠。

唐氏，温九鹏妻。夫随氏父之任江南，值危疾，氏截指和药以进，获痊。又三载，夫亡，氏年二十二，携孤扶榇归，茹荼坚守，年五十六终。康熙二十五年旌，入节孝祠。

王氏，常名显妻。婚七载，夫亡，坚守四十余年。孝事舅姑，既没，荐飧务极诚恪。舅有妾，无出，氏亦推心奉事。抚子成立。康熙四十三年旌，入节孝祠。

纪氏，武承尧妻。夫逝后，严正自律，勤瘁愈加，历五十三年，冰操如一。康熙四十三年旌，入节孝祠。

窦氏，王昂妻。昂客死，氏年二十二，矢志守节，孝养舅姑，鞠育幼子，荼苦终身。康熙四十五年旌，入节孝祠。

赵氏，窦公朗妻。夫亡，氏年二十二，子甫二龄，家徒四壁，奉舅姑克殚诚敬，抚孤成立。康熙五十四年旌，入节孝祠。

刘氏，韩养京妻。年二十二而寡，矢志苦守，养衰姑，抚孤子。康熙五十四年旌，入节孝祠。

陈氏，钟鸣震妻。年二十七夫亡，家贫甚，誓志不移，侍姑病三月不解带，教二子耕读。雍正二年蒙旌，入节孝祠。

党氏，程文朗妻。夫殁时氏年二十七，事亲抚子，备历艰辛，寿六十八。雍正三年旌，入节孝祠。

陈氏，孟弘道妻。年二十二而寡，抚侄为嗣，服缟茹素，守节历四十年。雍正三年旌，入节孝祠。

樊氏，孙自慎妻。慎未娶，入滇久不归，氏以舅姑穷老自诣夫家事之。既而自慎自滇寄书云已别娶李氏，生子文达，令氏改适，氏誓死不从。前令杨公义之，移咨滇中查自慎，拟招归，而自慎已死，文达籍大姚为诸生。闻嫡母尚在，扶自慎柩奉李氏携妻妹间关万里归富终养。氏时年近六旬，待李如胞，抚文达如己出。雍正四年旌，乾隆二年知县乔履信以文达归养事申请蒙恩，赐六品顶带荣身。李氏，姚安白盐井人，方自慎娶氏，讳言有原聘在，至杨令檄查时，氏年已六旬，二长女皆适人，文达欲归富，虑氏有难色。氏曰："儿合北归，愿同行，不复恋故土矣。"既抵富，以嫡长推樊氏，每事下之，没齿如一日。

信按，樊氏所为綦[①]难矣，而为李氏者亦复不易，即文达之行亦岂寻常庸碌所能强勉为者哉？予故力请旌之。自慎弟侄详载邑人田生所撰《樊氏传》，兹为节去，示厚也。

王氏，张凤举妻。顺治元年夫殁，氏甫十九龄。家业萧索，氏辛勤力作，仅免冻馁。寿逾耄耋，得见曾孙入泮。雍正五年旌，入节孝祠。

李氏，张瓒妻。年二十一夫亡，痛不欲生，念夫遗命，奉姑抚子，和妯娌，睦亲族，生平无疾言遽色。殁，年五十三。雍正五年旌，入节孝祠。

秦氏，汝任妻。年二十五舅与夫死于粤，氏无子，痛绝不食，戚友感之，助金迎榇归。守节十五年，始立侄为嗣，鞠养辛勤，克底成立。雍正五年旌。

刘氏，孙三哲妻。哲亡时遗孤甫两月，冰霜自誓，绣佛长斋[2]，祀先必敬，训子有方。雍正五年旌，入节孝祠。

杨氏，郝世川妻。夫没，年二十五，誓天截发以示靡他，姑临终嘱令改适，涕泣不从，训子严慈兼至。雍正五年旌，入节孝祠。

【注释】

①綦：极，很。

②绣佛长斋：形容修行信佛。绣佛，刺绣的佛像。长斋，终年吃素。

潘氏，袁之崔妻。夫亡，坚志守节，艰苦备尝，奉二亲如礼。雍正五年旌，入节孝祠。

樊氏，王永祥妻。夫死于客，独携藐孤归。难[一]辛自守，勤饬训子，弱冠入庠。雍正五年旌，入节孝祠。

党氏，孙越妻。婚三载夫亡，逾四月，生遗腹子。氏恪奉舅姑，不辞艰瘁，鞠子成立。雍正七年旌。

王氏，曹栻妻。二十四而寡，事祖姑及姑敬谨无违，竭力抚孤，二子一孙皆入庠。雍正七年旌，入节孝祠。

由氏，张秉乾妻。夫殁，氏年二十，痛不欲生，投缳者再，以救免。抚孤子，教养有方，克底成立。雍正七年旌，入节孝祠。

刘氏，唐宗义妻。夫亡，抚孤几成立，复夭。立侄为嗣，甘心茹苦，坚守不移。雍正七年旌。

杨氏，刘世鼐妻。二十三岁夫殁，时值大祲，藜藿[1]不充，营丧葬咸如礼。鞠幼子，抚孤侄，守节三十余年。雍正七年旌。

惠氏，李源妻。夫抱病经年，奉事不懈。比殁，氏年甫二十。奉孀姑，抚犹子[②]，坚志完操。雍正八年旌。

王氏，魏之玉妻。二十二而寡，事奉高堂，抚育藐孤，拮据井臼[③]，霜节弥坚。雍正八年旌。

惠氏，生员胡之藩妻。夫卒丧葬如礼，教子治生，饬以立品，子涓拾遗金访还失主，皆由氏教，年七十三。雍正九年旌。

李氏，惠化举妻。年二十一夫殁，欲以身殉，姑泣谕，乃止。家贫困以女红自给，舅姑复相继逝，典鬻衣钗，始克成礼。孀居三十六年，雍正九年旌。

牛氏，富平人，咸宁高继藩妻。年二十一而寡，求死者数矣。既以舅姑在，强起奉事，人称节孝。抚一女，长适诸生刘瑅，乞族子成勋为嗣，亦成立。雍正十年旌。

李氏，朱全信妻。苦节四十余年，孝慈交至。雍正十年旌。

杨氏，胡之干妻。苦节四十二年。雍正十年旌。

李氏，己卯举人王作霖妻。少寡守志，孝舅姑，抚弟侄，苦节三十二年。雍正十一年旌。

张氏，赵九益妻。青年丧夫，苦节抚孤。雍正十年旌，祀节孝祠。

李氏，王际盛妻。十八而嫁，三年而寡，孝亲抚孤，苦节三十五年。乾隆元年旌。

李氏，窦翥凤妻。夫亡于外，氏守节。上事舅姑，下抚遗子，辛苦备历。乾隆元年旌。

翟氏，田资世妻。夫亡，氏年二十二。养老抚孤，荼冰自誓。知县乔履信详请，乾隆二年蒙旌。

田氏，张希廉妻。茹苦完贞，孝亲抚子。知县乔履信详请，乾隆二年蒙旌。

唐氏，赵思忍妻。十四于归[④]，二十六而寡。子之良妻唐氏二十七而寡，一门双节。知县乔履信详请，乾隆二年蒙旌。

孙氏，程必祉妻。少寡，事舅姑，抚孤子，苦节四十四年。知县乔履信详请，乾隆二年蒙旌。

【校记】

［一］难：乾隆四十三年《富平县志》、光绪《富平县志稿》均作“艰”。

【注释】

①藜藿：藜和藿，指粗劣的饭菜。

②犹子：侄子。

③井臼：汲水、舂米等事，引申为做家事。

④于归：女子出嫁，语出《诗经·周南·桃夭》：“之子于归，宜其室家。”

张氏，新移村张文卷女，幼字[①]王发秀。秀外出，久不归。康熙庚午值洊饥[②]生，人妇去帷[③]者不胜纪。氏父家故贫甚，与夫父谋令改适，坚拒不从，父以饥困势难相赡，将俱死无宁他适可自活且家亦减一人食。氏曰：“女诚累父兄，当自归王。”氏父止之，已而复谋嫁，氏即自缢，以救免。其族诸生张珏往谕，守前议益决。珏叹曰：“女有至性，以俗见相目，谬矣。”俾其父归诸王，氏时舅已笃老，兄嫂旋殁，遗子玉斗及一女。氏奉老抚幼皆尽力，为玉斗聘，幼女待年于家数年。舅殁，女嫁，玉斗成婚，既举子而发秀终不归，年六十余犹日夜力作不自休。知县乔履信详请，乾隆三年蒙旌。

信曩闻豫之襄城有烈女某氏，未嫁而守志，上奉舅姑，下抚嗣子者，未尝不肃然起敬，咤为希有。兹张氏事以视吾乡襄之烈女，皆逼似无少差，襄之烈女请旌久矣，兹顾可缺与？故力请之。

张氏，杨起凤妻。年二十一夫殁，甘贫抚孤，舅姑见背[④]后，析爨独居。兄嫂逼之嫁，自缢，以邻妇救得免。未几，嫂死，氏怜其男女无依，请复合爨，便为代抚。兄内愧不即从，既复，力请同居，抚如己出。兄殁，其男女婚嫁皆竭力营之，无德色[⑤]。知县乔履信详请，乾隆三年蒙旌。

田氏，赵慧妻。苦节抚孤。知县乔履信详请，乾隆三年蒙旌。

刘氏，贡士孙长阶妻。夫卒于京，时氏年甫二十。自誓苦守，奉事老亲，抚藐孤，贫苦备历，四十年如一日。又侄数人，幼失怙恃，氏抚如毛里[⑥]。知县乔履信详请，乾隆三年蒙旌。

田氏，孙盛鄢妻。青年守志，孝姑抚子，兼营伯叔父葬事。抚孤侄如子，守节四十二年。知县乔履信详请，乾隆三年蒙旌。

程氏，王令妻。年二十三而寡，守节四十四年。知县乔履信详请，乾隆三年蒙旌。

乔氏，常弘伦妻。孀居守志，养亲抚孤。知县乔履信详请，乾隆三年蒙旌。

邢氏，范正妻。少寡，孝亲抚子，兼抚孤侄，守节四十余年。知县乔履信详请，乾隆三年蒙旌。

李氏，赵德盘妻，守节四十六年。由氏，田统锡妻，守节五十三年。钟氏，刘继汉妻，守节三十二年。韩氏，董杲妻，守节四十三年。赵氏，李廷宷[一]妻，守节三十二年。白氏，党褒妻，守节五十八年。李氏，曹三封妻，守节二十四年。

以上俱知县乔履信详请，乾隆三年蒙旌。

杨氏，王三仕妻。年二十八而寡，上事老母，下抚孤儿，苦节四十余年。知县乔履信详请，乾隆四年旌。

杨氏，任元善妻，守节五十九年。翟氏，刘源深妻，守节三十三年。唐氏，郭廷宾妻，守节三十六年。郭氏，陈三界妻，守节三十六年。张氏，支元杰妻，守节三十一年。李氏，来廷枢妻，守节四十二年。齐氏，李坤生妻，守节二十五年。冯氏，张经魁妻，守节五十三年。强氏，张尔禄妻，守节五十一年。惠氏，杨道仙妻，守节二十八年。

以上俱知县乔履信详请，乾隆四年蒙旌。

唐氏，杨满生妻。年二十二夫亡，夫祖悯其年少子幼，常命之曰："吾夫妇笃老，汝舅且早死，守节抚孤匪易事，汝试自度之。"氏闻言，走伏灶前，誓殉夫死，以头触地，血被面。祖哭且喜，命扶之起，曰："吾家今有节妇矣。"嗣后，代夫养祖，茹苦抚孤历四十年，以寿终。王承烈解，又扬左慰诸人俱有诗记之。乾隆四年知县乔履信具详请旌。

【校记】

［一］宷：乾隆四十三年《富平县志》、光绪《富平县志稿》均作"案"。

【注释】

①字：旧时称女子出嫁。

②洊饥：连年饥荒。洊（jiàn），再，重。

③去帷：改嫁。

④见背：尊亲去世。

⑤德色：施恩于人而有自得之色。

⑥毛里：比喻父母之恩。语本《诗·小雅·小弁》："不属于毛，不离于里。"毛传："毛在外，阳为父；里在内，阴为母。"

郭氏，师大受妻，守节四十一年。唐氏，张洽沾妻，守节三十三年。秦氏，杨景荣妻，守节三十八年。安氏，张光孝妻，守节四十九年。寇氏，高君裕妻，守节三十五年。赵氏，张我积妻，守节四十六年。孙氏，胡进召妻，守节五十一年。傅氏，梁一先妻，守节四十四年。范氏，魏有年妻，守节二十八年。仇氏，同尔善妻，守节五十七年。唐氏，杨秉彝妻，守节三十二年。董氏，郭大训妻，守节二十年。仵氏，李应昌妻，守节五十四年。杨氏，张部妻，守节五十年。张氏，周旋妻，守节三十九年。

以上俱知县乔履信于乾隆四年具详请旌。

赵氏，窦作康继室。苦节三十二年，奉亲尽礼，抚前子希韩与己出希范无少差。乾隆五年知县乔履信具详请旌。

彭氏，韦必泰妻。杨氏，石成收妻。知县乔履信俱于乾隆五年具详请旌。

贾氏，陈忠心妻。忠心死国难，守节四十余年，教子范成武进士，历官至副将，载《通志》。

王氏，杨纯妻。纯于雍正七年患病死，王氏投缳者再，皆以救免。其伯母谕之曰："汝无子，脱死，谁葬夫者？既葬，死未晚。"氏乃出簪珥，质十余金，付夫弟杨绶，以十九营葬事，余一市薄棺为己他日需。自是不复言死，顾时时问葬夫状。至九年十一月，绶为卜期，在十二月三日。氏喜形于色，以指濡煤墨书二十九日字于壁，且屈指计曰："扶山日一七矣。"富俗以葬后三日祭墓曰扶山。至葬前四日暮犹与嫂姑戏分食饼，毫无愁惨状。时小姑与氏同床寝，氏指床谓姑曰："来夜宽阔矣，吾连日困惫，欲稍安舒，姑今夜且他寝。"力遣去，沐浴着新衣，先布毡床下为置尸地，阖户自缢死。

信按，自古迄今殉节死义者指不胜屈，独宋文信国则固可谓从容就义者矣。燕都拘羁，楼栖三年，刚肠铁骨迄不少挫，而意象暇豫、不动声色，何其性定神闲、不复专倚、血气用事耶！王氏特穷乡下里一弱小女子尔，考其殉夫遗事，抑何举似信国直相媲美耶！濡煤书壁四字耳，直与“成仁取义”语并传千古矣。

宋氏，成彦勋妻。夫死，氏年甫二十。遗子在抱，舅怜其少，劝改适，氏泣跪请死守。既而大饥，夫兄谋强嫁之，氏闻，哭且詈，不食者三日，誓必死，事乃寝。自是，灌田种菜，艰苦备尝，年七十余殁。李二曲先生目为“闺中铁汉”，绅士树碑记之。

康氏，苏州人，督学田公本沛侧室。年十六侍公，甫三载公殁。公子若琬遵遗命令改适，不从。既而招其母兄至，居久之，其母约与俱归，复不从。母持之急，遂截发自誓，终不从。若琬感之，遣一子一女侍养，氏抚如己出，历五十余载不少变。初氏能诗工书画，自田公殁，焚弃笔砚，绝口不吟。

信按，古云妇人无才即其德，匪恶才也，恶夫无其德而有其才者之惧为才累也。有德而才，夫何恶？若乃以才兼德矣，而所处之地之时今昔攸殊，即一人之才其昔之显焉者，今则不可以不藏。夫既有才而藏矣，才如无才矣。无才即德之说法，宜在此不在彼。

李氏，杨唤妻。年二十三夫死，育子师遐成立。遐妻早逝，氏抚孙一殿入泮食饩[①]，不坠先绪[②]，八十七卒。

孙氏，王绅妻。年十六于归，甫两月，夫外出。家极寒，氏力作养亲。阅三年闻夫客死，即剪发设誓不再醮[③]，奉舅姑至老死，殡葬如礼。屡遭奇荒，忍饥死守，鸟雀感之，皆驯扰[④]就掌中食。有怜而赒之者，稍足糊口辄却其余不肯受，里人以瓜大姐呼之富俗谓愚呆为瓜。苦节六十余年，以寿终。族邻公议鬻其室具棺衾殓葬，表其墓。

赵氏，孟建业妻。年二十三夫为逸兽[⑤]所伤，死。子复没于水，幼子生甫一龄，茕茕[⑥]苦守，五十年如一日。

杨氏，生员赵有御妻。年十九夫亡，矢志抚孤。舅病革，以氏年少谕令改适，氏截发以明不二。姑老患瘓症，氏奉侍栉沐俱废，比愈，理发尽脱。子稍长，课读父书，有丸熊画荻[⑦]风。守节三十二年而殁。

【注释】

①食饩：明清时经考试取得廪生资格的生员享受廪膳补贴，亦即成为廪生。

②先绪：祖先的功业。

③再醮：妇女再嫁。醮（jiào），古代婚嫁时酌酒祭神的仪式。

④驯扰：驯服柔顺。

⑤逸兽：奔跑的猛兽。

⑥茕茕：孤独无依的样子。

⑦丸熊画荻：用以称赞母亲教子有方。宋欧阳修四岁而孤，家贫，母郑氏以荻管画地写字，教其读书。丸熊，用熊胆制成药丸。《新唐书·柳仲郢传》："母韩，即皋女也。善训子，故仲郢幼嗜学。尝和熊胆丸，使夜咀咽，以助勤。"后以"丸熊画荻"为称颂母教之典。

孙氏，杨之因妻。归三年之因死于客，誓不再醮。夫族无余人，惟一姊间归相伴，怜其孤苦，劝令改适。泣曰："吾不忍忘舅姑，代夫奉祀，姊独忍绝父母血食耶?"屡劝不从，久之，氏妹复劝曰："杨门无人，姊力渐衰，即不为嗣续计，独不为饥寒计耶?"氏曰："所不忍他适者，正为杨门无人耳，且饥死、病死、等死耳。脱失节他适，纵不饥死，他日将不病死耶?"终不从。

纪氏，李宗元妻。十九岁而寡，守节抚孤，上事老舅并抚弟侄，茕茕一嫠①，力作以给者二十余年。

张氏，周允望妻。年十九归允，越四载夫亡，无子，孑立终身历五十六载，冰操愈厉。

侯氏，监生田广玺妻。归四年夫亡，氏年甫二旬[一]，守志抚孤，未几，二孤俱夭。姑怜其苦，谕令改适，氏誓死不移。以近族无人，取远族昌基子学谦入继，既娶妇，昌基次子死，年老无依，谦复归宗，更立远族子为嗣。既而谦夫妇俱亡，氏仍抚其孤文斗，得成立。

赵氏，王化行妻。年二十四夫死，无子，孝事孀姑孙氏，苦守三十九年卒。

赵氏，监生陈重徵[二]妻。年二十夫亡，无子，取侄充礼为嗣，教养如己出，后任上虞知县，妇亡，抚孙廷佑，亦成立。

仇氏，田良吉妻。嫁甫二载，夫入川，别娶不归。氏既无子，独立奉老姑，以孝闻。夫侄田穆生九月丧母，氏养育得成立。守志三十五年死。

陈氏，乔经瑞继室。年二十一夫殁，氏誓死守。抚前子近汉如己出，事姑尤极色养②。既而三子夭二[三]，三妇俱亡，氏复躬育四[四]，皆成立。

樊氏，通海县知县惠霾嗣继室。夫卒于官，遗孤方十龄。氏将子扶榇归里，矢志苦守，历二十年卒。

贾氏，张逊妻。年二十而寡，无子，誓不再适。抚侄若敏为嗣，训诲有方，中丙辰举人。

孙氏，窦士纯妻。夫死无子，苦守二十年。夫弟士雅生子以父遗命嗣士纯，氏抚养成立。

钟氏，魏尔璋妻。年十六而嫁，逾年夫死，无子，家酷贫，氏力女红以自给。值荒，数日不举火，僵卧待毙。邻姬讽之嫁，泣谢曰："宁死无失节。"又劝市屋，曰："吾不忍以口体故弃夫产。"茶冰自誓，近六十年迄无怨声。

孙氏，魏乃鼎妻。夫客死，子方数岁，已复亡，氏独力自活。遭荒忍饿[五]无悔，邻有馈[六]食者，受而不食。自以嫠当远嫌，族姻庆吊概不往。鹤发鸠面，扃户勤绩，间出拾薪，历五十年如一日。

权氏，冯士选妻。年二十一夫以求父尸不得哭死。氏事亲抚子，守节五十三年，寿七十四。前令郭传芳表其闾。

窦氏，孝子唐四维妻。夫客死，氏誓志守节。子鼎鼐妻乔氏年二十六而寡，奉养老姑，教子凤翚得游泮。

纪氏，罗国相妻。相殁湘阴任所，氏矢志守贞，事姑抚孤历四十余年。

吴氏，参将许云程妻。守节数十年，奉亲极孝，教子成名。子上达妻张氏守节三十五年，遭际尤苦。

田氏，惠方深妻。夫殁，氏年二十八，上无舅姑，下无子息，依叔舅从弟。守节三十一年，抚从弟子为嗣，甫成立，亦早死。

王氏，举人惠陵妻。陵以四川试用知县殁京邸，氏奉老姑，抚遗孤，苦节计三十余年。

李氏，魏子翼妻。年二十五于归，阅[七]三年而寡，无所出。当夫病革时语氏曰："忍再适乎？"对以不忍。"能忍死为吾奉寡母立嗣子乎？"对以能。后果克践而殁，蒲圻马工曹之鹏铭其墓。

田氏，郭大陕妻。于归未逾月，夫入蜀不归。氏绩纺奉舅姑至老死，夫族无人，乞外姓女为伴，寿八十七。督学觉罗公以“贞操耆寿”表其门。

【校记】

［一］旬：光绪《富平县志稿》作“十”。

［二］徵：光绪《富平县志稿》作“徽”。

［三］二：光绪《富平县志稿》作“死”。

［四］四：乾隆四十三年《富平县志》、光绪《富平县志稿》均作“四孙”。

［五］饿：乾隆四十三年《富平县志》、光绪《富平县志稿》均作“饥”。

［六］馈：光绪《富平县志稿》作“饷”。

［七］阅：乾隆四十三年《富平县志》、光绪《富平县志稿》均作“越”。

【注释】

①嫠：寡妇。

②色养：人子和颜悦色奉养父母。

陈氏，赵㦃妻。嫁甫两月，夫撄废疾[①]，氏竭力奉事，历十年夫殁。事舅姑愈笃诚孝，抚侄为嗣，夭死，夫弟生员赵恂复为立嗣。知县乔履信以“铁骨支霜”额其门。

魏氏，张秉钧妻。所遭与陈氏同，其节孝亦相符无少差。又李氏，杨峻启妻，亦以少寡无出、抚侄为嗣苦节终身。

萧氏，刘膏妻。年十八于归，二十四夫亡。奉姑抚子，艰辛无似。既纳妇数年，子病死，抚孙未久，复病死。取期功[②]子继，几成立，亦病死。茕茕独处，苦志完贞几五十年。

陈氏，张养真妻。夫亡无子，族孤无可入继者。矢志守节，惸[③]独无告，守志终身。

胡氏，生员雷尔藩妻。少寡，孝事舅姑，抚孤子璠成立入庠。

秦氏，田星井妻。少寡，誓志抚孤，孤夭，抚孙得成立。

李氏，田荣亲妻。夫殁，奉亲抚孤，兼抚幼弟。

李氏，孟国荣妻。十五而嫁，二十夫亡，誓殉夫死。舅姑以年老无依、孤子难抚泣谕之，氏勉从亲命。仰事俯育，孑身独任，苦节三十余年。

李氏，赵经民妻。十五于归，甫三月夫外出不归。其家令氏改适，誓死不从。姑病常割股疗之。

冯氏，贾光孝妻。嫁数月，夫入川久不归。舅病瘫，氏独力奉事，历久弗厌。伯姑无子，死，氏为营葬，扶輀④临穴，里人称之。

贾氏，千总王道立妻。夫战死，一子外出。值大祲，氏计己年既耄，恐饥死，舅与夫柩将常[一]暴露，乃尽质什物理葬事，身着衰麻，执绋⑤归窆⑥，见者感泣。

高氏，唐悌妻。幼授书，知大义。甫归悌，随舅姑远宦石门。悌死，氏自经，以救免。比舅告归，途次亳州，姑病剧，氏刲股⑦疗之。既归，抚孤成立。又收养从侄妇某氏，里称其义。

石氏，成希秀妻。年十九而寡，誓死守。母欲夺其志，投缳死。时炎暑，停尸待棺七日夜不腐，香气远闻，青蝇屏迹，祀节孝祠。

贾氏，魏曰琮妻。十四而嫁，七年夫死。所亲劝之嫁，不听。姑又谕之，终不听。庚辛洊饥，氏节食以奉舅姑，其自食菲甚。舅将出，语其姑曰："妇至孝，忍令饥死？试与商改适。"氏闻大痛，欲自尽。舅行数日返，氏意其将嫁已。次早乘间盥栉着新衣自经死，年三十四。

杨氏，孙世立妻。夫殁，氏年十八，投缳死。前令刘公灿以"志烈秋霜"表其门。

纪氏，武二妻，与弟妇古氏俱少艾⑧无子而寡，相依守志终其身，其叔母某氏亦以苦节著，人谓贞节萃于一门云。

李氏，赵自桂妻。许氏，自桂妾。夫殁，李年二十八，许年十七，同心守志，抚孤子生蔺成立。既纳妇生子，夫妇俱亡，同抚孤孙，亦得成立。

鱼氏，惠成凤妻。嫁甫三岁而夫殁，殁时，以氏年方少且家贫无资生计嘱氏更适，氏曰："妊方在身，幸得男当为君抚之，若女即从君地下矣。"既而生女，氏泣欲殉夫，母氏严防之，少疏，闭户雉经⑨死。

权氏，石含珠妻，守节抚孤，寿登九十。又孙□□妻王氏同妇李氏一门双节，王寿九十，李八十。

焦氏，王铭鼎妻，同子天禄妻任氏俱少寡，抚孤以苦节著。

韩氏，纪九序妻，与夫弟九鹏妻韩氏皆少寡，各抚孤成立，苦节五十余年。

赵[二]氏，周有斐继室。夫殁时氏尚少，事姑尽礼，抚孤，孤夭，又抚其孙。家道中落，独力撑持，三世倚赖。里人称之。

王氏，幼受茅姓子聘，比嫁而茅夭。女闻讣不食，父母往吊，女求与俱，父母怒止之。女大痛楚，父母出户，即自经。相传泽多泉南有烈女墓，今失其处。

【校记】

［一］常：乾隆四十三年《富平县志》、光绪《富平县志稿》均作“长”。

［二］赵：乾隆四十三年《富平县志》亦“赵”，光绪《富平县志稿》却作“张”。

【注释】

①废疾：身体或精神上有残缺而不能作事。

②期功：五服之内的宗亲。

③惸：孤独。

④輴：古代运棺材的车。

⑤执绋：牵引灵车的绳索以助行进，古代送葬的一种礼节。绋（zhèn），牵引灵车的大绳子。

⑥归窆：归葬。窆（biǎn），下葬。

⑦刲股：割大腿肉。刲（kuī），割取。

⑧少艾：年轻貌美，多指女子。

⑨雉经：自缢。

吕香香，盖铨妻周氏婢。氏归铨，香香媵焉。氏卒，遗男女各一，铨连纳二继室，凡举子悉香香鞠育。及铨病将死，仅存一子，甫五龄，深虑靡托。香香曰：“有婢子在，幸无忧。”铨以香香平昔无宠，仅备炊扫，颔之，未信也。铨死，继室相继亡。家徒四壁，加洊饥人相食，香香茹啮冰荼，抚孤成立，既而漂泊他乡。香香独处穷庐，纺绩自给终其身。

信按，妻尊妾卑，降而至媵，尤卑之卑者也。虽然尊卑分也，实命不犹。分宜安也，安之之死靡他义也，不以尊卑殊也。义宜守也，守之香香媵也，具妇德矣，讵曰绿衣应书彤管矣？

雷氏，徐浩妻。浩死，氏年十九，即誓死。姑与邻妇谕以妊在身，何可遽轻生？寻产一女，欲不乳，家人勉令乳之。未几，投缳死。

田氏，陈宗器妻。宗器夙抱痼疾，氏归时疾已甚，嘱父母善视新妇，当令别归佳处。又以语氏，氏婉词慰谢。比殁将殡，氏解已袒衣①铺棺内。家人觉有誓死状，严防之。及至葬，嘱言好治墓，令可容二棺。舅姑等悲哀相谕，即佯应以情偶激烈，姑妄语耳。既而防少懈，中夜雉经死，年甫十七，距夫亡仅月余。乡人哀之，醵金伐石表其墓。

信按，富志所载诸节烈其从容就义者自杨、王氏外，田氏遗事良可称道。方其解袒纳棺时，其志固已决矣。拟种文梓佳木荫映墓石，他时定有魂化双鸳栖树和鸣。

温氏，纪□宁[一]妻。苦节抚孤。邑令乔履信表其闾曰“松柏有心”。

程氏，段良赐妻。翁病瘫，委曲奉事，历久不懈。

魏氏，程武妻。夫客死川中，家贫无子，奉养老姑，年九十余终。又族伯老病，虽异居，亦竭力奉之。

唐氏，魏曰让妻；胡氏，魏庄妻；关氏，魏梦熊妻：诚孝事亲。

白氏，程继文妻；王氏，田佩妻；师氏，杨冲庚妻：割股疗亲。

姚氏，田希述妻。王氏，董蕴朴妻。陈氏，孟修文妻。马氏，张翕妻。景氏，杨湛妻。支氏，何静江妻。柳氏，刘澍妻。邵氏，马鼎捷妻。韩氏，王乃心妻。赵氏，谢王选妻。蒋氏，纪国基妻。仇氏，张起泰妻。彭氏，张不诩妻。魏氏，唐讨妻。唐氏，许元积妻。魏氏，许大元妻。王氏，窦亮中妻。王氏，田育梁妻。同氏，刘须汉妻。窦氏，唐士维妻。周氏，支元亮妻。王氏，孙自新继室。萧氏，王廷相妻。田氏，孙煊妻。刘氏，孙必羽妻。马氏，王应芝妻。石氏，韩□[二]兰妻。史氏，张博妻。李氏，杨峻起妻。李氏，李思邕妻。纪氏，仇世重妻。王氏，赵高妻。刘氏，刘澍妻。刘氏，盖仕妻。支氏，张普济妻。石氏，魏沆妻。张氏，张友直妻。张氏，赵之□妻。常氏，纪钺妻。寇氏，王三吉妻。张氏，王□妻。邵氏，来□□妻。王氏，窦士龙妻。张氏，钟永固妻。姚氏，李春燮妻。赵氏，刘成薰妻。杨氏，李钟泗妻。樊氏，雷彦秀妻。朱氏，周姬系妻。高氏，王定国妻。纪氏，杨天培妻。章氏，张世杰妻。王氏，张乃星妻。李氏，魏子毅妻。党氏，李若[三]玑妻。陈氏，董迪妻。

以上俱孝亲抚孤，苦节终身。

支氏，张连妻。王氏，纪文建妻。武氏，李斐妻。高氏，唐普光妻。冯氏，魏丕显妻。王氏，路立跻妻。王氏，纪润泽妻。陈氏，惠世济妻。武氏，刘学孟妻。丁氏，庠生刘尔霖妻。王氏，生员李思纲妻。邵氏，来□□妻。窦氏，李之祐妻。庞氏，钟鸣音妻。温氏，马国梁妻。罗氏，李蕴英妻。张氏，秦惟周妻。强氏，张暗章妻。赵氏，乔光斗妻。刘氏，李继韬妻。俱氏，韩文英妻。梁氏，李孕麟妻。朱氏，田懋妻。

以上抚孤成立，苦节终身。

冯氏，彭尔存妻，抚侄。焦氏，任春会妻，抚侄。刘氏，卞学礼妻，抚侄。李氏，张朋参妻。纪氏，冯景翼妻。唐氏，赵希壮妻。李氏，雷豫立妻。萧氏，陈作哲妻。周氏，房□□妻。罗氏，石天眷妻。王氏，支永芳妻。刘氏，张捷妻。李氏，李实芳妻。朱氏，廪生赵恒妾。

以上苦节无子。

信按，阃内之行，小姓愚妇不亲保母、傅母之教，未习女训、女诫之文而识大义、全大伦，茹荼比饴，视死如归，匪独松柏之性其独也，正实由圣朝德化之隆，其蕴培而浸寻者至厚且深，故其感发而兴起者无远弗届②也。予承乏富邑，恪遵成例，计六载中请旌节烈凡五十人，兹当编纂邑乘，更复悉意搜访，无问已请、未请，凡经投报者一并收入，以见此邦风气之醇，足征圣朝政教之美，讵曰微显阐幽仅为彤史生辉已耶？

石氏，石良女，许配王生禄，年十八待字未归。生禄白昼入室调之，不从。露刃相逼，拒益坚，生禄怒，连刺其腹立死。

信按，石氏许字生禄，业有成议而以礼自守，义不苟合，视《汉广》《行露》诸女更加一等矣。据报讯实方拟绳生禄以法，为氏请旌。适编次邑志节烈将竣，事急为附入，以表之。

【校记】

［一］纪□宁：乾隆四十三年《富平县志》、光绪《富平县志稿》均作“纪宁”。

［二］□：光绪《富平县志稿》作“梦”。

［三］若：光绪《富平县志稿》作“芳”。

【注释】

①衵衣：贴身穿的内衣。

②无远弗届：不管多远之处，没有不到的。语出《尚书·大禹谟》：“惟德动天，无远弗届，满招损，谦受益，时乃天道。”届，到达。

流寓

唐

魏徵，字玄成，曲城人。少有大志，高祖时官洗马，辅隐太子。太子败，秦王责之，徵曰：“太子早从徵言，无今日祸。”王器之，比即位，遂拜谏议大夫。徵感知遇，封事先后二百余上，皆剀切当帝心。三年与朝政，七年封郑公，卒之日帝哭临，辍朝五日，赠司空，谥曰文贞。今县北有徵庙，碑载其世系甚详。庙左鹅鸭池底坚如石，南一里祖墓在焉。

令狐彰，字伯阳。父濞范阳尉，自敦煌迁富平。彰倜傥有胆气，涉猎书传，知大义。初事安禄山、史思明，伪署滑州刺史。感激忠义，思立名节，募勇士善水者。表请归顺，肃宗大悦，赐书慰劳，乃自滑台移镇杏园，率死士数百人溃围入朝，下诏褒美，赐甲第、帷帐、什器甚盛，拜博滑节度使。河朔平，加御史大夫，封霍国公。时吐蕃内犯，诏彰防之，所过秋毫不犯。病亟，敕[一]子归东都私第，悉上军府兵仗、财用簿。仍荐刘晏、李勉可当大事，代宗诏褒其间，赠太傅。长子建，管右武军事，迁右领军大将军。次子通，以李吉甫荐拜赞善大夫，徙秦州团练使，终右卫大将军。三子运，东都留守将。父子兄弟皆以才名。

李光弼，柳城人。刚毅深沉负雄略，善骑射。用兵谋而后战，能以少覆众。治师严整，天下服其威名。军中指顾，诸将不敢仰视，与郭子仪齐名，世称“郭李”。卒赠工部尚书，谥武穆。今墓碑在富平西北原上，颜真卿书，盖其迁寓地云。

李光进，字大应，光弼弟。初为房琯裨将，代宗初拜检校太子太保，封凉国公。吐蕃入寇至便桥，郭子仪为副元帅，光进及郭英义[二]佐之。又掌禁兵，后出为渭北邠宁节度使。

贾岛，字阆仙，范阳人。初为浮屠，名无本。游东都，洛阳令禁僧午后出，因作诗自伤。韩愈见而怜之，教为进士业，遂苦志吟哦，以诗名世。后坐飞语，贬长江主簿。久之，以普州司仓参军迁司户，未受命卒。归葬贾村，冢碑今存，盖寄寓地。

金

李兴，曲阜人，迁道贤里居焉。初以异材累官大将军、耀州刺史，屡立战功，赐玉兔鹘带、金器。已又加辅国上将军、渭北总帅。元兵入关，三辅大震，特命行省陕西，兴遂据天活堡。百姓依之，全活甚众，卒葬永闰乡。子鲁孙，耀州刺史。

乌古论速可为镇耀将军。元兵入，弃官隐富之北山，遂家焉。今流曲李氏其裔也。里东有速可墓，人称“元帅坟”，目其子孙曰“金牌李家[三]”。

明

胡致中，初籍汾州。官陕西右布政使，有治绩。既而弃官家于富，居廓厢里。

国朝

兰泗，耀州人，寓富平。由将材授湖广兴国参将，康熙十二年升直隶三屯营副将，未莅任因吴逆犯长沙调驻武昌。十三年进剿岳州，又檄讨黄金龙，战于大冶之换绳桥，歼贼殆尽，获马骡器械无算，军威大震。十四年还镇武昌，兼摄通协事。十八年特擢荆左路总兵，时逆党未靖，泗旌麾所指屡建奇功，克思南，复龙泉，遵义、绥阳、桐梓等处一时荡平。改镇安笼，地界滇粤，巨寇窟穴其中，最称险要。泗安内抚外，四境帖然，在镇十有六年。予告归，在官数蒙温谕，前后赐书籍、缎紬①、蟒挂、盔甲、鞍马等物。夫人唐氏，幼以孝闻，归兰，相夫教子俱有法，三旬称未亡人，以霜节见称。

冯天爵[四]，绍兴人，寓由家堡，高士冯亮子。贫不能娶，佣[五]身供亲，色养无间，远近人咸敬之，称“冯孝子”。

张占鳌，洛川人，子超。卜居富邑东屏堡，遂为富人。康熙中任荆州府通判，时西山寇发，占鳌严保甲、饬门禁、巡边疆、练乡兵，四境无虞。大兵驻荆，军需支应悉中条理，督催江陵等五邑漕米，清弊平收不累民。

既而大兵进剿，奉委运饷七连坪，寇至不避，勒降不屈，遂遇害。事闻赐葬祭，赠按察使司佥事，荫一子。

李颙，字中孚，周至人，以理学名，学者称“二曲先生”。某年[六]以避兵氛流寓富平，闭关养疴，不与世通。惟三五旧游时叩起居，有问必答，语皆洞源。邑人惠龗嗣为颙高足，辑《富平问答》，载《二曲集》。又邑令郭公传芳筑室幽阿，迎颙居之，咨聆训诲。

张超，字孟迁，号特生，占鳌子。由难荫授宜阳令，莅任五载，善政多端，其最著者，修文庙，立义学，赈饥施粥，率捐俸为之。禁私派，开水利，民食以足。讲圣谕，表节孝，民风以淳。至祝蝗蝗绝、祷雨雨降，民尤咤为异政。升任西隆知州，因地敷政，多所兴革，遐壤②殊俗，熙然丕变。未几卒于官，州民哀号如丧所生，榇归过宜阳，宜民罢市哭送如去任时。又就旧所立祠，哭奠之，旋请从祀名宦。子崇礼己卯膺乡荐，宜民于祠前揭二旗，书“长发其祥③”，以志良吏之报。

【校记】

［一］乾隆四十三年《富平县志》、光绪《富平县志稿》均作“勒”。

［二］郭英义：据《旧唐书》《新唐书》应为郭英乂。郭英乂，字符武，瓜州晋昌人，郭英杰之弟，唐朝将领。生平事迹详见《旧唐书》卷一百一十七列传第六十七、《新唐书》卷一百三十三列传第五十八。

［三］金牌李家：乾隆四十三年《富平县志》、光绪《富平县志稿》均误作“金碑李家”。

［四］冯天爵：光绪《富平县志稿》作“冯天鷟”。

［五］佣：光绪《富平县志稿》作“雇”。

［六］某年：乾隆四十三年《富平县志》、光绪《富平县志稿》均作“康熙十四年”。

【注释】

①紬：用废茧残丝纺成粗丝织成的平纹织物，即粗绸。《急就篇》二章颜师古注：“抽引粗茧绪纺而织之曰紬。”

②遐壤：边远之地。

③长发其祥：经常有吉祥发达的事情降临，后用为事业发达的吉利话。语出

《诗经·商颂·长发》:“濬哲惟商，长发其祥。”

仙释

唐

田真人，碑失名，田村人。世传修炼美原县东郭，晓服食变化术。邑人曹玉珂《终华仙迹志》载田常在事甚幻，或云即其人。

徐七，失名。幼好道，弃家遍访名山，归而习静[①]华之青柯坪。一日见异人登山，徐敬礼之。问徐家何所，对以富平。因自云访道未遇，其人笑曰:“道在汝乡，何远求?”徐骇问，复曰:“西女学洞有《养生经》一卷，斯道要也。”徐颔之，旋归，入洞见积书满几，首一册即《养生经》，一石人凭几如观书状，谛视即向所遇人，徐惊拜，取经出，写毕还送洞中，依经练习，年逾耄耋，仍游名山，不知所终。

金

白德明，字显达，美原人，母党氏梦白凤栖庭而生。幼颖悟，善属文。父献，进士，为县令，德明见其鞅掌[②]拘挛状，力谏去官，自亦绝意婚宦，弃家为道士，居三原龙阳宫。复厌喧嚣，遁迹华山。元世祖召入，奏对称旨，赐号“天光真人”。

元

志达，碑失名。元初见女人化蟒，遂发愿学长生术。后遇正阳授秘诀，弃家学之。居抱一观，年百余岁颜如童子。

明

邱玄清，邑人。少慕仙，弃家访道至武当，师一道流虐使之，迄无忿恚。从游诸名山，最后抵终南，至山巅，有败屋三楹，师曰:“此吾初学道处。”命拾薪煮檐下白石食之，谓玄清曰:“汝留此，吾暂过山下访故人。”遂去不复返。林冥风凄，虎蛇交迹，饥欲煮石苦无薪，自分[③]必死，僵卧室中，见墙头残书数卷委积尘中，取视则皆道要，因雒诵数日，豁然有悟。而师适至，笑曰:“汝见吾书乎?可言其义。”玄清因敷陈请质，师大喜，再为开示，遂了真诀。乃引至一处，贝阙珠楼，迥出尘界，谒诸道侣，始知其师为张仙三丰，旋命却归武当。文皇时求三丰不得，召玄清奏对，契宸衷[④]，拜御史，迁太常寺少卿，赐以宫女，固辞不受。未几弃官入终南，不知所终。

赵老，无名字，或云宋宗室。初隐终南，悟彻禅宗。天顺间选地富平，居明月山峪，二虎依之，以药济人，得者立愈。有相邀者骑虎往，常有偈曰："明月清风好坐禅，休将意马走山川。此生不修空归去，再遇人身几万年。"示寂后肉身尚存，在石室中，人遂呼其峪为赵老峪。邑人李翰检因笃云赵与孙真人同居一庵。

马官儿，无名氏，不言其籍，语则操秦音。万历初寓邑南郭，喜与乞丐、小儿相嬉游。人呼官儿，小而贱之也。诸生曹数饭之，复馆之别墅，尝语曹以黄白术，曹不纳。又自言已百余岁，亦不之信。一日，曹母眉际生疔，势甚危，群医束手视，马笑曰："易耳。"出葫芦中药三厘，敷之立愈。无何，曹门人张某家僮诣曹假一仆同治丧，具云其主疔生于眉，当来时已属纩矣。曹俾以骑迎马往，比至，奄奄气欲尽，马入视，遽曰："可速作粥候病者食。"又不即敷药，顾左右具茶从容饮毕，始出药如前许敷之，未移时，病者忽起呼曰："饥甚！"亟奉粥尽数器，病脱然如失。去因出百金为寿，即持去，呼贫者给之立尽。久之，辞曹去叩所适曰："予自终南来，还自终南去。"向曹作礼曰："公既不屑黄白术，复不祈久视，请以一方赠公。"盖即前所用以治疮者。去时留偈于壁曰："回光返照，清修之要。妄念能断，神气不散。气海朝暾[⑤]，长生之门。南山幽幽，期君来游。"

程化乐，都村人。自云化乐真人谪人世，故以为名。应童子试久不售，遂弃去。习静华山，华渭人士奉之如图南。著作甚富，言未来事多奇验。殁几年，有于蜀中遇之者，传言谢故人，盖尸解[⑥]也。

刘仙，隐石叠山，洞门题"碧云岛"。洞前石砌山田数亩，相传仙人种药处。洞中壁上有诗云："青山不管人憔悴，绿水何曾洗是非。人来问我红尘事，摆手摇头总不知。"

本朝

程云汉，宋释之师。幼好睡，或数日不醒。经书未授读，辄能暗诵诗文，下笔立就，著《三元经》数千言。云游方外，屡现灵异，门人宁远令宋万胜有传。

西亳乔履信曰："人也奈何哉，兼物言人也。物也者，物也。言有物，行有物，其中有物，物物而不物于物。类萃之中标物望，风尘之外有物色，惟人可物，故物其人云。”

又曰：“富邑人物英伟绝特、色色出人，良由世德家学素所蓄积者然也，宁独山川灵奥钟毓称奇欤？式厥献宾厥贤，爰章厥俊，载扬厥清，后之司教化者不惜踵增加励，芳躅[7]可蹑，馨闻有加，风气蒸蒸日上矣。”

【注释】

①习静：习养静寂的心性，亦指过幽静生活。

②鞅掌：职事纷扰烦忙。

③自分：自己估量、揣测。

④宸衷：帝王的心意。

⑤朝暾：早晨的阳光。暾（tūn），刚升起的太阳。

⑥尸解：指修道者遗弃形骸而成仙，为道家用语。

⑦芳躅：前贤名流的遗迹。躅，足迹。

富平县志卷之八

西亳　乔履信敦峰　编次
高陵　雷　亨彦礼　校订

祥异

瑞不失类，必以其方。人无衅焉，妖不自作，信善哉！《春秋》不纪瑞而书灾，五行诸志载诸史。邑虽小，异必书，异虽小，书必详。志祥异。

殷

帝乙[①]三祀[②]夏六月雍州地震。

周

惠王十三年、鲁庄公三十年九月庚午朔日有蚀之，二十二年、鲁僖公五年九月戊申朔日有蚀之，俱属秦分。

襄王六年，秦饥，晋闭之籴。

灵王十九年、鲁襄公二十年十月丙辰朔日有蚀之，二十年、鲁襄公二十一年九月庚戌朔日有蚀之，十月庚辰朔日有蚀之，刘歆俱以为秦分。

秦

始皇初即位，冬雷。

九年四月寒冻，有死者。

汉

高祖元年五星聚东井。

二年关中大饥，米斛万钱，人相食，令民就食蜀汉。

武帝元鼎元年，汾阴得鼎以闻天子，以礼祠，迎鼎至甘泉，从上行，荐之。至中山，氤氲有黄云盖焉。有狍过，上自射之，因以祭云。公卿大夫请尊宝鼎曰："鼎至甘泉，光润龙变，承休无疆。合兹中山，有黄白云降盖，若兽为符，路弓乘矢，集获坛下，报祠大飨。唯受命而帝者心知其意而合德焉。鼎宜见于祖祢[3]，藏于帝廷，以合明应。”制曰：“可。”

二年大寒，雪深五尺，三辅民人多冻死。

成帝建始三年夏大水，三辅霖雨三十余日。

后汉

光武建武二年，关中饥，人相食。

灵帝熹平四年夏六月，三辅螟虫为害。中平二年七月，三辅螟虫为害。

献帝兴平元年秋七月，三辅大旱。

晋

惠帝元康元年七月，雍州大旱，陨霜疾疫。七年七月，秦雍二州陨霜杀禾，大旱疾疫。

怀帝永嘉中，秦雍大蝗，啮草木及牛马，毛皆尽，又大疾疫兼饥馑。

明帝大宁三年四月，雍梁大旱。

帝奕[4]太和元年，秦雍二州地震，裂，水泉涌出。

孝武帝太元四年，秦大饥。

北魏

高祖太和二年七月壬戌，雍州赤风。三年七月，雍州大霜。六年七月，雍州大水，蚜蚄[5]害稼。八年四月，雍州暴雨蝗。九年四月，雍州陨霜。

【注释】

①帝乙：商朝国王，姓子名羡，商王文丁（《史记》作太丁）之子，商朝第三十任君主，夏商周断代工程将他的在位时间定为公元前1101年—公元前1076年，共在位26年。帝乙死后，其子帝辛（商纣王）继位。

②三祀：三年。

③祢：古代对已在宗庙中立牌位的亡父的称谓。

④奕：即指晋废帝司马奕（342—386），字延龄，晋成帝司马衍次子，晋哀帝司马丕同母弟，母周贵人，东晋第七位皇帝，也是东晋唯一一位在位期间被废黜的皇帝。

⑤蚜蚄：即粘虫。幼虫头褐色，成虫习惯迁飞，是农作物害虫。

周

武帝建德二年，关中大蝗。

隋

文帝开皇四年，关中饥。六年，关中旱。十四年五月关内诸州旱，八月关内大旱人饥。

唐

高祖武德六年，关中久雨。七年秋，关中旱。

太宗贞观元年，关内饥。二年京畿旱蝗，太宗在苑中掇蝗祝而吞之，是岁蝗不为灾。十年，关内大疫。十四年，白龙见于富平。

高宗总章二年，关中饥。咸亨元年，旱及霜虫，百姓饥乏，关中尤甚。永隆二年七月，大风害稼，关中旱霜大饥。永淳元年，京畿蝗，关中饥，五月旱，六月蝗，冬大疫。久视元年，关中旱。

中宗景龙三年冬，关中饥。

元宗开元二年三月，富平县有肉角羊。十六年，关中久雨害稼。二十三年六月壬子，京兆富平县瑞麦生一茎五穗。天宝九年，关中旱。

代宗广德元年秋，虸蚄虫害稼，关中尤甚。二年秋，蝗，关辅饥，斗米千钱。大历十二年秋，京畿大雨，水害稼。

德宗贞元六年，关辅旱。七年，关辅牛大疫。九年四月辛酉，地震，关辅尤甚。十九年，关辅饥。

宪宗元和八年夏丙申，富平大风，拔枣木千余株。九年春，关内饥。十一年十一月甲戌，元陵火。

文宗太和三年十一月庚子，京兆上言奉先、富平、美原等八县早霜，损稼二千三百四十顷。六年，关辅旱。八年三月，定陵台大雨，震，庑下地裂二十有六步。

懿宗时，关中大旱。

僖宗中和二年，关内大饥。四年，关内大饥。

宋

太祖开宝八年，关中饥，旱甚。

太宗至道二年，关西民饥。

真宗景德四年，五星聚东井。大中祥符四年，陕西饥。八年，陕西饥。

天禧元年，陕西旱，蝗蝻[①]复生，多去岁蛰者。六月，陕西蝗蝝[②]自死。四年，陕西诸州大稔。

仁宗明道二年，陕西蝗。

神宗熙宁八年，陕西饥。九年夏，陕西蝗。八月，陕西旱。元丰二年春，陕西旱。

哲宗元祐六年，美原县麦一茎数穗。元符二年，陕西大水。

高宗绍兴十二年十二月，陕西不雨，五谷焦枯。

金

世宗大定十六年五月，陕西旱蝗。

章宗明昌四年，陕西大稔。

（魏）［卫］绍王[一]崇庆元年，陕西旱。二年，大旱。

宣宗贞祐四年，陕西大蝗。

哀宗正大三年，陕西旱。

元

文宗天历元年，陕西大饥，人相食。二年四月，奉元[二]、耀州、乾州、华州及延安、邠诸县饥。

顺帝至元二年，陕西暴风旱。至正六年五月，陕西饥。十二年闰三月丁丑，陕西地震。二十八年二月己巳，陕西有飞火自华山下，流入张良弼营中，焚兵库器仗。六月，陕西地震。十月辛巳，地又震。

【校记】

［一］魏绍王：乾隆四十三年《富平县志》作“卫绍王”，据改。

［二］奉元：乾隆四十三年《富平县志》作“奉先”。

【注释】

①蝗蝻：蝗虫的幼虫。状似成虫而翅短、体小、头大。经过四、五次蜕皮后变为成虫。

②蝝：未生翅的幼蝗。

明

太祖洪武二年，陕西旱饥。四年，陕西旱饥。

成祖永乐二年九月，关陕献嘉禾。九年，陕西疫。十二年，陕西诸县饥疫。

宣宗宣德三年，陕西大旱饥。七年八月，嘉禾嘉瓜出陕西。八年十二月，陕西进嘉禾。九年八月，陕西水。

宪宗成化二十年，陕西旱。二十一年，关中连岁大旱，百姓流亡殆尽。二十二年，陕西大饥。二十三年七月二十二日，关中地震，声如雷，山多崩圮，屋舍坏，男女死者千九百余人。

孝宗弘治八年二月，陕西天门开，人马百万自下而上。十一月，陕西地震。十四年正月朔至望，地震。

世宗嘉靖二年春正月，陕西地震。六年，蝗飞蔽天，自河南来。七月，陕西大旱。十年七月，陕西大旱，螟，蠲赈[①]有差。十七年，陕西大旱。三十二年三月，陕西大饥。三十四年十二月壬寅夜，地震如雷，城垣、屋舍皆没，压死甚众，大树如帚扑地，忽起忽仆，或移数武[②]。事闻，遣祭告[一][③]，赈恤[④]有差。

穆宗隆庆二年二月，地震。四月，又震。

神宗万历六年冬，久雪。十四年，大旱。十五年，大疫。十六年，大饥。三十四年六月，陕西地震。四十一年，大有。四十四年秋七月，大蝗害稼。四十五年五月，冰雹伤田，夏旱，冬燠桃杏花。四十七年，旱。

熹宗天启元年，旱饥。六年，旱饥。

庄烈帝崇祯元年三月二十五日，全陕天赤如血，巳时渐黄日始出，自四月至七月不雨，八月恒雨，霜杀稼。五年，石川里民生子具肉僧帽。六年，陕西大饥。七年，陕西蝗，大饥。冬，陕西地大震。八年至十二年秋，俱旱。十三年，大旱，人相食，草木俱尽。十四年三月二十三日，雨土，夏大热[二]。

本朝

顺治二年，蝗，不为灾。八年，丰泉水溢。十七年，大有。

康熙三十年，大饥，奉旨发帑金[⑤]，又转楚豫漕米赈之。三十一年，饥疫。六十年，旱饥。

乾隆元年，丰泉今又名南湖水溢。八月，文庙钟鼓自鸣，十余日乃止，邑士登恩科者八人。三年三月，雨雹成灾，共九十九村堡伤稼五百九十六顷七亩。知县乔履信详报，奉旨豁免粮银二千七百四十六两一钱四分九厘七毫二丝二忽，发仓谷一万四千三百五十四石八斗一升六合赈之。四年三月，雨雹成灾，共十六村堡伤稼六十顷四十亩五分。知县乔履信详报，奉旨豁免粮银一百二十七两五钱八分六厘六毫八丝。五年闰六月，雨雹不成灾。

西亳乔履信曰："上瑞凤麟，下瑞芝菌⑥，因政而见者，犹左券⑦也。至桑拱雉雊⑧比于妖矣，商以兴九涝七旱，何帝王在上而有此？受宠若惊，遇灾而惧，在修德。"

【校记】

［一］事闻，遣祭告：乾隆四十三年《富平县志》作"事闻，遣官祭告"，衍"官"字。

［二］热：乾隆四十三年《富平县志》作"熟"。

【注释】

①蠲赈：免除租税，救济饥贫。

②武：半步。古代六尺为一步，半步为武。

③祭告：古时国有事，祭神而告之。

④赈恤：救济抚恤。

⑤帑金：钱币，多指国库所藏。

⑥芝菌：灵芝。

⑦左券：古代称契约为券，用竹做成，分左右两片，左片叫左券，是索取偿还的凭证。

⑧桑拱雉雊：俱为变异之兆，语出范希文《灵乌赋》："亦由桑拱于庭，惧而修德，俾王之兴；雉雊于鼎，惧而修德，俾王之盛。"雉雊，雉鸣叫。

艺文

刘向《七略》列诗赋，王俭《七志》列文翰，孝绪《七录》列文集。邑志，一邑之乘也，记载著述胡可缺然。文华也，行实也，先行后文，宜为殿。志艺文。

明月山铭① 北周 庾信

竹亭[一]标岳，四面临虚。山危檐迥，叶落窗疏。
看椽有笛，听树疑竽[二]。风生石洞，云出山根。
霜朝唳鹤，秋夜鸣猿。堤梁似堰，野路疑村。
船横埭②下，树夹津门。宁殊华盖，讵识桃源？

【校记】

[一] 亭：《庾子山集注》作“窗”。

[二] 听树疑竽：《庾子山集注》《文苑英华》均作“对树无风”。

【注释】

①明月山铭：《庾子山集注》（[北周] 庾信撰、[清] 倪璠注）、《全后周文》《文苑英华》《骈文类纂》均收有此文，文字略有出入。

②埭（dài）：堵水的土坝。

三川水[一]以下五言古　唐　杜甫

我经华原来，不复见平陆。北上唯土门[二]，连天走穷谷。
火云无时出，飞电常在目。自多穷岫雨，行潦[三]相豗蹙①。
翁[四]匌川气黄，群流会空曲。清晨望高浪，忽为[五]阴崖[六]踣。
恐泥窜蛟龙，登危聚麋鹿。枯查卷拔树，礧磈②共充塞。
声吹鬼神下，势阅人代速。不有万穴归，何以尊四渎③。
及观泉源涨，反惧江海覆。漂沙拆崖[七]去，漱壑松柏秃。
乘陵破山门，回斡裂地轴。交洛赴洪河，及关岂信宿。
应沉[八]数州没，如听万室哭。秽浊殊永[九]清，风涛怒犹蓄。
何时通舟车？阴气不黪黩④。浮生有荡泊[十]，吾道正羁束。
人寰难容身，石壁[十一]滑侧足。云雷屯[十二]不已，艰险路更跼。
普天无川梁，欲济愿水缩。因悲中林士⑤，未脱众鱼腹。
举头向苍天，安得骑鸿鹄。

【校记】

[一] 三川水：《全唐诗》作“三川观水涨二十韵”。原注：天宝十五载七月中避寇时作。按三川属鄜，以华池、黑水、洛水同会得名。

［二］门：《全唐诗》作“山”。
［三］淹：《全唐诗》作“潦”。
［四］翁：《全唐诗》作“蓊”。
［五］为：《全唐诗》作“谓”。
［六］崔：《全唐诗》作“崖”。
［七］拆崖：《全唐诗》作“坼岸”。
［八］沉：《全唐诗》作“沈”。
［九］永：《全唐诗》作“未”。
［十］泊：《全唐诗》作“汩”。
［十一］璧：《全唐诗》作“壁”。
［十二］屯：《全唐诗》作“此”。

【注释】
①虺蹙（huī cù）：撞击。
②礌磈：众多山石累积的样子。
③四渎：古代江、淮、河、济诸水的总称。
④黪黩：昏暗不清的样子。
⑤中林士：在野隐居的人。

岁饥颂蒋明府　李因笃　邑人
大旱逼春分，沿堤才弱柳。孑遗留荒村，犹及共社酒。
集立称新令，仁廉古罕有。吾徒保残息，并托慈母手。
贱子困负疴，当途稀疏久。独公沛德音，推解存枯朽。
近且陪部使，经旬浩奔走。皇仁固浩荡，得达闾阎否。
公颇携清囊，屡为若辈取。赈施郡国先，慷慨关河首。
感极转堕涕，行碑传其口。澄辉亘三吴，壮彩穷二酉。
所至倾士女，欢声遍童叟。莱芜甑生尘，单父琴掣肘。
咋忽贲轩车，情深忘老丑。衰龄谢应接，喜复瞻山斗。
富平王节母诗　张汉　石屏人
中庭有慈竹，青翠发幽香。郁郁覆笋根，双栖金凤皇。
一朝及岁寒，错节恐凋伤。猗彼琅玕质，孤贞一何刚。

百折不可回，人生无冰霜。凡卉先秋萎，孙枝郁以苍。

我重抱节君，应知受命长。

何难按今县东二十里俗名贺兰关即此　曹玉珂　邑人

唐昭宗乾宁三年七月凤翔李茂贞称兵犯阙，都人窜匿，禁旅星散。上幸鄜，欲依克用。甫渡渭，有兵数千自东驰至，时扈卫寡弱，遥望皆无人色，及见，则韩建子从允也。持建表请幸华州，上不许，中官惮远行，趣上召建议，且群言建忠非克用比，上命韩宣徽檄召建，左右实与从允谋，不从则劫矣。上至富平，建帅兵二万人跪申表意，上不得已从之。是日即发富平，为七月七日乙未也。行东南二十里，暑甚，何后驰烈日中以疾坠鞍。上驻野次①，父老跪进水浆，泣不能兴，诏张幄少息。建恶之，令军士噪言同州兵临，盖茂贞养子继塘为同州刺史。时军声四起，上仓皇扶后上马而去。以何后之难今名何难关，旧设有关云。

唐自贞观后，南山盈荟蔚。开元御极久，姚宋不终治。

相李复相杨，诸乱根皆植。力士初衣朱，渐积挝画地。

方镇握重兵，范阳诸孽始。悖逆畿甸发，草木摇清渭。

岂乏塞源人，不克安其位。刘蕡布衣言，言直即下第。

宵旰亦励精，如人病憔悴。间择医师良，焉能起久瘵。

教以趋奸宄，风靡日从类。外庭阒②无人，定策由宦寺。

内外交相攻，患起一无备。缅想含元尊，生杀频任意。

谄佞谀尧舜，百僚供适志。臣畏刑辟加，主无阴雨计。

金瓯太宗业，千叶宁虞坠。及乎叛离逢，九重成旅寄。

栈道旋凤翔，岌岌台城势。倖出又犯阙[一]，六宫怜狼狈。

仰首泣李郭，久澌忠良气。天地不生贤，有贤赋薜荔。

一望苇萧白，何处松柏翠。克用原堪依，驭之乖其制。

近畿阻入朝，间关自往会。苟能达太原，蔓弱亦留蒂。

此生靡失节，其心原无异。左右蒙天听，诏传韩建议。

但求弛远行，莫肯详害利。逾荆到频阳，北行识上志。

槭林兵忽临，浮原集万旆。班声飞屋瓦，翚褕③拭双泪。

天语未得申，请行止一拜。堂帘谊虽亡，冠履分自在。

神龙失云雷，鲂鳙恣睥睨④。是晨东南发，迅驭非安辔。

尘土洒龙颜，御闲冯河济。椒房神仙质，玉食践锦罽⑤。
胡然惊帝天，同驰铁衣队[二]。暑灼卧马足，军士风鹤唳。
草色沾紫凤，鸣角驱昏昧。强扶乘绣鞍，颦眉无药饵。
云间金阙迥，乾雀嗟伉俪。凝眸羡馌⑥媪，兹阶谁为厉。
厚福武媚朝，尊崇及怀义。入夜见牛女，感念华清事。
历代鲜深泽，村落遍凋敝。淳俗尚二南，草野怀秉懿。
道旁荷锄翁，家贫尽征税。从谨同朴略，跪进农家饲。
欲陈区区心，环目怒相视。翠华倏尔行，倚檐独涕泗。
东望虎眈眈，狼贪笑狂肆。近臣乃若然，谁可敌王忾。
朱三岂相容，同恶何寡智。此时惟晋阳，渡流欲往说。
躬微不可见，道远不能致。村名以何难，长为子孙志。

【校记】

［一］阙：乾隆四十三年《富平县志》作“关”。

［二］队：乾隆四十三年《富平县志》作“坠”。

【注释】

①野次：野外止宿之处。

②阒（qù）：寂静。

③翚褕：后妃礼服。

④睥睨：斜着眼睛看人，表示傲然轻视或不服气的意思。

⑤罽（jì）：用毛做成的毡子一类的东西。

⑥馌（yè）：给在田间耕作的人送饭。

华阳有序　同上

始皇二十二年，李信丧二十万众、七都尉于楚。时王将军翦谢病家居，始皇疾驾入频阳，手以上将印，佩（剪）［翦］身六十万兵符，如翦约。回銮后三日翦发频阳，始皇降华阳公主，简宫中丽色百人为媵，北迎翦于途，诏即遇处成婚，翦行六十里遇焉。遂列兵为城，中坚设锦幄，行合卺礼，官属供帐甚盛。诏频阳别开主第，相遇处今名华阳，在富平东南三十里。

荒村枯树春，平野临华渭。青草纷马首，当时锦幄地。
将军严北发，频阳摇旌旆。前途逢翠华，辇车鸣瑶佩。
围毂驰红妆，彩映鹰扬队。从官宣天言，遇处即赐配。
倏忽兵为城，中坚起绣第。铁马夜不嘶，歌吹遏霳霨。
晓起变鬓丝，仙芝锡天妹。信宿到青门，六宫迎甥婿。
万斛主府开，阿房共壮丽。祖龙虽多疑，御府取若寄。
我叹古达人，身无难处世。料主复审敌，居功安无忌。
杜邮与上蔡，嗜杀识先昧。将军惟谋胜，深绝长平事。
歌凯云梦回，双凤鸣哕哕。迄今邑山祠，白髭朱颜俪。
香烟讥[一]萧史，空载弄玉逝。华阳人尚见，月明鸾鹤至。

【校记】

［一］讥：乾隆四十三年《富平县志》作“几”。

雨后游月窟山 窦祖禹 邑人

宿雨放新晴，长空云似扫。月窟峙晴岚，登临须拨草。
入山石渐大，到顶人乍小。去天疑一握，脚底踏飞鸟。
群峰等儿孙，森立仰携抱。搔手思一问，恨不携谢朓。
古木俯而揖，危崖欲萌[一]倒。山花非无名，安能一一了。
牧樵各忘机，鹿骛驯不扰。山深人语稀，但闻鸟语好。
游山须到尽，如鸠巢树杪①。掉臂信所之，奇踪皆探讨。
碧瓦悬百尺，飞楼真缥缈。前有读书龛，斫云自太保谓孙恭介公。
学女坐西峰，书声传父老。西北有灵湫，祈霖多应祷。
残碑半剥蚀，字画犹能考。太华迎爽气，渭流一线绕。
绝壁余斧痕，五丁②何年造。古洞有神迹，可望不可到。
日落四山黑，少焉天光皓。遥天参斗横，举头见毕昴。
因缘宿佛洞，洞深幽以窅③。木鱼连夜击，梵音彻云表。
书生魂梦清，造物忌相搅。中宵万窍号，惊我肃然悄。
势欲拔大木，何论折枯薐④。升沉应有数，安用忧如捣。
风定东方白，红日尚未杲。断霭障孤村，朝烟流清晓。

苍茫迷仄径，却忘来时道。渔郎莫问津，恐误作蓬岛。
老矣此山中，爱此月如缟。滥巾羞周子，肯令勒移早。
归来不作诗，余欢坠空杳。

【校记】

［一］萌：乾隆四十三年《富平县志》作“崩”。

【注释】

①杪（miǎo）：树枝的细梢。

②五丁：传说中的五位力士。

③窅（yǎo）：深远的样子。

④蕂（lǎo）：干梅。又泛指干果。

重游月窟山　同上

腰舆[①]又芒[②]蹻[③]，重来访旧迹。鹭鹈如故友，飞鸣各拍拍。
孤烟一缕青，叠嶂四围碧。仄径即盘回，宁须扶筇策[④]。
石室三尺桐，幽响鸣磔磔[⑤]。二女知不死，束络岂枯腊。
古洞神仙窟，人间无此宅。猛兽亦奇鬼，侧立千仞石。
山谷欸且笑，怪鸟如惊客。自觉与岩阿，千古似连璧[一]。
泉石同膏肓，畴云异代隔。此中有佳处，无复忆原泽。

【校记】

［一］璧：乾隆四十三年《富平县志》作“壁”。

【注释】

①腰舆：一种用手挽的轿子，高仅及腰，故称为“腰舆”。

②芒：多年生草本植物，叶细长有尖，叶除可作绿篱和布置庭园外，又可作造纸原料和编织草鞋，嫩叶可做牛的饲料。

③蹻（jué）：屐、鞋。古代多指草鞋。

④筇策：手杖与马鞭。

⑤磔磔（zhé zhé）：状声词，形容鸟鸣声或琴声。

温园 李樟 邑人

我里荆浮间，浩荡漆水注。昔予每行游，曾经最胜处。
群峰叠翠屏，清流相奔赴。屋宇间陂田，千顷阴竹树。
居人误东西，过客迷来去。置身画图中，一步一回顾。
颇疑桃花源，昔人言非寓。潇洒南村居，羁网徒为慕。
数载萦素心，往往魂梦遇。之子何清真，邂逅古青门。
自云家漆浒，桑梓古来春。风景一为说，正余向所欣。
以兹幽胜地，对君磊落人。鸡豚寻社约，便足了此身。
买山钱有赠，百万定卜邻。回首故山里，水木正森森。

荆山铸鼎篇[一] 陈覺 邑人

放勋昔在位，鸿水正滔天。舜举崇伯子，乃奠名山川。
维禹实大智，疏浚有后先。乘檋①荆山顶，用鼓洪炉烟。
山峙渭之北，漆沮绕其前。山明水亦秀，铸鼎辨神奸。
百灵胥效顺，夔龙相纠缠。昔者轩辕帝，曾铸此山巅[二]。
飞龙来接引，清虚登上仙。寿可后天老，王母与周旋。
世远事茫昧，宝鼎恐虚传。禹逢陶唐世，行水浚原泉。
佐成勋华盛，铸鼎一昭虔。有德不在鼎，鼎与德俱全。
荆山仰止处，崔嵬亿万年。

其二 同上

驱车渭水北，遥望荆山上。古树郁苍苍，峰峦峭叠嶂。
下马徐攀登，绝顶殊清旷。铸鼎传遗宫，古坊俨相向。
我来频瞻拜，厥惟夏德王。受命于帝廷，治水有异状。
辛勤十三载，狂澜为之障。功成因铸鼎，乃在荆之漭。
神灵所凭依，造化相摩荡。箫韶庆九成，凤鸟来飞飏。
洛书由此锡，岳牧互推让。遂使夏后氏，三代莫能尚。
是日天气清，惠风恣和畅。华岳秀嶙峋[三]，黄河排浊浪。
微禹吾其鱼②，焉能不快怏。永言钦法物，庙堂存宝藏。

【校记】

［一］荆山铸鼎篇：《荆山铸鼎篇》共三首，乾隆五年《富平县志》即本志分

置两处，一、二置于此处，其三单列于后（在《游盘龙寺怀前辈刘雨化先生》《同江泉游善庆寺》两首诗之间），乾隆四十三年《富平县志》则合于一处。

［二］巅：乾隆四十三年《富平县志》作“颠”。

［三］峋：乾隆四十三年《富平县志》作“珣”。

【注释】

①檋（jū）：上山穿的钉鞋，一说上山坐的滑竿一类的乘具。《史记·夏本纪》：“陆行乘车，水行乘船，泥行乘橇，山行乘檋。”

②微禹吾其鱼：歌颂大禹治水的功绩，意思是假如没有大禹治水，则人皆将成鱼。语本《左传·昭公元年》：“美哉禹功！明德远矣。微禹，吾其鱼乎!”微，无，没有。

磬玉山[一] **旧志云华原磬石出紫金山，以下七言古**　唐　白居易

梨园弟子调律吕，知有新声[二]不知[三]古。
古称浮磬出泗滨①，立辩致死声感人。
宫悬一听华原石，君心遂忘封疆臣。
果然外[四]寇从燕起，武臣不[五]肯封疆死。
始知乐与时政通，岂听铿锵而已矣？
磬襄②入海去不归，长安市人[六]为乐师。
华原磬与泗滨石，清浊两声谁得知？

【校记】

［一］磬玉山：《白居易集》题作“华原磬”，题下注：天宝中，始废泗滨磬，用华原石代之。询诸磬人，则曰：“故老云：‘泗滨磬下调不能和，得华原石考之乃和，由是不改。’”本志抄录这首诗时删略了前四句，即“华原磬，华原磬，古人不听今人听。泗滨石，泗滨石，今人不击古人击。今人古人何不同，用之舍之由乐工。乐工虽在耳如壁，不分清浊即为聋。”今存此，以备参考。

［二］声：乾隆四十三年《富平县志》作“磬”。

［三］知：《白居易集》作“如”。

［四］外：《白居易集》作“胡”，本志因避讳改字。

［五］不：《白居易集》作“少”。

［六］人：一作“儿”。

【注释】

①泗滨：泗水之滨。泗水在山东省中部。

②磬襄：春秋时鲁国乐官师襄擅击磬，故称。

盘龙寺　明　徐伟　邑令

荷贴青钱杨柳絮，绿暗烟深桑柘路。
旧令之政复何如，开阁渐怜春色去。
佳人强我试春衫，犹记盘龙水似蓝。
往岁寡俦[①]事修禊[②]，此行随俗谩祈蚕[③]。
居僧重见知无恙，社老相逢拨新醅。
前溪雨急不成归，挂起西窗见春涨。

【注释】

①寡俦：缺少同伴。

②修禊（xì）：古时一种濯除不洁的节日，于阴历三月上巳日临水洗濯，借以祓除不祥。

③祈蚕：祀神以求蚕事的丰收。

忆昔行赠李石叠　杨爵　邑人

忆昔相别兰若[①]里，而今咫尺如千里。
叹我老作园圃人，喜君再为苍生起。
我思古人获我心，忧国忧民矢念深。
未说江湖与廊庙[②]，恻恻尽是此胸襟。
何以报称有周道，知吾不愧此怀抱。
化理从教俭地敷，调元应得丝纶早。
昔闻关辅试萧翁，今见中州借寇老。
拜手天庭出帝畿，燕街草色映旌旗。
想像堤边多杨柳，为君无由折此枝。
到处争迎旧宪使，春雨秋霜遍远迩。

吁嗟吾民正倒悬③，愿君此去爱如子。

【注释】

①兰若：寺庙，即梵语“阿兰若”的省称。

②廊庙：朝廷。

③倒悬：缚住人的双足并将之倒挂，使脸部朝下。比喻处境极为艰苦。

斛山歌[一]　孙继鲁　邑人

我闻万斛之山在富平，凌云倚汉自峥嵘。
俯瞰黄河下底柱，遥瞻华岳参长庚。
出云触石几万载，千里秦川城[二]陆海。
钟灵毓秀人绝奇，独立巉岩对真宰。
收拾清风入穴中，阜财解愠裨重瞳①。
髦头却顾伊吾北，赤子长悬渤海东。
补天不用五色石，浴日全凭一片赤。
只求镇定栋乾坤，未与浮沉论坚白。
淹留天理忽过关，孤高无谢首阳山。
薇生太平且莫采，玦今永久当赐环。
赐环非为重青紫，满眼繁华诚敝屣。
殿邦直拟太山安，大猷共济虞周美。
虞周济美竟如何，维岳降神海不波。
象成作乐昭明德，馨香不尽山之阿。

【校记】

［一］斛山歌：《杨忠介集》（文渊阁四库全书本）附录卷五亦有收入。

［二］城：乾隆四十三年《富平县志》作“成”。

【注释】

①重瞳：眼中有两个眸子。相传舜和项羽都是重瞳，见《史记·项羽本纪》。后用以借指舜或项羽，亦可比喻帝王。

仇太公孝思咏有序　张所蕴　耀州人

经曰："孝通神明。"夫孝，庸德也，然而得气之先，故石子种瑶、飞鸟衔火、凿埴而金、泣竹而笋、鹿触垄而啮、虎庇庐而祭，种种神奇莫不自庸德中应之。盖万念者一念所积，万年者一日所积积诚不渝，帝下鉴人终誉。蔡忠惠公曰："三五之世，忠孝繇[①]性；三五之后，忠孝繇劝。"旌孝之典，天与君父之大赏存焉。

频阳仇太公讳养蒙，少有至性，怀肉温衾，不践迹而古人是匹。南游负米，东郊挂经，祷疫愿以身代，几谏出以婉容，痏则吮脓，殁则庐墓，筑土则指爪沥血，伏坵则雷电息威，两丧六载不荤不酒不入室，平革之，精诚也。一世八旬弥孝弥思弥不匮[②]，王高之永慕也。一念万念，一日万日，太公洵积诚不渝者，故天赏之，而疫辄痊、疮辄愈。灵隆若为助，哀君赏[一]而子能世类、能锡宸翰。特为予宠至庸乎、至奇乎？气先有以相感。公虽嗜学，终身以青衿老，而刻期返真有如委蜕[③]，天人交感神明通乎至德，视古人畴多让与？公之子孝廉君感天语，贲里仍册集诸名公之言以光修夜。蕴辱通家[④]子，敢不序而咏之，第公孝繇性成，令人（玄）[悬][二]仰[⑤]三五。以上而非言词所能悉。

我闻刘元城，生平无妄语。殁而作轰雷，遽向壁间起。
精气激为声，此中有至理。非庸亦非奇，神明初弗死。
孝哉仇太公，嗜学老愈旨。负米乐养亲，徒谷发深耻。
祷（殁）[疫][三]与吮痈，天眼无留视。庐墓墓长湿，泣血周六祀。
一夕列缺怒，伏号风雷止。因心八十年，考祥旋视履。
豫能刻死期，遗世如脱屣。贻哲有令享，科名振珂里[⑥]。
于皇崇孝治，县楔贲宸玺。宁顺而显扬，风励宁穷纪。
嗟嗟徐仲车[⑦]，哭声自尔尔。吕溱中宵闻，之叹鬼神应。
复为公泣不，已灵浩磅礴。天与徒万载，鍧砰[⑧]恒在耳。

【校记】

[一] 赏：乾隆四十三年《富平县志》"赏"后有"之"字。

[二] 玄：乾隆四十三年《富平县志》作"悬"，据改。

[三] 殁：乾隆四十三年《富平县志》作"疫"，据改。

【注释】

①繇（yóu）：通“由”，从，自。

②不匮：不竭。《诗·大雅·既醉》：“孝子不匮，永锡尔类。”毛传：“匮，竭。”郑玄笺：“孝子之行非有竭极之时。”

③委蜕：羽化。

④通家：彼此世代交谊深厚，如同一家。

⑤悬仰：悬念仰慕。悬念，挂念。

⑥珂里：对别人家乡的敬称。

⑦徐仲车：即徐积（1028—1103），字仲车，北宋聋人教官，楚州山阳（今江苏淮安）人。三岁父殁，因父名石，终身不用石器，行遇石，避而勿践。事母至孝，母亡，庐墓三年，哭不绝音。

⑧訇砰：象声词。疾雷声或大水激荡声。

明月篇赠温母唐节妇　清　李柏　眉县人

明月山头明月明，明月明明照山城。
山前淑女钟明月，爱看明月月下行。
山有明月辉草木，人见明月岂无情？
明月扪来入怀抱，此身可比明月清。
笄为明月山前妇，夫婿明月山之英。
祇期月满山长峙，那[一]知月缺山如倾。
月出山边泣黄鹄，月落山门燕不鸣。
我今为歌山月曲，明月皓皓山青青。

【校记】

［一］那：《槲叶集》作“孰”。

孙高行樊氏诗　李樟　见前

县城北十里村名齐罗堡樊家有淑女，许字更北十里孙氏某。某也，年少缘饥驱滇南，远去无还期。康熙三十年间事岁祲，邑里半流离。女年仿佛二十余，母家不赡，谋改图。闻风以死坚自誓，毅然身往孙家庐。稍卖其产物，纺绩并勤劬。邻有寡姆相与居，辛苦十年口自糊。忽传夫在云南生事腴，道路遥遥信模糊。寡母之子、夫族子前往一探，果有无回，言浮家另娶生男女，寄谢高谊，宜早自计无守株。闻言置之，意自如此。后往来烦词弥难述，或言业已就冥途。独处三十余五载，青娥倏变冰霜颅。客岁[①]邑明府闻之，重嗟吁，适会使事滇中，当路亲万里朱篆，附官符计欲招归合白首。宁知真已前死数年，遗藐孤卓尔褎衣为通儒[②]。苦告官长愿北归，百二十日到旧闾。将持生母妻妹俱，匍匐尊前血泪枯。里人哄然贤此子，更为高行快歌呼。我书韵语纪瑰异，重复咏叹倡吁于雍正三年秋七月，同邑之人李生书。

【注释】

①客岁：去年。

②通儒：博学多闻、言行可资效法的读书人。

凿岭谣　朱树滋　邑人

从古大臣作藩屏，持心第一贵清静。
缓征薄敛是良策，凿空水利半画饼。
近闻已浚漆水渠，又传欲开三尺岭。
岭距县治百里遥，高者插天低似井。
绝壑悬岩鸟度艰，猿猱挽葛愁难骋。
倡凿始自恭介公，信人言耳未履境。
沈生好事继刻图，大言欺人思侥幸。
安得五丁领司空，鬼斧神斤同一逞。
须臾岭平万派通，直灌频田百万顷。

游盘龙寺怀前辈刘雨化先生　同上

盘龙龙去已百年，龙去盘迹尚宛然。
我来访龙日正午，翠柏寒凝醉溪烟。
醉溪斋下溪声吼，白鹇寂寂牙签朽。
当时曾寓谪仙人，弄月溪边饮绿酒。
饮绿酒兮醉溪深，醉溪深处老龙吟。

老龙吟，谁解音？
人生莫恨不同时，千载相知凭寸心。

荆山铸鼎篇 陈凳 见前

神禹治水水东下，随山刊木西雍州。
荆岐既旅驻荆阜，周回四顾乐斯邱。
漆沮演漾[1]来西北，东南涌入渭川流。
山川环抱水火济，毅然铸鼎阐大猷。
夏后明德由来远，贡金九牧叙怀柔。
铸为鼎鼐形特异，轮囷[2]轩魏壮千秋。
山林川泽凭出入，魑魅魍魉将焉廋[3]。
胼胝焦劳乘四载，帝锡玄圭承天休。
使节新从北极至，遥瞻紫气驾青牛。
关中人士如波靡[4]，百川东注何所投。
我公具有人伦责，砥柱中流况所优。
疏山导海分内事，铸鼎铸颜[5]或与俦。
荆山巍巍高千仞，铸鼎遗宫奕禩[6]留。
谁实用禹底厥绩，浩浩怀襄能不忧。
尧为君兮舜为相，爰命司空运其筹。
地平天成从此始，唐虞天子自垂旒。

【注释】

①演漾：水波荡漾。

②轮囷：屈曲盘绕的样子。

③廋（sōu）：隐藏，藏匿。

④波靡：随波起伏，顺风而倒。

⑤铸颜：孔子培养其弟子颜回成才，后泛指培养人才。

⑥奕禩：世代，代代，亦作“奕祀”。清胡鸣玉《订讹杂录·奕禩》：“禩同祀，商谓年为祀。奕禩，犹奕世也。”奕，累，重。

同江泉游善庆寺以下五言律 明 李宗枢 邑人

驱车登宝刹，酌酒抚华筵。绀宇[1]微风动，朱光大地悬。

金灯明六世，法座隐诸天。况有同杯客，何妨醉不眠。

【注释】

①绀宇：佛寺。

忆杨斛山　梅守德　都御史

天下奇男子，关西老凤翎。孤忠悬日月，直气犯雷霆。

汉狱传经满，元城睡梦宁。阳和不择地，指日到深扃。

游温泉　惠之介　邑人

湛湛温波远，依流趣不稀。树深莺语细，溪静浪痕微。

空翠连巢阁，野烟隐钓矶。秋风芦荻里，白鹭下还飞。

寇莱公河　曹玉珂　见前

富平东南华阳有小川焉，两岸中深，名莱公河。里人传为寇公欲引温水灌下邽，当时兴废莫考。今相其川原，自温水东岸迤至下邽，皆平野可溉。若复公所浚，则百里皆沃壤，厥利鸿矣。

莱公昔浚此，想见济人心。作相诚为楫，居乡复沛霖。

高原尚有迹，水路自堪寻。谁是继来者，白渠共古今。

再游善庆寺以下七言律　李宗枢　见前

四海风尘多宦迹，十年梦寐此禅关。

共惊溟北鹍先化，翻讶辽东鹤再还。

绕槛细寻曾倚柏，披帘遥对旧看山。

旻公好客今犹昔，白酒青灯漫解颜。

初夏游北郭　杨爵　见前

不教闲虑在胸中，便与长天一样空。

信步行来皆乐地，开襟怀满是薰风。

庭前柏影拂云绿，墙角葵心向日红。

更有一般清气味，应时黄鸟啭幽丛。

赠杨斛山　罗钦顺　兰溪人

眼看荣利独超然，家学关西故有传。

直拟重阴当昼泯，肯令乔木受风偏。

云开月朗谁能卜，义重身轻我自权。
老气为君增十倍，愿言加饭更钻坚。

温泉 杨之翰 邑人

傍岸名园浑镜波，提壶载酒一相过。
云迷野寺苍苍树，月澹清溪细细河。
几处水舂鸣夜永，双堤烟柳带风多。
薄台近向宫前去，独涨脂香洗玉娥。

春暮出郊和五云刘父母 杨日升 邑人

花发河阳县欲红，省耕晓出自郊东。
随车漫敷三春雨，入坐还吹一月风。
桑柘阴深入画里，烟岚浮翠落尊中。
登临指点多明媚，为有福星照远空。

其二

几尺香泥衬雪红，晴霞浓淡护城东。
莎庭草长连朝雨，绛帐诗传大国风。
惠泽如春棠树下，峰峦欲和颂声中。
品题到处能分席，北海尊前酒未空。

明月山夕望 同上

倚杖登临片月催，尚随夕照暂徘徊。
浮云直上峰头尽，落日犹从树杪来。
万壑寒声归涧道，千村暝色隐楼台。
高丘垒垒成今古，招隐空留酒一杯。

春日过岔口览胜 赵兆麟 邑人

岭南鹳鹊别封疆，历历相传岁月长。
漆沮流来还袯襫，山崖断处是频阳。
峰峦耸翠依天秀，桃杏飞红带雨香。
极目登临情不厌，几回搔首自徜徉。

题河北真人洞 惠之介 见前

真人古洞小桥西，石畔汀洲白鹭栖。
隔岸钟声风外向[一]，穿花蝶翅雨中迷。

觞随流水酒成令，坐带落霞诗有题。
仙迹茫茫遥映处，柳塘浪卷杏林溪。

【校记】

［一］向：乾隆四十三年《富平县志》作“响”。

灵湫春雨　温如玉

斜风斜雨湿苍苔，乍听风雷动地来。
瑶草谁从天上种，浓云自向地中开。
横飞岸角千寻浪，净洗山头百尺台。
此处争传神鬼护，群龙出入慢惊猜。

温泉春浴　韩文　邑人

日暖飞红浸玉波，脂香近自汉宫过。
薄台云洒天根雨，汾鼎龙翻地底河。
傍柳渔矶人影乱，浣纱溪女笑声多。
中山可似骊山胜，莫羡华清对素娥。

五女冢　同上

震雷半夜破天荒，为吊红颜古战场。
镜里风狂悲牧马，云中雨骤洗闺香。
千年五岳峰头影，一片三山玉女肠。
几个英雄同誓死，剑锋沁血冷秋霜。

岔口道中　同上

才经鹳鹊别宜州，水傍川围石柱流。
女诵奇书藏洞里，宫悬新磬出山头。
堤连月忆江南路，树杂云怜渭北秋。
浪涌晴岩声似雨，波添漆沮自龙湫。

赠张魁门　李本泽　邑人

疏懒由来志一丘，闲将心事赋悲秋。
原无妄想心常足，本不忧贫愿易酬。
入手输赢皆拨闷，沾唇醉醒总消愁。

花阴深处人高卧，梦里羲皇第一流。

题王将军庙碑五首有序　李因笃　见前

《史记》将军频阳东乡人，吾村在频山之下，古老相传庙祀将军为社神，山亦有庙，庙额曰美应侯。予少时读书山中，闻祷雨者挹水龙泉，数验如响，故又称将军为频山神。按是乡庙数十处，惟吾村以七月十日为将军诞辰，必大作社衎①之至。将军所居名千口，葬到贤镇南[一]，约咏其概云。

频山频水树森森，地托将军有故林。
断碣已随丹篆冷，荒台曾染翠华深史记始皇亲驾频阳，起将军伐楚。
村霞晚抱高峰落，碛月秋生古涧阴。
为溯枌榆通里社，沿公伏腊②到于今。

秦皇谈笑取群雄，一代宗臣③首战功史记秦有天下，王氏、蒙氏功最大。
世远旗常征野老，兵余剑珮式英风。
新加大栋跻攀里，旧请良田指顾中。
过客不须论往劫，乡人岁岁荐歆同。

山灵神祐报祠长，梓里还留血食乡。
古屋寒雕愁自站，云旗风马怒来翔。
遗封第宅传千口，伏处松楸列五王五王部[二]葬将军墓下，地名五冢。
大泽为陵陵是谷，闲寻胜迹此褰裳。

山居滂沛颢灵偏，美应为霖俗并传。
避暑湾西遮虎阜频山西岭名卧虎山，闻雷庙左带龙泉龙泉在庙东稍上二里，即取湫处。
千家俎豆兼秋报，四野桑麻接暮烟。
欲问崇褒何代始，村翁不记汉唐年。

当时定兆涧流南，六月佳城晓雾含将军冢上每岁六月廿六日质明，数十步必见城郭宫室车旗卒马，千变万状。

贝阙珠宫移海市，雕戈铁骑隐山岚。
长杨溜雨哀声合，老柏摩霄黛色参。
莫使墓田侵牧竖[④]，清门连复起朝簪谓文伯、默公两进士。

【校记】
［一］南：乾隆四十三年《富平县志》作“东”。
［二］部：乾隆四十三年《富平县志》作“都”。

【注释】
①衎（kàn）：和乐，愉快。
②伏腊：古代两种祭祀的名称。“伏”在夏季伏日，“腊”在农历十二月。
③宗臣：为世所宗仰的臣子。
④牧竖：牧牛羊的童子。

即事呈蒋明府二首　同上
渊明一饭咏新欢，漂母千秋许并看。
况托至仁蒙怙冒，频倾高廪救饥寒。
春云曲护荆原色，晓露偏滋涧水澜。
屡困灾年恒伏枕，初承惠问一加餐。
其二
愆阳[①]犹在首蓬飞，出祷迢遥历翠微。
欻[②]采虚声川岳转，亲探陋巷羽旄稀。
恩推妇孺愁停著，说到流亡泪满衣。
野老扶筇[③]争载德，豳谣周雅旧邦畿。

【注释】
①愆阳：阳气过盛，指冬天过度酷热干旱，有悖节令。
②欻（xū）：快速。
③筇：古书上说的一种竹子，可以做手杖。

过朱太史镜波园留饮即事　同上

温泉雨色带林坰，别构凭高得建瓴。
骤出潜鱼凌水藻，旋来啅雀傍风萍。
沧池并抱双厓碧，峻阁遥分万壑青。
竟日栖迟仍卜夜，频然藜火续晨星。

春日登浮山汉薄太后祠 周懋康 邑人

高台祠畔杏花鲜，载酒登临兴邈然。
南向雄风还大陆，西来爽气入长川。
开轩敞纳千山雨，绕户遥迷万树烟。
凭吊离宫相传山下有后别墅惟想像，夕阳潦倒在樽前。

魏孝文帝陵在富平中华原 曹玉珂 见前

帝赐原名今尚称，葱葱佳气自崚嶒。
洛阳宫阙雄江左，秦地河山比灞陵。
铁马旌旗常侍卫，石人冠佩列凝丞。
昔来联骑人何在，东望高楼泪不胜。

王母窦节妇诗 张伯行 河南人

母仪妇德两无惭，白发茹荼总自甘。
岁履冰霜四十二，年同松柏六旬三。
温纶褒降由金阙，彤管赓扬发锦函。
更羡鹓雏丰羽翼，冲霄一举破烟岚。

题王将军庙 路立孔 邑人

将军庙貌自萧森，奕奕层轩出故林。
碧瓦久飞山雨歇，朱甍[①]常卧水云深。
凉风钟鼓催秋爽，落日松楸入暮阴。
报祀不知几岁月，人传伏腊盛于今。

【注释】

①甍：屋脊。

玉镜山有姚秦离宫故址 同上

高县[①]玉镜两门间，一水盘流十二湾。

风洞岭西明月寺，日星坡上揣天山。
旧宫花草春谁惜，削壁烟云好自闲。
乱世君臣还有迹，居人指点说朝班。

【注释】

①县："悬"的古字。

夏日同魏季始读书明月山寺　同上

一僧牢落万山幽，小院阴阴夏亦秋。
阁上看云须衣袷，崖前倚树竟忘愁。
卜居久欲抛妻子，问法今知厌酒楼。
月到祇园明更别，双清心迹可长留。

陈节妇田氏挽词并序　李樟　见前

节妇，余里中农家女也。去岁夏，归邻村陈生。生旧膺痼疾，逾春自知不起，嘱父母善视新妇，当别归佳处。又以语节妇，婉辞慰谢而已。及夫亡，既殡，家人觉其有异，严防之。讫卒葬，罔[一]自如也。但言好为治墓，令可容二棺，舅姑父母尽悲哀相谕，佯谓向偶情激，今已无此心矣。亡何，防少懈，以夜束修缢于陈氏之室，年一十有七，距夫亡月余耳。里人士将闻于有司，陈氏不可。众为醵金，勒石表其墓，时康熙癸未夏六月也。

荆布遣来药裹时，托心半载已心期。
生如有益还多事，死纵无知亦不辞。
少日慇懃归白首，一缳谈笑老蛾眉。
英灵定自生连理，双燕年年绕墓随。

【校记】

[一]罔：乾隆四十三年《富平县志》作"固"。

城南即事　同上

邑城风物似河阳，寒食杏花万树香。

十里蒸霞横翠巘，多时带雨绕虹梁。
酒旗影露烟村晓，牧笛声流野照长。
柳絮青黄芳草绿，王孙归路占春光。

春日行金瓮山东麓马上口占 同上

骀宕春图俨画工，旧常行处乍来同。
酒旗村店杏花雨，牧笛溪桥杨柳风。
洞里衣妆迷汉代，壁间楼阁隐壶公。
买山最有移家计，云锁岩扉信未通。

八公原寺偶集 朱树滋 见前

闻道八龙曾听禅，朅来怀中[一]兴悠然。
门开华岳峰头雨，路绕盐汀树里泉。
碣老摩挲知岁月，时平指点问桑田。
已拚斗酒同良夜，徐得幽吟杂管弦。

【校记】

［一］中：乾隆四十三年《富平县志》作“古”。

南湖书院落成志喜 乔履信 偃师人

落成精舍县南东，泼眼秋光绕槛栊。
山水几重开晓望，宫墙数亩傍涯通。
敢将画宇夸翚鸟，聊喜茅椽庇雨风。
会有奇才相慰藉，莫忘鸠饬事无穷。

近年湖水得新名南湖旧名南下池，予易今名，助我开堂水上成谓督工绅士。
路入幽篁缘曲径，门依野树对层城。
竹窗晴射烟霞色，芸阁宵传雅颂声。
遥望横渠人未远，杏坛事业鲁诸生。

前题和韵 张雄图 洛阳人

频阳南似洛阳东，桃李新开绕碧栊。
程学寻源遥可溯，横渠引派近相通。

堂虚夜受滩头月，座暖春回水面风。
会得鸢鱼飞跃意，心源活泼兴何穷。

研经先合谕书名，儒就燕闲喜易成。
蜀地曾传开石室，河阳莫羡种花城。
银河影里摇鞶带，玉笋班中起颂声。
属和偏羞音太浊，应嘲洛下老诸生。

富平八景诗 同上

烟雨南湖蹴浪纹，五陵秋色正氤氲。
杏林我自贪晴眺，石洞伊吾想夜闻。
翠叠锦屏朝映日，流环玉带暮漂云。
美原拟伴仙翁去，弄月灵湫鞋鹤群。

锦屏列翠八景诗 **乔履信**见前

几幅排空半入云，千峰列采气氤氲。
雾遮石壁青疑卷，风展岚光翠欲分。
乱点花开金谷障，斜垂瀑逗锦江文。
年年箫鼓陈祠庙山有王（剪）［翦］庙，错认华原晓驻军始皇假（剪）［翦］六十万众伐楚，以华阳公主归之。命遇处设锦幛成婚，今其地名华阳原。

玉带环流 同上

一条远水过桥东，斜绕城隈断复通。
乱插桃花红点点，倒垂杨柳碧融融。
连村禾黍晴围绶，傍郭楼台晓跨虹。
自应拖绅沧海去，何妨暂束到湖中渠通南湖。

杏林晴眺 同上

石川文杏几千株，泼眼春光满碧湖。
上苑筵开曾借树，右丞馆在近披图。
从云外去寻花种，胜雨中来问酒垆。
浑似故园风日丽，午桥坊带碎霞铺。

灵湫夜月湫在月窟山 同上

山连月窟窟连月，月在高山水上头。

岸角蟾光惊乍射，潭心桂影喜全留。
浑疑犀照波生焰，更讶纶垂玉作钩。
夜静风来池弄碧，一轮宝镜自沉浮。

南湖烟雨 同上

南湖一碧本如天，细雨空濛更可怜。
石燕冲花云叶乱，梁鱼出水浪纹圆。
高低翠合峰峰隐，远近青浮树树连。
最好风吹烟影破，书声遥送过前川。

五陵秋色唐中、代、顺、懿、文五宗陵 同上

五帝陵前昼似阴，剑弓埋没素秋深。
寝园址在松楸合，享殿瓦平禾黍侵。
光弼有心陪瘗玉，温韬何意苦搜金。
凄凄草树迷荆顶高祖献陵在荆山，石马嘶风杂暮砧。

美原仙迹 同上

慢道仙人去莫猜，田郎遗迹有高台。
美原千顷依空碧，明月孤峰绝点埃。
几卷丹经留野庙，数声玉笛过蓬莱。
佳名到底知谁是真人田姓，名字尢考，古县风清剩绿苔。

石洞书声 同上

谁从石壁现空明，峭立千寻凿不成。
几案生苔文亦绿杜光庭《女学洞记》云西洞石龛有道经数万卷置柏床上，吟哦对月韵尤清。
斗间响遏青云住，天际音飞紫气迎。
可信仙人归洞日，神雕阿护读书声杜记云山前有神雕护洞门，犯者辄击之。

金瓮山玉镜、锦屏二山名 同上

长庚星照古黄图，化作高山气象殊。
玉镜涵光明不定，锦屏借彩烂如铺。
近疑帝铸烧丹鼎，遥忆仙留注液壶。
谁范奇形开大冶，应传太乙鼓洪炉。

驻节频阳五言绝句 明练国士，都御史

人卧清明雨，春深燕子楼。
花香与鸟语，总是故乡愁。

题斛山以下七言绝句　**马理**三原人

明月山前水带围，菜花开尽柳花飞。
山川谁为争光彩，太宰庄东有绣衣。

游频山见题杨斛山句有感和韵[一]　孙钟皋[二]

一带风光绕翠围，祥烟直傍岫云飞。
山川老去谁为主，犹说当年旧绣衣。

【校记】

［一］游频山见题杨斛山句有感和韵：乾隆四十三年《富平县志》作“游频山见题斛山句有感和韵”，脱“杨”字。

［二］孙钟皋：乾隆四十三年《富平县志》“孙钟皋”下小字加注“邑人”。

上则叔祖夫妇双殉节孝诗　清　田本沛　邑人

一死甘心代父躯，谁知节孝是刑于。
乍封黄土红颜尽，烈烈泉台妇与夫。

其二

难来慷慨死相仍，此义同衾讲未曾。
双化香魂光日月，岂缘情爱效韩冯。

孙舜宾兄弟同烈　同上

为累天官旧日名，儿因父死弟因兄。
当年泽美归何处，祸独君家恨不平。

邑里绝句五十首选三十首[一]　李因笃　见前

西南废驿紫苔生，沃野于今独擅名。
未坠遗田三百亩，平畴新雨足躬耕土门在敝庐南百余步。

正阳渠引浊河流，辛苦高曾挽上游。
黄鸟飞来桑柘绿，傍溪丰草卧羊裘正阳渠在村东。

村西古道出三川，陇北青槐芘[①]数椽。
昼沸炉声矜渴旅，慈亲作用仿流泉槐树庵在村西南隅，老母施茶之所。

泥涧东来绕旧庐，雨中禾黍粲新渠。
儿孙只说丰年社，肯[二]忆前人疏凿初新渠在正阳渠东，今颇疏利。

将军霸略启秦皇，数请田园入故乡。
社火村中延庙貌，时来鹰隼叫长杨王公（剪）［翦］为敝里社神。

高士行祠社树前，我生蘋藻[②]已三传。
春深夜静龙潜下，细雨融为太极泉孙真人祠先曾祖建。

独弄白云烟霭间，疏钟抱麓暮忘还。
西崖虎阜遥通月，五里龙泉半在山频山南麓有王公庙，予少时读书于此。

市上编茅古押衙，逃名说剑水西涯。
流传皂荚千余岁，紫蒂还开二月花薛市有押衙洪隐居遗迹数处。

巨碛崔嵬百万层，唐家中叶起诸陵。
青岑墨玉旋随辟，篆籀[③]光铓到处征唐陵下有洞，产石名墨玉，取镌碑牌甲于天下。

北史风流魏孝文，云中洛下见高坟。
何人卤莽厘邦祭，却遣频西俎豆分魏孝文初葬洛阳，后迁云中，今邑所祀者误，以西魏文帝当之。

北郭鸿胪利涉桥，层城衢巷立岧峣[④]。
春和出就温泉浴，澹荡东风碧柳条邑北门外有李公桥。

天岳高坛敞户庭，大雩[⑤]飞旆满林坰。

时鞭白虎搜溟渤，咫尺风雷肃万灵邑东门外有岳庙，祷雨之所。

神禹荆山铸鼎宫，古坊疏豁送春风。
我来下马频瞻拜，南望川流砥柱中荆山为大禹铸鼎处，遗宫尚存。

太后垂衣西汉初，还乡城郭竟何如。
庙宫突兀归浮岭，环珮中霄响玉除薄太后庙在浮原上，还乡城太后戚属所居。

盘龙兰若孝廉村，海内知交远到门。
未得茂陵献遗草，东阿一破碧苔痕刘雨化解元著书盘龙寺，东阿谓大令曹禹疏亦尝憩此。

粉堞如云俨故城，溪回新水涨香粳。
竞传疏凿刘明府，新导川梁带郭行县故城在郊南，温泉水旧不相通，刘公于北门桥上联石渠始南行，开稻田数百顷。

甃石⑥为渠大有秋，临溪学圃足忘忧。
甘泉独向祠中取，碧水翻来桥上流北郭多蔬圃，又城内咸卤，惟王公正志祠有甜水井。

西村别墅郑公陂，十亩清涵鹅鸭池。
虎啸龙吟深怅望，松蟠柏老正栖迟西村，村名，唐魏郑公别墅。

野郭争知贾阆仙，残碑磨灭漫经年。
香林手泽怀先迹，世讲瑯琊乔梓贤贾村为阆仙故居，旧有碑，今亡。先孝贞与大痴先生同业西寺，学使文石又与余善。

龙门古寺聪明泉，步屧唐时咏数贤。
好事沈翁初发兴，开山凿洛又何年龙门村有聪明泉，唐贤分咏石碑在焉。沈逢溪[三]高士始表出之，又云凿三尺岭可引洛水南流，惜事未集。

司徒受采漆沮阳，十里渠田遍插秧。

密树秾花愁薄暮，杨云指点说回塘庄镇为李司徒光弼采田，旧有碑，杨云谓圣如高士。

日贯长虹白刃流，香宁壮气拔寒湫。

至今岁祀馨廓庑，清议犹传柳柳州梁孝子悦，香宁村人，柳州《复仇议》[四]即其事。

美田千顷自依然，古邑今为野市廛。

每向荒亭瞻太宰，诸孙种杏说编年太史张公鹏庵先生故善方脉，后人能继。

流曲轻风荡麦花，武皇田猎驻龙牙。

荒祠零落留轩冕，野老春盘走万家流曲镇，汉武帝出猎经此，遗庙存焉。

重耳驱车虎视偏，从亡诸佐复森然。

渭阳曾别秦公子，村镇佳名纪到贤到贤镇，晋文公暨诸臣去秦经此镇，以得名。

万斛山前一绣衣，晴岚犹照故柴扉。

公孙词翰裁通籍，忝附丝萝把臂稀绣衣谓杨公斛山先生，曾孙云玖余之姑丈，时多外游。

明月东遮金粟峰，青莲趺[五]坐有遗踪。

传闻六月垂甘露，伏剑空压制毒龙频山亦名明月山，东有山曰金粟。相传大士降山下红眼村为女，年十五六不言，适巨蟒肆害，大士乘之至山上，遂坐化。

频山南去接枌榆，赵老投荒避市衢。

肘后隐文兼利物，高秋骑虎动虬须赵老与孙真人同时结庵频山之上，每与居人疗病，则乘虎而往，见邑旧志。

真人拔宅自何年，子姓千群各异廛。

我亦源流叨自出，白云丹灶一苍然唐时田真人白日上升，外氏之远祖也。

【校记】

［一］三十首：本志实际只有二十九首，与乾隆四十三年《富平县志》完整的三十首对校，缺最后一首，现迻录于此，即“东市葫芦六尺强，碧茎绿叶满园芳。往闻冢宰谈佳味，朱汗双驮入帝乡冢宰谓孙太保公立山先生。”

［二］肯：乾隆四十三年《富平县志》作“省”。

［三］逢溪：乾隆四十三年《富平县志》卷之七人物志作“逢禧”。

［四］《复仇议》：应为《驳复仇议》。该文是柳宗元在礼部员外郎任上写的一篇驳论性的奏议，批驳初唐陈子昂《复仇议状》中“既诛且旌”的论点，弘扬以人为本的价值观念，给予弱者以深切同情，并深刻阐述了“调”即“和谐”在处理社会矛盾中的重要作用。

［五］跌：乾隆四十三年《富平县志》作“趺”，讹。

【注释】

①芘：通“庇”，荫庇。

②蘋藻：蘋、藻皆水草名，古人常采来作祭祀之用。后用作祭祀的代称。

③籀：“籒”的讹字。

④岧峣：高峻的样子。

⑤大雩（yú）：古代求雨的祭礼，也叫“雩礼”，简称“雩”。

⑥甃（zhòu）石：砌石，垒石为壁。

王节母诗 王士積新城人

一从解组只闲吟，节孝当前最倾心。
渭曲女师王母见，云霞愿照北堂深。

孙真人祠 朱树滋 见前

何期六代有高人，太白山高憩隐沦。
柏锁药栏花不老，香凝龙窟洞长春。

南湖书院四时吟 乔履信 见前

一湾绿水护门前，残雪含窗带晓烟。
桃李怯寒新绽未，东风已放草芊芊。

闲揭南窗一抚琴，薰风有谱正堪寻。
前溪菡萏花初放，细把清香助冷音。

砚北菊花早放香，城南草色半青黄。
砧声冷伴书声起，雁写遥空字几行。

阶前流水又成冰，寒色全分入夜灯。
注酒瓶梅香欲透，春光浮动雪犹凝。

前题和韵 张雄图 见前

晴晖飞入小窗前，草色连窗吐碧烟。
可信寸怀生意满，春风吹处已绵芊。

声声水弄不弦琴，千个竹连梧十寻。
把卷长吟欣昼永，雏莺偏解和清音。

芳桂连阶浥露香，雁声寒叫月昏黄。
乍疑蕊榜新标出，云外高悬第一行。

一条溪水蹙蛟永[一]，倒映玄堂半夜灯。
界破青松拖白练，欲偷句法仿徐凝。

【校记】

［一］永：乾隆四十三年《富平县志》作“冰”。

固邦本疏以下文 杨爵 见前

题为弭灾变，安黎庶，以固邦本事。

臣于嘉靖八年十月承制往湖广公干，即今事竣回京。臣知陛下哀悯斯民之心，悬于闾阎之下，凡四民利病、民间休戚，必欲闻之，故今谨述所过地方灾伤、生民可痛之状，为陛下言之。南北直隶、河南、山西、陕西等处地方，当禾苗成熟之日，蝗蝻盛生，弥空蔽日，积于地者至三四寸厚，将禾根食之皆尽，居民往往率妇子将蝗蝻所食禾苗痛哭收割，以为草刍之用。其蝗蝻稍少之地，禾苗食有未尽者，颇有秋成之望矣。未及成熟，严霜大降，一时尽枯。遭此灾变，民失依倚。去年冬月，民所资以为食者，皆其先时所捕晒蝗蝻与木叶、木皮等物。当此之时，民之形色颠悴虽甚可哀，而死于道路者尚未多见。比及今春，臣复经此地，见饿死尸骸积于道路者不可胜数。又见行者往往割死人之肉即道傍烹食之。又闻有父子相食者，井陉县一日而县官获杀人食者三人。臣闻之，拊膺大痛，食不下咽，自谓有司必能具奏，圣明在上，闻有是事，必至流涕。比臣到京，闻庙堂之上救民之死非其所急，而所议者郊社之礼耳。微臣忧国爱君之心切于中，而不能不有所言也。昔者汉文帝时，家给人足，海内富庶，贾谊上书犹曰可为痛哭，谓抱火厝之积薪之下而寝其上不可谓安，况于今日时势当何如耶？古贤王之治天下也，生养遂而后教化行，教化行而后礼乐兴。方今灾伤之地，生民死亡十有六七，存者起而为盗贼，虽稍有积蓄之家，亦难保于自食，其势涣散，不可收拾。朝廷之上舍此不忧而议合祀、分祀之礼，是所谓不能三年之丧而缌小功之察，放饭流歠[①]而问无齿决也。夫民惟邦本，本固邦宁，民心离散，邦本不固，土崩之势可以立待，纵使周公所制礼文尽行于今日，亦何补于天下之乱乎？深念及此，可为寒心，不知陛下宵旰[②]之际亦尝虑及于此乎？左右谋国之臣亦尝言及于此乎？且南北分祀以复先王之礼非不可也，但今日者，救民死亡之日，而非兴礼乐之时也。

自古国家衰乱，未有不由民穷盗起，而为上者不知忧恤，遂至人心离叛而天命亦去，宗社不可复保。故臣所忧者，不在府库之财不能遍济天下，而但恐陛下无忧勤斯民之心耳。夫忧民即所以忧国，治民即所以治国也。陛下日事经筵，虽隆寒盛暑未尝少怠，臣知陛下锐志太平欲为尧舜之君矣。盖尧舜之心急于救民，一民饥曰我饥之也，一民寒曰我寒之也。假使当时饿死之民满于沟壑有如今日，尧舜之心当何如哉？臣愿陛下上畏天心之儆戒，下悯斯民之死亡，不遑他务，专广仁恩，移此议礼之心，区画赈济之策，以长沃民生，则皇恩浩荡，孰不颂明明天子深仁广被、在在戴生我父母？向之枵腹待哺者，今有饱食之庆；向之妻子离散者，今有室家之乐。民心已涣而复收，邦本虽摇而转固，纵值天时之灾，鲜不以人力胜之也。海宇苍生享太平之福，圣子神孙缵[③]万年之绪者，端在此矣。

【注释】

①放饭流歠：比喻大吃大喝。歠（chuò），饮，喝。放饭，大口吃饭而饭粒掉满桌面。流歠，大口喝汤而汤水从口角流下来。

②宵旰："宵衣旰食"的省文，天不亮就穿衣起床，天晚了才吃饭歇息，比喻勤于政事。

③缵：继承。

隆治道疏　杨爵

题为慰人心，以隆治道事。

臣惟人主一身，万化本原，履至尊之位，膺艰大之责，用人行政，是非得失，方在几微而关于民心之向背、天命之去留者，甚可畏也。是以圣帝明王深察乎此，制治必于未乱，保邦必于未危，事无微而不谨，时无暂而不惧，几无隐而不饬，为大于其细，而图难于其易，然后天人交与而可以延国祚于永久矣。方今天下大势，如人衰病之极，内而腹心，外而百骸，莫不受病，即欲拯之，无措手之地。以臣观之，其危乱之形将成，目前之忧甚大也。大抵因仍苟且，兵戎废弛，奢侈妄费，公私困竭，奔（兢）〔竞〕[一]成俗，贿赂通行，遇灾变而不忧，非祥瑞而称贺，谗谄面谀，公肆欺罔，士风民俗于此大坏，而国之所恃以为国者，扫地尽矣。拨危乱而反之治安，此在陛下所以转移率励之者何如耳？况当朝觐大比之期，百[二]司多士，济济来趋，延颈思化，人人切仰。极重不可反，几失则难济。伏愿陛下汲汲于此时留心焉，以为善后之图也。

臣以病居林下者八九年，误蒙圣恩，赐之起用，擢以耳目之官，任以纠劾之责。受命以来，蚤夜耿耿，每思国事日非，而臣于国恩未报，至于痛心流涕者有之。臣请略举目前所见，其大要足以失人心而致危乱、以贻圣心之忧者，为陛下告，诚不忍默默保位，以上负陛下之洪恩，下负生平之所学也。伏愿圣明垂听焉。

臣窃惟天下之患，莫大于以危为安，以灾为利，实则可忧而以为大可乐，法家拂士①日益远，而快意肆情之事无敢有龃龉于其间，积弊而至于蛊，则不得而救矣，此实天下之大患也。往年夏末入秋，恒旸不雨，畿辅千里，已无秋禾。既又立冬无雪，暖气如春，元旦仅雪即止。民失所望，洶洶无聊，忧旱之切，远近所同。此正陛下撤乐减膳、率臣下以祈惠宁之时也。而在廷之臣如大学士夏言数人者，乃以为灵瑞而称颂之，其欺天罔人不亦甚乎！其不几于安危利灾，而以大可忧者为乐耶！孔子告颜渊为邦在远佞人，若是而谓之佞人者非耶？大臣之职，引君当道，志于仁而先天下以为忧者也。无忠君体国之心而居人臣之极位，所谓小人而乘君子之器也，欲天下之治，安可得耶？又如翊国公郭勋者，中外皆知其为天下之大恶、朝廷之大蠹也。勋之举动踪迹，岂能逃于圣鉴？虽陛下盛德优容，不忍即罪，神谋远虑，自有所处。臣愚以为，奸不可近，恶不可长，若止之于微，遏之于渐，则朝廷优礼人臣之体貌未失，而勋戚之余裔亦得以保全而善终也。或使稔恶肆毒，潜干政柄，则群狡趋赴，善类退处，其为天下国家之祸日益深矣。治道去其太甚者，此其为害治之人之甚，所当急去而不可缓也。凡此任用非人，足以失人心而致危乱者一也。

天生斯民，立之司牧，君人者奉天以安民，而使之各得其所也。民不得其所，则其心不能无怨，民心怨则天意可知矣。古者民勤于食则百作废，今民勤食不可得而至于离散，离散无所归而至于死亡。臣近巡视南城，两月中冻饿死者八十人，此一[三]南城一郭耳。共计五城，未知有几。因[四]所不及见而在于千万里之远者，又未知其有几。孰非陛下之赤子？而颠连无告，委命沟壑，盖望一豆羹蔬食以延须臾之生而不可得。此正陛下爱民惜财、与天下休息之时也，而土木之功十年于此而尚未止，工部属官添设者至数十员，又差部官远修雷坛，以一方士之故浚民膏血而不知恤，则民何以得其所哉？民惟邦本，本固邦宁，穷民之力，尽民之财，是自蹶其本根也，而国何以为国乎？昔汉文帝惜百金之费，不营一台，故海内富庶。隋氏以盛修宫室，而至于亡国。愿陛下以为鉴戒，则宇内生灵之庆也。况今北虏跳梁[②]、内寇窃发，警报日闻，加以频年灾沴[③]，上下一空，百计取之，愈为不足，而兴作未已，以结怨于天下。此其足以失人心而致危乱者二也。

唐、虞、三代之世，君臣每以勤敬之道交相警戒，其见于经传者，如尧舜兢兢业业、无怠无荒，禹惜寸阴，汤坐以待旦，文王日不暇食，武王以敬而胜怠，故能寿跻耋期、治隆熙泰。是数圣人所以崇德益寿，善政和民之道，不外乎敬与勤而已矣。周公、召公之相成王也，周公则以逸而戒之，召公则以敬而勉之，盖敬、逸之间，身之修否、政之治乱所由分，此固周、召忠君恳恻之心也。陛下即位之初，励精有为，不遑宁处，尝以《敬一箴》颁示天下，其于尧、舜、三王之道，盖已心得之矣。近年以来，因圣体违和，朝仪间阙，经筵未讲，大小臣庶朝参辞谢，未得一睹圣容，敷奏复逆，未得一聆天语，若是者今已久矣。夫天位者，艰难之器，非逸乐之具也。陛下一身，天地百神赖以享，六军万民赖以安，一日二日有万几之繁。近闻圣躬调颐，大获福履，中外臣民罔不欢庆。况此春气渐和，人思新化，庶官入觐，雝雝肃肃，来自万里之远者，孰不欲鞠躬垂委，北面而舞蹈，望龙颜以慰快睹之心乎？易曰圣人作而万物睹，正今日之事也。若未得瞻于咫尺天颜之下，以伸有孚颙若之敬，臣恐人心日益怠惰，中外日益涣散，非隆古君臣同寅协恭以臻太平之气象也。此其足以失人心而致危乱者三也。

执左道以惑众，圣王所必诛而不宥者也。今异言异服列于庭苑，金紫赤绂赏及于方外之士。臣不意陛下睿哲先物，明见万里，而所为乃至于此。夫保傅之职，坐而论道，古人谓官不必备惟其人，故非道隆德盛，极天下之选者，不足以任此责。今举而畀诸迂怪之徒，轻之若流品之末，则名器之滥，至此极矣。且陛下以大纵之圣资，为上天之元子，若远宗帝王之道，近守祖宗之法，细旃广厦[④]之下，与公卿贤士讲论治道，则心正身修，与天地合其德，与日月合其明，和气致祥，罔有天灾，而山川鬼神莫不宁矣。安用假此妖诞邪妄之术，列诸法禁之地，而藉之以为圣躬之福耶？甚非圣天子所以崇正远邪，平平荡荡，奉三无私[⑤]以化天下之道也。臣恐风声所及，人起异议，豪杰之士闻而解体，贻四方之笑，取百世之讥，于圣德国政所损不细。此其足以失人心而致危乱者四也。

古人有言："君圣则臣直。"陛下临御之初，延访忠谋，虚怀纳谏，其于狂直敢言之士往往矜宥，故一时臣工恃陛下之能容，敢以直言冒干天听，言过激切而获罪亦多有之。自此以来，臣下怀危虑祸，未闻敢有犯颜直谏而为匡救逆心之论者。昔人论求言之益，以为勉强以听，不若悦而从之；悦而从之，不若道之使言。盖人臣持禄保位者多，而忘身以殉国者少。虽识见有明暗，言论有得失，在陛下明目达聪，鉴别取舍，于黜陟赏罚付之公论则可矣。若震之以天威，加之以危祸，如往年太仆卿杨最者，言出而身即死，近日翰林院左赞善兼修撰罗洪先等皆以言罢斥，此于国体治道所损甚多，伏愿圣明少致思焉。成汤，大圣人也，仲虺称其改过不吝，从谏弗咈。高宗，有商之令主也，傅说告以木从绳则正、后从谏则圣。此二君作圣之功，为万世人主之龟鉴⑥也。臣非区区为一杨最等惜也，但历观古今以来有天下国家者，未有不以任谏而兴、以拒谏而亡者也。今而后，虽有素怀忠义之心者，非灰心仕进、甘退丘园，亦必深自晦藏为保身计矣，孰敢发口以论天下之事哉？臣恐忠荩杜口，则谗谀交进，上德不能下达，下情不能上通，安危休戚无由以见，而堂陛之近远于万里矣。此其足以失人心而致危乱者五也。

凡此数者，关于天下之治乱，国势之安危，贻圣心之忧，诚未已也。伏望皇上念祖宗创业艰难，思今日守成不易，察臣忠悃⑦，览臣所陈，赐之施行。戒饬夏言，务笃忠贞之道，以报国家眷顾礼遇之恩；于郭勋则豫有以裁抑而保全之。止土木之功，开谏诤之路，屏邪妄之术。陛下仍以慎独养天德，以天德达王道，以慰人心，以祈天祐，则庄敬日强而弥寿永于千亿，虚灵照物而忠邪莫可遁逃，其为宗庙社稷万万年无疆之福，圣子神孙万万年无疆之规者，基于此矣[五]。

【校记】

［一］兢：《杨忠介公集》（文渊阁本）作“竞”，据改。奔竞，奔走争逐，多指急于求取名利。

［二］百：《杨忠介公集》（文渊阁本）作“有”。

［三］一：《杨忠介公集》（文渊阁本）作“特”。

［四］因：《杨忠介公集》（文渊阁本）作“目”。

［五］基于此矣：《杨忠介公集》（文渊阁本）作“端在此矣”。

【注释】

①法家拂（bì）士：世代为官、谨守法度的臣子和辅弼君王的贤士。

②跳梁：比喻叛乱者猖獗跋扈、蛮横霸道的样子。

③灾沴（lì）：阴阳失调所生的灾祸。

④细旃广厦：精致的毡毯，高大的房屋。形容居所优美。

⑤奉三无私：比喻帝王以天下为公，不谋一己私利。奉，奉行。三无私，天无私覆，地无私载，日月无私照。语出《礼记·孔子闲居》："奉三无私，以劳天下。"

⑥龟鉴：龟甲可占卜吉凶，镜子可照见美丑。比喻警戒和反省。

⑦忠悃（kǔn）：忠实至诚的心意。

东西女学洞记[①] 唐 杜光庭

长安富平县北定陵后通关乡，入谷二十余里，有二洞，一名东女学，一名西女学。其东洞崖壁悬绝，洞口在崖面，跻攀不及，夜往往闻读书声。西洞约有路可到洞门，近门一石室，可容二十人。有人秉烛入洞，行二十里，两壁有五门，各有题记，或通蓬莱及诸仙境。近年有石摧下，塞洞口，不通。又山顶有一天井，直下深二丈许，有自然横石旁出。石下天井亦二丈余，可通人过。其底旁有崖龛，梯磴[②]而上，屈曲甚广。龛内有道经数万卷，置柏木板床上。一石人俯首凭案坐，形如生。井底有投简，委积朽烂不可数。大顺中，富平奉道人姓徐行七，曾取养生经出外传写，却送洞中。又行二十余里，有三泉出谷，中有石嵌，可容三百人。谷内有三石盆，各广丈余，涌泉常满。古老云，时有仙人浴此，人犯之，立致雷雹，损苗稼。东女学有神雕护洞门，人或侵犯，雕辄击之。古某道流刻五石人置山上，民有锄禾者为雕所惊，走避石人下，置笠石人头上，雕即击，石人头殒[③]，今见在。

【注释】

①东西女学洞记：此文亦见于《全唐文》卷九三四、《古今游记丛钞》卷之十一，内容略有出入，可参看。

②磴：石头台阶。

③殒：通"陨"，坠落。

孙真人行祀[一]记 李宗枢

真人姓孙，氏讳思邈，京兆华原人也。没世人目为真人，故人到于今称之云。华原之东有山曰五台山，有宫曰大玄，乃真人旧隐之地，故俗岁二月四境群生老稚妇子或祈或报，率迩者踵武，逖听[①]者风声，于是灵响布濩[②]，逢涌原泉，沕潏[③]曼羡，异域遐方，旁魄四塞，维朝迨夕，靡不宣臻[④]，喁喁如也。富平为华原属邑，相距伊迩。邑人有李庆也者，数陟神宫，肇殚虔虑，乃嘉靖戊戌中春之月因佛堂之废址，建真人之行祠，复割壤捐金，鸿基骏制于时，里人邑老鳞集相工。又明年庚子之夏，厥役告竣，门垣殿宇秩秩麟麟，流辉绚彩负浮冈带，渠水面城倚郭皇皇哉！兹土之具瞻，一念之精意，咸可尚也。慨夫世教凌夷，民心沦丧，真风告逝，大伪斯兴，重铢两轻道义，相夷相犹，虽至亲或弗能容也，孰谓轻财重义有夫夫者哉？厥被风濡化者迩狭沉潜，遐阔濯沐，熙熙丕变，岂不懿与？尝观《唐史》，眇觌[⑤]玄风，真人以圣童之禀，典坟[⑥]邱索[⑦]，博覃旁通，镜照数理，洞龄医学，观其肥遯[⑧]，居贞不拜隋文之命，豫知唐运之隆，应召京师，不受禄秩而竟老且死，可谓卓哉！茂士视世之縻好爵、昧时变者，天壤矣。因斯人以谈灵彩焕腾、神爽猋逝如日丽空、如水行地，殆无远弗届，虽百世未泯也。矧奉妥于兹明禋明响，有不居歆者哉？自夫有举木空衣之说而徼福者生，有昆明救危之说而祷疾者作论，虽相袭事颇不经，余罔敢知邑少府秋原许君嘉乐是役，助砻贞珉[⑨]庆也。述建置之原，总经营之役，以告石叠山人，山人曰："俞乎，余其记哉。"乃抽笔命辞，爰纪厥绩，诞告[⑩]来世。

【校记】

［一］祀：乾隆四十三年《富平县志》作"祠"。

【注释】

①逖听：远道听闻。逖（tì），远。

②布濩：分散遍布。

③沕潏：泉流貌。

④宣臻：遍及。

⑤眇觌：远观。

⑥典坟：三坟五典的省称，亦泛指各种古代文籍。

⑦邱索：指八索九邱，相传都是上古典籍。

⑧肥遯：隐居避世而自得其乐。

⑨贞珉：石刻碑铭的美称。

⑩诞告：广泛告知。《书·汤诰》："王归自克夏，至于亳，诞告万方。"孔传："诞，大也。以天命大义告万方之众人。"

重修县署记 刘兑

余不佞碌碌于世无当也，自万历庚辰随牒入关，季夏[①]二日始底富平，如其境见民愮愮然若不理生者。余因询田父，告之故，则以差役旦旦、产单民孱将弃其业四流。余惴焉，惧思一日安集之，而后朝食矣，不敢轻举一役也。及如邑，见百凡荒陋，大门蕖蕖，培塿出地，上则故为钟楼，自地震圮矣。由门而入，见衙宇廨舍，举皆颓垣颠壁，且时当秋夏交，雨淫淫，蝉数日屋宇尽坏，家人昼夜戒严皇皇然，计为木撑席覆，嗣是而妻孥相继告病矣。余益惴焉，惧欲不修理，几不可一朝居，欲即为修理。余当筮仕日，上下属耳目，一轻举而上以消功单贿恐喝，而下适适然惊余雅志安集其谓之何，因犹豫不能自决也。选间自思日尝考往哲言天下事有必不可一日因者，然后与民议更，而此署舍乃必不可一日因者也，宜更之。遂检笥中七十二金，易木石瓴甓[②]，草图，练[③]召匠计凝土度木，其徒庸[④]则取之，在官有事则犹然供故役，无事则令役，工每一役输力，大率以五日计。诸役完而工就绪矣，是役也，不费一官金，不役一民力，经营于季夏中旬，落成于孟冬初旬。前修大门三楹，左右壁俱瓴石包砌。由亲民堂退，修思政堂五楹，前有门垣，东有夹室。由思政堂退，修寝室三楹，东西旁室各二楹。又后移前钟楼故土址砌瓴楼三楹，其高与亲民堂等。左右转角各五楹，楼之后隙地一区，可莳[⑤]花竹，故有小楼一楹，少为粉饰，亦足供玩。大都前后所修不能效他郡邑，宏丽雄伟然朴实浑坚，似可垂久者，余之为此举也。堪舆家谓亲民堂以后地势最下，退食自公若投井然，自内亲事若蹑山然，前昂后低，宅势坐虚。垂二百年来，县令未见迁陟者，故职此。余第以室家不蔽风雨弗得一夕安枕，且不敢以传舍[⑥]视便苟安，是以不能相安无事，役黜陟自其官致之。堪舆言妄矣，弗信也，不则署舍而可仍也，余岂敢为迁秩故仆仆为哉？工完，缙绅人士请纪其事，余惴焉益惧，因谓兴作重事，古人恒再讨，慎也。余志在安集百姓，不欲兴事为百姓纷纭，今因所值否，余冒然举焉，其以轻举罪我者，余尚不知何说之解，顾欲示今传后，何令呶呶我者无穷也？缙绅人士复固请曰：“公何自抑若此耶？今时之弊，民安于偷惰，治惮于更张，法病于拘挛，吏嫌于操切，邑务废弛其间，有奋臂兴者则请官帑金、役闾阎、力百姓，骚然烦费矣。公此举金出自笥中，力取诸官役，数十年陋制一旦焕然，百姓安集不知也，公宜勒石以示后之兴事者。”余犹惴焉，惧不能拂其请，是为记。

【注释】

①季夏：夏季的最末一个月，即农历六月。

②瓴甓：砖块。

③练：通“拣”，选择。

④徒庸：人工，指用工数。

⑤莳：栽种。

⑥传舍：驿站所设供行人休息的房舍。

建丞署记 同上

夫建置之役，亦艰矣哉。矧邑丞之有是举也，艰且甚何也。邑兆民庶务专一令，其注措改张由己，悉独邑丞有所施又不能亡所制，有所动又不能亡所牵，此以知艰且甚已。富平当国初时，设丞二，一典马，一典赋，其公署二，傍令署。昭庙间，汰丞一，取两署合之，顾其地倾以陷，制亦狭以小，自芮君弼逮朱君道深垂二百年历四十七贤豪亡一易者。洎庄庙起并丞一，又汰焉，繇是门亡一人、室亡一寓而璧宇圮墟者。越数年所已，今皇帝十年，两台疏覆旧，寻报可，乃开补，即高丞云未下车请地于邑令刘钟所氏，卜原址西厂之，以延计廿度而近，以袤计什度而遥，下车出所携数十金，一栋、一甂[①]、一礎、一石悉手置，问经始则二月之朔，问落成则五月之望。其为制也，大门一楹，二门一楹，大厅三楹，左右序各三楹，正寝三楹，左右夹室各三楹，如月台，如踊道，如内外树，靡一不具，壮哉！斯役翳畴之力邪，故入其门耸乎廓如也，君子曰可以观矣；造其厅巍巍乎邃如也，君子曰可以听矣；适其寝美乎奂如也，君子曰可以居矣；睹其序若室周乎茂如也，君子曰可以卫矣。诗曰：“蔽芾甘棠，勿剪勿伐，召伯所茇。”其为今也，茇者始为后也。棠人之歌者，讵一日已邪？夫士也，出而仕冀而荣也。顾遗而艰卒不苦于艰，非厚养雄抱视公署如私家者独克济乎哉？左右置石请记以传永永，故余得备述始末如此志艰也。高丞名希古，字子进，别号凤冈，晋河东简城人，由例进士初簿扶风，是丞也，盖继仕云。

【注释】

①瓴（dì）：长方砖。

重修县学记　孙丕扬

古今天下忠臣孝子可以师万世者，孰有圣于孔子？隆宫室，备礼乐，洁俎豆，师事遍海内，岂群冠裳而知崇尚必若而圣哉？其造士也，谈仁义，文道德，时较核，恐恐然惧纳于邪，又岂非欲其端趋向必若而圣哉？富平县故有庙，甚壮丽，庑门称之。岁乙卯关中震，庙貌颓垂三十余年。隆庆壬申邑大夫史侯募士姓金获若干，身任之，县尉李侯至，又相与赞襄，为庙斋若干楹，戟星若干楹，堂斋若干楹，始克底绩。万历甲戌聂侯乃成终焉，于是问记孙丕扬。丕扬曰余目学宫兴废而知任事之难也。方其废也，墙不及肩，阶不可升，堂不蔽风雨，无有一造其门而开其榛芜者，而当途者不以为废。比其兴也，财乐输诸士，工乐输诸民，上不损藏，下不逼人，不数月而甲诸郡县。士大夫物议起矣，当是时非大夫夙清白、素惠爱、执强毅几何而不被其揶揄以中止也，顾相继二三君子又慨然以兴起斯文为己任，兹非圣道中天之会欤？夫立政以崇教者，大夫责也。修身以见世者，邑士子责也。吾里士俗朴而实、直而廉、侃而信，有孔氏之遗风，此其去圣人之门非远也。邑钜公开疆柄铨如鹖庵之大节、文学政事如李石叠之巨擘、许国忘身如杨斛山之赤忠，皆学产、皆先达、皆圣人徒也，此知效法圣人，非难也。今学储六籍七篇中何者？非圣贤齐家治国法度穷则谈节义，达不弃本根，处则为孝子，出则为忠臣，此其尊信至规非高也。吾党诸士其信吾言耶，其否吾言耶？是则可以不诡圣训、不忝先贤、不负诸邑大夫；不则饬理道、似忠节、象廉洁以为媒，青紫者为也，而谓吾豪杰愿之乎？夫洛水以得两程则名，眉山以得三苏则重，诸贤尚早图向往以为乡邦师友光哉！史侯，开州人，名（粲）［灿］[一]。聂侯，当阳县人，名武。李侯，孝感人，名果。皆有功学务大体云。

【校记】

［一］槩：底本他处均作“史灿”，据改。

刘邑侯祠堂记　同上

富平境内盖三山三水云，维北有频，维南有荆，浮山则盘错中踞，总延袤计当境地什七，而温、赵、石河又相与溯湃于群山之麓，淹圮之亩无岁不报，厥田固下下也。比问田赋，则河滨者稻，大川者米，峻嵋者、波澜者、困而流离者亦必升斗，厥赋不上上耶。如是而欲田斯者，忍饥溺、乐乡井、充租税至难矣，故谈治之本惟均田便，先是主计之，臣尝倡其说，有司卒未有处也。间有处者嘉靖中则崔侯举，隆庆初则王侯良策、张丞志道。崔法尤明，豪右侧目，竟以谤阻，百姓迄今愤之，以故均田议寝垂十余年莫之省。刘侯则身任称首务焉，会司农核天下田，侯毅然询刍荛①，访利病，图耕野万全之策，恐恐然惟虑幽隐之未照，乃申田里册耕稼之数，乃屈群力简省官之才，乃谕顽民开隐田之路，堂奥未离言，遗田者数业，千八百奇状闻矣。境人欣欣望侯至，无异云霓也。侯率才官二十有六，官分以畛，授竹丈二十有四，丈稽以亩，有田有帜书至，书名进必鱼鳞而分寸辨界必山河而起止，明验村落以纪肥瘠，札水泽以税高下，册等符地力予税，若册地力浮册等予税从变。旱涝无恐者，田上上也，名曰金，时雨灌溉绿野平壤者银铜之，山原犊力土石人垦二而当一者锡铁之。始事岁孟夏生明，告完于六月生魄，得田一万二千四百顷，诡地增册额者田盖三千顷焉，侯又简铁者亩以场算，场一者三其亩税，一亩有半田增而税如故，计税五万九千九百九十石，畸矣。然后里以准亩，人以入税，版籍明而豪侠无所措手，赋役当而贫窭②得以息肩，民困弊税若锢疾切身而不可推移者顿取而均平之，非侯力坚定几何而不畏难以中废也，欲睹邑大平景象能耶？孙丕扬曰识治之士谁不言政始经界善哉，本之力行又顾如之何者？富平经界议屡下矣，乐畎亩而慰闾阎者则迄侯底绩③焉，何也？执度度地其难在劳侯独单车郊垌④、旅舍老佛，日与田农野叟辨尺寸、廉腴薄，垂三越月讼至，即理册诡，即更不心服者，即履其亩，纷（绕）［扰］[一]至或夜鼓未食也，如是而奸不神明、良不怙恃得耶。多口朋兴，任难在怨，侯厘弊抑强，一切法绳，占逃田者惩饷，黍肉者惩，匿田等者惩，狐鼠病已，任之长短，锐然于群小呶呶之中而天命公法直信之而不回，非丈夫而能，若是乎见利必趋，难在任人，侯遴才执丈，推心感格[⑤]，发仞都邑也。载礼觞豆，载誓庙庭，载优骑从，巡行田野也。壶浆侯携，寝食侯供，佳节侯犒，不谙练者侯教道之，勤事五夜者侯烛俟之，慰劳之，饮食之，即长驾远驭、曾是过与，故才官受事来畏不敢缓，爱不忍欺，终全邑之田，未闻枉一事者，侯之精神感召力也。然则事岂虚就、民岂虚附哉！余采父老意谋章厥美而诸君子请又至敬，载笔付诸执事者。

【校记】

［一］绕：乾隆四十三年《富平县志》作“扰”，据改。

【注释】

①刍荛：割草打柴的人。

②窭（jù）：贫穷。

③底绩：获得成功，取得成绩。

④垌：田地。

⑤感格：感动、感化。

重修八蜡祠记 周文焕

天子祈谷祀神报啬，尼父蜡宾喟祭不备。国家以农道民，其于告成报勤之典谆谆致意焉，故玄象转而寒暑改，则岁事告成，节会至而万物迁，则八蜡报勤。八蜡之祀，邑之正祠也。频阳旧无祠，有之自新安刘侯始。刘侯莅富，政简人和，乃谓富独无蜡，此为王政之阙也。于是相吉于北郭桥右，创建[一]蜡祠，迄今垂四十年，摧荡于风雨，剥落于鸟鼠，祠像倾颓，门垣荒废，而宦游于斯者咸传舍目之，弗葺也。岁己未济南刘侯来治兹土，甫半载，和风披拂千村，皎月澄清万户，实政难以枚举，窥豹仅见一班[①]。庚申春举尝祀礼至蜡神祠，叹祠圮若兹何以妥灵而起敬，此有司者责也。乃捐俸，乃计工，乃抡材，乃具锸，不数月巍如焕如神其妥如而祠于是改观矣。偶值旱魃[②]为虐，吁祀于斯，其应如响。事竣，属予为记。予惟事神治民悉精意之，流通一心可对神明，则百念总归赤子，若有所触而不容已；创建增新皆循良伟树，亘古需刘开厥先，逾世俟补嗣厥美，若有所待而不容辞。昔刘公善政多端，擢为地官郎，寻陟大参，邑尸祝具焉。今刘公政绩迥迈前修，声誉飚发，且也逊德具躬，文章华国。吾闻文星所在，贤人所聚，青虹动天，明珠还海，天地尚且应之，又何神明不归向也耶？若夫膺明征登华膴，自分内事耳。余志祠事而并述两侯之烈，愿后之宦兹者因人知景，睹祠起畏，体王者岁成休息之意，举有司先蜡祭禽之礼，其于告成报勤之际，留意于祠焉。庶神之有裨于民社者，终不至堕废也。昔刘侯有正祠，故不赘载。今刘侯讳勅，号五云，山东历城人。

【校记】

［一］建：乾隆四十三年《富平县志》作“业”。

【注释】

①班：通“斑”。

②旱魃（bá）：传说中造成旱灾的鬼怪。

张太宰祠碑记　唐龙兰溪人

昔武王陈师牧野，夷齐扣马而谏，左右欲兵之，武王以为义而释焉，卒饿[一]死首阳之下。夫自有夷齐然后人臣之节显，故包胥①哭于秦廷，王蠋②经于画邑，忠臣节士盖接踵而兴焉。自有武王然后人君之度彰，故齐桓释射钩③之憤，晋文忘斩袪④之仇，即五霸亦无修怨之事矣。先王信以持义，义以成信，是故生则守官，危则授命，死不离次⑤，非今之夷齐乎？文皇包荒含垢以体天道，俾得反葬其骨，曲全其家，显荣其子，非今之武王乎？嘉靖纪元，诏天下甄录遐遗，用广褒劝，陕西参政潘埙司其事，会学官道举先生以告埙，埙即请于抚按⑥，令其邑祠祀焉。是举也，岂惟不遗先王之典型而已，抑以仰照圣度如天之无不帱、地之无不载乎？

【校记】

［一］饿：乾隆四十三年《富平县志》作“饥”。

【注释】

①包胥：春秋时楚国大夫。楚昭王十年（公元前506年），吴国用伍子胥计攻

破楚国，他到秦国求救，在秦庭痛哭七日夜，终于使秦国发兵救楚。

②王蠋（zhú）：战国时齐国画邑人，因进谏愍王不受，退而耕于野。公元前284年，拒绝燕将乐毅的诱降，自缢而死。

③射钩：管仲原为齐公子纠做事，公子纠与齐桓公小白争王位，管仲射中小白带钩，后来小白又用管仲为相。后专门用来借代英明君主的不计前嫌。

④斩祛：斩断其袖，借指旧怨。

⑤离次：擅离职守。

⑥抚按：明、清巡抚和巡按的合称。

杨斛山祠堂记　雒遵泾阳人

杨公讳爵，号斛山，关西富平人，起家进士，行人，授河南监察御史。世庙时，好直言极谏，濒危数四，不少挫抑。时则有若太仆杨射洪最、车驾杨容城继盛，皆以直声动天下，人号嘉靖间三杨云。隆庆改元，录恤往忠，射洪赠右佥都御史，谥忠节；容城赠太常少卿，谥忠愍，各祀于乡。公赠光禄少卿，祟祀无宇，巡抚董公世彦、巡按刘公光国檄县相基鸠工①创祠，为堂者三楹，左右廊各三楹，卫以峻垣，重门翼张，徭编门役日供扫除，焚修[一]香火。有司春秋飨祀，布在公令。公荫孙詹事主簿恒问记于遵，盖记祠堂肇修[二]岁时，云祠堂告成事，万历六年某月也。往遵总角时，知慕公名高计，走谒门墙，睹其风采，至今有遐想焉。公忠谠封卓备录石室，直节正气服在当时，信于后世，谈者不伟其难即高其标，岂知公见道分明，学识贞大，危言若夷，亢志若柳，分义在我自尽而已，曾少谓其且难耶？初，公从游苑洛韩先生邦奇，与容城为同门友，师友渊源，夙契道真。且富平习重气概，吏部尚书张鷃庵紞以仗节祀，公以献忠祀。天植其性益多于习，人文世杰不愈灵其地邪？呜呼！睹羹墙②于庙貌，思景行于高山，其抑风世③也与！西安郡守罗公惟垣雅崇先烈，捐俸伐石勒碑，董④工乃属新尹刘君兑。

【校记】

［一］修：乾隆四十三年《富平县志》作“循”。

［二］修：乾隆四十三年《富平县志》作“循”。

【注释】

①鸠工：召集工人。

②羹墙：相传尧去世后，舜仰慕三年，坐则见尧之幻影于墙，食则见尧之幻影于羹。比喻对先贤前辈的仰慕和怀念。

③风世：劝勉世人。

④董：监督管理。

淑明王邑侯崇祀名宦记　刘士龙邑人

王侯讳正志，字淑明，河南祥符人，登万历戊戌科进士，从选人来治吾邑，其为政多持大体，蠲一切烦苛，体貌魁梧，峨眉天半而神气冲和，绝无抗而不下、厉而难近者。吾邑士若民神明戴之而慈母依之，居无何而阉竖[①]之祸作矣。税珰梁永肆为不法，参随率游手无赖窜名其中，相倚为奸，如虎而翼，所至辄鱼肉，诸守令莫敢谁何。有来吾邑者，虐使横索，恣溪壑而莫可餍，阑人[②]公庭直平视且稍稍语侵侯，侯怒而法绳之，百哀乞不少贳[③]，因疏发珰恶为民请命。永闻之大惧，嗾党阉竖赵钦诬奏侯阻挠矿务，而侯为反中被逮矣。开读时为侯抱愤者从而南至，倾邑剑槊相磨欲甘心两阉竖，侯闻而急止之，谓上谓我抗也而逮我，若曹小不忍是再抗也，愈重我罪矣。怡然就道，遮留[④]者拥囚车三日不得行，追送络绎及关门始洒泪以别也。侯坐诏狱中再逾期而殁，讣传至吾邑，士若民哭泣之哀至为罢市，则所以思侯者深矣。顷相率请于今侯隋公祀公名宦并刘侯、焦侯而合请之，隋侯力请于督学，使者覆核备至而先允者为王侯，刘侯先王侯十五年，焦侯先王侯四年，为德于吾邑同，怀德者同，其请祀之日又同，而王侯先得之，殆如积薪后者居上矣，然似有天意焉。刘、焦二侯以治行高第，一历转至参知，一入为尚书郎，亦既显荣矣。王侯有才不试而卒以冤死，享于生前者有盈缩，而身后之报或微分早暮耳。隋侯不释于二侯之后得之，而又幸于王侯之先得之也。先伐石碑，王侯而命士龙为记，刘士龙作而叹曰："呜呼！王侯可无憾于天人之际矣。"阉势方张，守令之劫于积威者惮不敢伸眉，侯出而首挫其锋，虽不免虎口而料其头、编其须，气亦少夺矣。又日闻讼侯冤者胆落于飞霜之简，而畴昔虐焰亦有所怵而不敢肆，露覆而食其德者宁惟吾邑则侯志亦伸矣。今上圣明，矿税出一时权宜，而法外奉行者丰蔀掩之，忠良无辜陷坐覆盆，如是而不蒙褒崇，为善者其惧矣。且百世而后，哀湘而诅楚者无之乎？祀获请则忠魂以妥，举国家褒崇之典而激劝寓焉，即清议之郁而欲吐者庶几少平矣。抗阉竖而得祸者前惟王侯，后惟满侯，而论者犹不无轩轾，满当狂澜将杀之日而应援有人，王当虐焰方张之时而孤立无助，则为满侯易、为王侯难也，然满犹金鸡放归而王竟作诏狱冤鬼，则天之报满侯者厚、报王侯者薄矣。夫薄者，未定之天也。血食万年报不云厚乎？而天终于定矣。尝读元礼传而窃叹恨也，破柱伸法无救于常侍之横，及死党锢，未闻列在俎豆酹一杯酒、拈一瓣香者，冤抑沉痛徒得千载下哀怜耳。天实梦梦而人几尽失之如王侯者，可无憾于天人之际矣。侯其来歆[5]如朱仲卿[6]之安桐乡，可也。

【注释】

①阉竖：对太监的鄙称。

②阑入：擅自闯入。

③贳（shì）：赦免，宽纵。

④遮留：拦阻挽留。

⑤来歆：鬼神前来接受祭祀。

⑥朱仲卿：即朱邑，字仲卿，庐江舒县（今安徽庐江）人，西汉官员。初任桐乡（今安徽桐城）啬夫，掌管一乡的诉讼和赋税等事务，处处秉公办事、不贪钱财，以仁义之心广施于民，深受吏民的爱戴和尊敬。后历任卒史、大司农丞、北海太守、大司农，可谓是朝廷重臣。去世后葬于桐乡城西，老百姓为他立墓修祠堂，年年祭拜，至今不断。

邑侯刘焦王三公新祀名宦记　同上

名宦乡贤并重千古，而吾邑相传有乡贤而无名宦。春秋飨献，官祠阒寂[1]，生则人食其德，而殁不获庙食，于人无论，祀典缺然，循良无考，而究所为尊贤隆报之谊，则吾邑之士若民迹于薄矣，其年远政湮者未易指数。就万历间治行卓异者，实得三令焉，刘侯、焦侯、王侯是已。三侯德政详载邑乘，吾撮其大者论之。刘侯以兴利，焦侯以化导，王侯以抗阉竖，此其尤表表者也。邑故有漆沮、赵氏、温泉诸河，而灌溉之利前此则未有闻也。刘侯至而创为疏凿，开渠而以数计者十有八，灌田而以顷计者至于数千，瓯脱之区化为沃壤，而膏泽所暨遂能与天争权，即旱魃为虐而吾邑半有岁也，盖河水可竭而侯之德始可没矣。乡约之设创自郡守曹礎石先生，他有司率故事奉之，而焦侯不然，家喻户晓，舌敝而不少倦，即穷乡山陬亦必有车辙马迹焉。一片婆心厚为期，而勤为督者如慈父，又如严师薰而善良，而至今彬彬雅化者则犹其遗德余教也，彼兴学化蜀者侯庶几嗣美矣。矿税之兴也，阉竖方刀，兆姓方肉，而诸守令方且畏之，如虎横肆凭陵②，莫敢谁何，参随之来吾邑者，残破我公署，鞭笞我人民，王侯震怒，谓令在而民不见庇与无令而鱼肉之何异焉，收其豪悍者痛绳以法，阉竖咸咋指相戒，而往来东北者相与避吾邑如畏途，民虽少苏而（候）［侯］[一]竟以此被逮矣，如护雏之鸡至于搏狸力不及而有奋心恩之至也，嗟乎！其难哉！三侯为德于吾邑者不一而所以遗爱一也，三侯之爱在人，而人之耕凿而歌何有者相忘于三侯之爱久矣。夫爱必忘而后至，而惟其至也，则有终不能忘者，此三侯之所以终祀也，然祀必迟之数十年，不疑于稽报乎？而吾不谓然，论久而定，思久而深，故祀亦以久而后举。而是举也，倡之者为今令隋侯，谓其饰前令以为后令地也，非也，然而有弗避也，即谓推前令以为后令劝也，似也，然而犹未尽也。仰止景行，直达其所，不容已者而他何知焉？隋侯倡之而士若民起而和之，涂歌巷舞，忻赴恐后，如贤祖父久遭沉沦而一闻褒崇辄不觉喜动颜色者，亦非必载[二]前令以媚后令也，自非然者，而上之于下水抟沙，则下之视上邮阅客而已，亦何能久而不忘者而欲使列在俎豆，即后令倡之而未必和也。令虽有权，人各有心，而权不胜心可奈何？即此而知三侯之所以入人者深矣。三贤[三]虽贤，使不遇隋侯，谁为表章者？有终归湮没已耳。隋侯此举于三侯得显微阐幽之意，于士民遂崇德报功之心，而以风示后来则又为砺世磨钝之机，一举而三善备焉。是可记也夫！是可记也夫！刘侯讳兑，直隶新安县人。焦侯讳承光，山西大同卫人。王侯讳正志，河南祥符县人。隋侯讳不矜，山东寿光县人。

【校记】

［一］候：乾隆四十三年《富平县志》作“侯”，据改。

［二］载：乾隆四十三年《富平县志》作“戴”。

［三］贤：乾隆四十三年《富平县志》作“侯”。

【注释】

①阒（qù）寂：寂静无声。

②凭陵：侵扰。

文昌渠记　杨之翰

邑乾隅为漆水，两涘疏水以溉如鳞爪然，然其灌田之多，费工之浩，东涘之文昌渠为尤著。间考渠肇自汉文帝，岔口为渠口，尾于怀阳城，延袤可四十里许，昔灌薄后园。邑侯崔来按志以浚，曰："渠淤久，名故也，工实维新，凡举大役者苟非度土地、简督率、程材力而一出以勤慎公溥之心，则事鲜济焉。"渠视田灌各有处，由怀阳而上为董家庄，为吴村、方沈村，为元陵店，为庄里镇诸村，相水向也。村各有首事曰渠长，长惟公方者处之，所以掌登记、课畚插也。循故道多不可省，又水势间与民庐圃，当众利而损一家，长勿为也。朱提率数倍其直，缘是渠上下熙然无留力、无梗议，垂一岁而工讫，讫之日记时编程，月初二起子止亥为一大小甲，凡二十八大小甲，其晦朔日二置，勿算日月大小异，润渠燥也。甲统夫，夫各差池其数，然程之纡促一视财力少多为配，无毛发私。先是长诣关帝庙同诸利户盟曰编不公者如此庙，程始于尾，挨次上月一周焉，计灌田三十顷余，费徒数百人，金四百两奇。呜乎！厥亦难哉！考秦故饶水利，郑国、白公相望图经以视此渠，利不敌其什一而烦费若斯，当时之疲举国以为之者经营更不审何如也。神庙四十六祀邑侯隋鸠民挑浚，已以渠势亢复淤。今其道不殊，滔滔汩汩如屋注溜，岂利形异耶？抑亦有天事也耶？

重修县学记　田时震　邑人

吾庠自明兴以来，节义事功之彦视邻邑独显，而科甲落落晨星视邻邑亦独啬。忆髫年侍先君子侧，见其屈指儒宫兴替，每云自乡先达鸿胪李公捐资重修，前邑侯安肃刘公实心善葺之，嗣是精彩郁勃，人文焕发，抡元掇魁，项背相接，乡书制科鹊起，蝉联一时，称最盛焉。孰谓巍巍宫墙间无灵气挟之而行也？乃岁久且陁靡滮灭，无论两斋委于草莽，即大成殿暨文昌阁薄蚀风雨岌岌欲颓，青衿避寇至者率家栖庑下，堂室未扃，芜秽不剪，见者怆焉。兴忾且从来有芹宫而无黉池，又数百年缺典也。博士姜公与二三同志谋为更新，相与输镪[①]辑缗，庀材鸠工[②]，越岁得告厥成，其仍旧址而重构之者为大成殿，为文昌阁，为东西斋，题荣棨桷、疏寮甍槛、甓礷除序之属无不完固坚好，其卜地桥门内而创砌之者为泮池，另广各如规，鹍化龙翔将于是乎肇端，他如启圣等祠未具，其倾尚未（荒）［遑］[一]及也。工竣将伐石以表来兹，佥议奎楼③檐楹渐圮，神灵坐风日中且址狭而岑峻，益不禁浸淫之患，今不葺将大敝，后欲为之，费不赀矣。余闻之愀然曰："所用者少，所关者巨，余即善贫不敢不勉，聊凑续为途茨，得与大殿、文阁鼎峙无坏。"同事者求余言以志之，窃不胜俯仰今昔之感焉。昔贤独力营之有余，后人合力缔之不足，昔贤捐千金无难色，后人施微赀④辄有吝志，独不思士人束发时圣域贤关终身所尊法者何人，义路礼门朝夕所步趋者何地，精之而性道文章，粗之而功名富贵，罔弗窃绪余以自润，顾于宫墙庙貌忍听其废弃而漠不相关耶。尝闻匹夫轻财，梵宇道观犹乐舍施，不吝丹垩金碧之费。儒者敦诗书、修道德、慕义向善，宁其逊诸？幸大义不绝于人心，尚有量力以金钱助者，获藉手以襄成事是役也。频年荒祲，兵燹屡警，物力消耗遘时较往昔倍艰，登疏者强半爽约，铢积寸累所计无几，量材较往昔倍歉，董事者出入纠察，木屑、竹头不轻滥用，省试较往昔亦倍加毖饬，然则乌乎记曰记难也，记俭也，记慎也。异日时和岁稔，后之君子闻风而起于新所未备，而周[二]所未及未必不以是举为适越之指南云。若夫圣教之广大，阐述儒宫之方域规制，前人言之详矣，何俟予之赘语哉？维时捐俸者学博姜君也，讳辉，米脂人。重缮大成殿者，奉常朱年友也，讳国栋，壬戌同榜进士。仅以十余金佐文昌阁、奎楼之工者，宦拙囊涩之不佞也。始终综理殚厥心力者，邑庠生李林、张运泰、惠之介、盖一杰、周有凭也。其他例应书名者并列碑阴，庶几与此石共永久云尔。

【校记】

［一］荒：乾隆四十三年《富平县志》作"遑"，据改。

［二］周：乾隆四十三年《富平县志》作"向"。

【注释】

①镪：钱串，引申为成串的钱。后多指银子或银锭。

②庀材鸠工：准备材料，招集工匠。庀（pǐ），准备，储备。

③奎楼：魁星楼。

④赀：通“资”，钱财。

本朝

东济桥记　赵兆麟　见前

富平城郭高垒环水，形胜甲于三辅，东郭附近有小河焉。城南丰泉水遇涝则溢，其水皆注于小河，统归蒲水而东流。虽名小河，雨暴横流则滔浪澎湃、湍悍甚猛。南路竖有石梁，狭小卑矮不当东郭之正衢，北路旧有木梁通水济涉，奈岁时渗漏浥朽最烦修补。邑绅士及窦村居民每议大建石桥而毂绾[①]津要工巨费繁，故谋治辄辍。铨部[②]暗然周公乃与奉政封翁蒲源公筹曰：“邑北门外李鸿胪公输金创通济桥，邑侯刘公兑引怀德渠支水从桥上南注绕城为玉带渠，灌东郭田若干顷，今于此建桥，即同通济引玉带渠余水永从桥上东注，则窦村东北半臂直抵焦村可成水田，其利溥哉！”遂捐俸市石，佣力鸠工，捐俸不足继以募缘。蒲源公首董厥事，明万历四十八年庚申起，天启元年辛酉桥成，渠水业已攸往，桥东悉为沃壤，然桥上石栏、两岸长堤尚未竣也。二年壬戌六月暴雨，小河泛涨，水高桥表，崩其两道，只存中道，巉然孤立，涉既未便，利亦弗获。至天启四年甲子，蒲源公谋之邑侯孙公如兰，又会众鸠工运石重修，周公乔梓输资襄助不遗余力，邑侯孙公亦捐俸劝输且佐以赎锾[③]。分守道史公文焕、西安府陈公应元、司李[④]史公堃、高陵令赵公天锡等各捐俸百金，共成盛事。总理仍蒲源公，而督工监修则唐光縢、陈以道、唐大湖、唐一文、张茂显等朝夕勤苦，靡有倦焉。起于甲子孟冬，竣于丙寅季夏，桥成请名于邑侯孙公，利涉事小，引水功巨，悠悠长渠，东方溥被，且也北门、东郭两虹为翼，邑城壮观，百代瞻仰矣，题之曰东济桥。自昔迄今三十年间，其滔浪澎湃、湍悍虽猛者时或见之，夫何损于万一耶？桥既成，暗然周公乃于桥之南北凿池植莲，红叶绿盖掩映上下，竟成一时之胜观。次年夏南池一茎双花，瑞莲应报，咸谓公之德所感焉。于是因其佳兆遂于桥之南创建瑞莲禅寺，其寺草创未就，不意暗然公于天启七年丁卯七月七日捐馆[⑤]，不数年蒲源公亦辞世。桥工虽竣，寺愿未酹[一]，蒲源、乔梓含喟九原[⑥]。至大清顺治丙戌丁亥间，暗然公季子有棐复施财力，广募善缘，增置廓舍，塑象[二]装金，巍然成刹，毕乃祖父之遗志焉。兆麟于暗然公为门下士，知公之德最详，识公之功最稔，故敢备述其始末，竖碑垂久，昭示后世，惟愿后之君子睹物思公，更留心于桥之有缺损者。

【校记】

［一］酧：乾隆四十三年《富平县志》作“酬”。

［二］象：乾隆四十三年《富平县志》作“像”。

【注释】

①毂绾：如同车毂一样联络、统摄各方面，比喻地处交通要道，可以扼制通行。

②铨部：吏部的别名。

③赎锾：赎罪的银钱。

④司李：推官别称。李，通“理”，即司理，掌理狱讼之事。

⑤捐馆：抛弃居所，比喻死亡、去世。馆，住所。捐，舍弃，抛弃。

⑥九原：九泉，黄泉，人死后居住的地方。

新建涧头十丈桥记　田若琬

闻之诗曰造舟为梁，言匪此无以通往来也。记曰十月为梁，言治必从时而民不病涉也。大抵舟宜于河，不宜于壑，木简而弗固，石坚而历久，或令之自上，或作之自下，其为利济一也。晋杜预启建河桥于富平津，众论以为不可，预争之，桥遂成。君臣临会，众咸称善。以国家举事而始作不易，落成可乐且如此，即民间兴作可知矣。富治西北二十余里有巨壑焉，曰涧头沟，虽非四达①、九达②之区，而东抵蒲城，西抵华原，亦一通衢也。涧深且阔，车不可行，其徒者盘折上下，倏仰倏俯，而阴雨雪泥尤叹行路之难。予每过，私计安得阳羡之似长虹、南渡之法牵牛俾险阻化康庄③乎？辛未岁乡耆数人向余言以修桥为己任，余力为捐资然亦不敢知其必成也。嗣余宦游粤东凡几岁有客自故乡来，浼④余撰桥名而记之。问所费曰数千金。问所从来曰间有得于远方好善者，而左右数十里中居人之力为多。问其功程远近曰经营十余年，筑作二年，始竣事。问其制之大小曰以石为之，实以土，高深数十丈，长十余丈，阔可并舆行。予喜曰举成数而质言之，可名十丈桥。夫吾邑素醇朴，率耕读为业，无素封⑤大贾而出私钱成兹梁，快事也。盖地距丰镐不远，沐文武周公之化最深，历千百世怀先德、服先型久而不衰，其好善尚义之遗风犹有存焉者。况际盛世，休息生养历年既久，日聆圣谕谆谆训诫，浃洽人心，比闾同风，以故好行其德、聿观厥成如是也。是役也，儒医顾芳誉、耆德高君诏同余外舅文学王咸一公简在实首其事，皆可纪也。余既喜其德惠所及为甚溥，又以见天下事虽甚难为，苟有志者皆可克底于有成也。于是乎记。

【注释】

①四达：通达四方的道路。

②九达：四通八达的道路。

③康庄：平坦宽广、四通八达的道路。

④浼（měi）：恳托。

⑤素封：无官爵封邑而资财丰厚的富人。

荆山记 韩文

荆山振臂于嵯峨，嵯峨盖吾乡望西山而指为日月之所入也，在泾北东二十余里，浊浴河发源甚微，若斧凿状，直横破而南。山之阳约有五七十泉，灌池阳田千顷，近居多富，节义文章则前辈葵心王先生千古矣。七十里至坡峪，即迤山，周割地于秦之界。为行人迹踏，断五丈许。自此，皆名原。盖池阳改三原，此其一也。道东绝顶有法华寺，水清树茂，游人闲客寄栖其上。东二里则仓文[一]寺，为黄巢作乱之始，祖师法身尚在。正月望，妇女祷病炙柏尝取骨祀之。高阁起山门，可卧看长安。北里许，有深潭，幽静绝非人间。去村远胫，容足一二，闲游者往还焉。有水甚甘，烹茶有异香，山僧提瓦器供茗，饮者去之。予壬午间居是寺，坐草枕流，凡三年。再一里，则昆仑山，古庙森严，僧道各一，不识为何方人。山名不知起自何代，乃得擅河源之富。东则为荆山地，长十五里，横十里，考之《帝王世纪》及邑志，则大禹铸鼎处。又名掘陵原，以唐末陵多掘云。知者唯指为荆山，知非黄帝铸鼎嵯峨之荆山也。汉以放象，再读唐诗，固知草深林密。吾家有屋梁，自祖父相传为山上木。又按少陵有“渭北春天树”之句，可据也，而今多垦田。予再居罗汉洞读书，有僧掘地得石碣尺许，书“至元元年开田百亩”，此盖自元时已然。山之中则有唐高祖陵，人咸呼沙冢，多古碑，土人苦为累，或毁或埋地中。旁为长安古道，惟一、二亲王古碑文尚在。右为唐小王陵，无记，惟石马人环列。暮夜人行，闻悲鸣声。前峰民堡，为马踏人击不可居。六月四日事，疑有遗恨。左八角冢则太上皇也。其下万年县，进五里，漆沮两水合而突驶竞[二]过投渭，前后左右遂无傍支，所称断原者是也。

吾家居山北岸，有城。山在襟带间，常游其上。周秦汉唐，风景依然。南则秦领[三]云道，华岳天亭，泾渭照其面；西则太白雪阴，终南仙馆，清灞横其眉；东与北梁山崎险，明月峥嵘，河洛束其带。从下观之，挂日摩月，星辰河汉处其巅，荆山受关中之富。天下名士，四方豪客，游之者少，俱向有名处争富贵地喧嚷耳。

荆山无石，不欲违俗激世，硬出角骨；荆山无花，不欲柔面媚人，自染脂粉；荆山无楼阁，不欲上下低昂，别生支节。荆山多草，正以逢春自荣，四时造物，不事打点；荆山多樵客，牧童自有知己，不问咸阳宫殿近果何如。淡漠闲远，家常自足。有人言华山人易到，吾曰凿坏山灵矣。吾以问之山，山曰雷云风雨不以吾山之小而不来。向者雨化刘先生与吾朝夕友，名山著业。吾以待子功成，行在天下五岳，石携一片来，以铭之，遂以记。

【校记】

［一］文：乾隆四十三年《富平县志》作“旻”。

［二］竞：乾隆四十三年《富平县志》作“竟”。

［三］领：乾隆四十三年《富平县志》作“岭”。

重建王将军庙记 李因笃 见前

吾村王将军庙，莫详其始作之年。崇祯间，叔曾王父镇抚公尝议新之。既而村毁于寇，遂中辍，碑版亦缺有间。因笃稍长，我太孺人田氏数以为言，逡巡未遑也。先是诏试鸿博，因笃名玷其中，屡辞不获。将发，太孺人申告之曰："将军庙垂圮，及今不图，使先人社祀故坊沦胥于小子之身，可乎？"自输簪珥一金，因笃输二金付从父，林芳、三芳为聚群谋始之劝。比予通籍史馆，吁养遄[①]归，拜太孺人于北堂，而是役犹不果行。问所捐金，则取息已相埒。疆烽未靖，人方困于转输。又连岁洊饥，不可以请。前年秋，太孺人寝疾属纩之时，谆谆庙工无期，若目不瞑然，因笃泣受命。皇天降割[②]，太孺人奄弃[③]其孤，苫块拮据，历冬乃克襄事。明年播获粗毕，卜日烧蔬瀹茗，纠族党而谘之，皆踊跃愿从。奋乃心，竭乃力，布金握粟，凡得若干缗。推里社某某等环而督之，经始是岁正月丙子，历七月己丑报竣。谓因笃宜有辞以示后。

按《史记》，将军讳翦，频阳东乡人。秦厉共公二十一年初县频阳，应劭云在频水之阳。水北曰阳，然今县无横注之水也。而频山踞吾村五里许，山麓有将军庙，亦曰美应侯庙。旧碣载："唐代大旱，祷庙下，挹水龙泉而雨，因褒封之龙泉。"出庙左稍上一里，俗称将军淬剑池也。云将军所佩剑时为龙，饮于池，故名。史言将军尽定赵、魏、荆、燕、百越之地，以其王归。秦并天下，王氏、蒙氏功最大。声施后世，及诸王客死，并陪葬。将军冢南，今犹云五冢。五冢者，赵、魏、荆、燕、韩五王冢也。或云其一百越王，非韩王，姑勿深考。惟将军冢岁六月廿五、廿六之日质明[④]，百步外必见武卒、旌麾、车马、城郭其上。千万为群，蔚蔚蒸蒸，状类海市，移时乃散。里人多趋观，迫之则无。英爽式凭，物采煊赫，昭昭耳目，于今为烈，龙剑之祥有自来矣。将军于秦号功宗，始皇实师之。子贲、孙离，并宣威宿将。虽犯三世之诫，逊于伊、吕，而云仍著望，如太原、瑯琊，世产名贤。史所称百代乡族者，固将军之裔也。

予尝问华山王征君弘撰，凤洲[⑤]既祖瑯琊，而溯其系，不曰频阳将军而曰灵王太子，诡其所不可信，盍稽其所可信耶？征君唯唯。至秦不施德义，自促厥历。而离为将，会逢其阨，复何尤焉？史但云将军县东乡人，不详所居地。或曰千口，或又曰将军以六十万征楚，多请美田宅，坚秦王之心，始徙于彼。吾村古老相传，以七月十日为将军岳降[⑥]，必大作社衎之。盖冢墓嘉征发于六月，疑将军薨葬在季夏，而孟秋乃其辰。顾千口及冢旁皆有王氏而不知也，吾村王氏又久亡其谱牒，而踞频山最近。将军里中先贤则以地祀，旱（辙）［辄］[一]祷于龙泉则以功祀。吾祖宗秋报之遗宫则以社祀，是何可泯泯哉？

嗟乎，是役也，肇自先太孺人，言犹在耳。时艰坐诎，旦夕缓营。今庙貌焕然，而太孺人不及见也。嗟乎！痛哉！是因笃之罪也。夫是因笃之罪也。夫从父林芳、三芳相继不禄，附此以存其劳。而比间效事者，咸得纪名，并缀迎、降、送神辞三章。其辞曰：

频之山，何崔巍。包袯祤，亘埏垓。
山之阳，井卢开。丛云树，窅徘徊。
于维公，降岳来。频之麓，涧之隈。
为秦帅，挺异才。皇攸师，众竞推。
诸王伏，万旅回。望公导，崩负摧。
公所驭，龙之媒。怒衔镳，阊阖排。
持干将，灿斗魁。扬金光，雪皑皑。
旌容容，骑恢恢。纷举幕，神离哉。
发冀阙[二]，归北厓。沛施怙，临其陔。
钦迟公，印心哀。公遥止，横紫埃。

右迎神

于维孟秋，相月之初。练日于朔，爰盈部居。
晨露既降，好风是舒。我黍载实，惟秫及稌。
有圃在郊，为场将除。蒸彼农祖，社坛孔愉。
先社伊何，古戎父夫。时宗三后，命族皇闾。
生而知兵，乃奋訏謨。秦有天下，大勋莫如。
汤沐之乡，梓桑之都。公神自天，百代非疏。
公眷乃土，曰枌曰榆。济济渑渑，咸奔厥徒。
公起跋马，有膏其车。电发星激，陨黄耀朱。
荆燕骖左，赵魏右驱。飋欻来止，沛哉蹇衢。
众嫭绰丽，其颜如荼。震何憺憺，申觞尔娱。

右降神

公临坛宇涧之滨，击籥前除佳哉纷。
厥北有山何嶙峋，辉辉明月烂若银。
中厓挺秀扬浮云，四望群峰列星陈。

虎阜右峙左龙津，争环公宫相氛氲。
公朝发轫渭城闉，午遍六邦皆效珍。
归来公里众诜诜，色皎皎于尝所亲。
聿瞻公衮焕以焞，登庙倚楹昭灵文。
白旄黄钺响然臻，谁其相之公子孙。
蛟螭踞伏鼋鼍驯，縶车解骖立且蹲。
堂西伐鼓吹匏埙，铙歌剑舞交骏奔。
盛牡折俎膏芗新，有实盈笾酒盈盆。
明德惟馨黍稷芬，愿公醉饱扃其阍。
公安坐以眺旧村，土阶茅墙同瑶琨。
美莫美兮乡之罇，亲莫亲兮乡之人。
乐莫乐兮难具论，故乡之恩洽人神。
欢留奄夕虞主宾，桂醑椒浆宁足云。
秋飚初肃飓于晨，风马上驰班白驎。
公为我言情孔殷，攀公不得涕沾巾。
拜公之贶秋复春，祁祁甘雨禾蓁蓁。
龙渊杯水荡无琅[三]，润沃我田彰报禋。

右送神

【校记】

［一］辙：乾隆四十三年《富平县志》作“辄”，据改。

［二］阙：乾隆四十三年《富平县志》作“关”。

［三］琅：乾隆四十三年《富平县志》作“垠”。

【注释】

①遄（chuán）：快，迅速。

②降割：降灾。

③奄弃：忽然舍弃，犹言永别，指死亡。

④质明：天刚亮的时候。质，正。

⑤凤洲：即指王世贞（1526—1590），明代文坛盟主、史学巨匠。字元美，号凤洲，又号弇州山人，出生于以衣冠诗书著称的太仓王氏家族。据传太仓王氏家

族乃是魏晋南北朝时期世代簪缨的琅琊王氏的余脉。

⑥岳降：诞辰。

重修汉薄太后庙记　杨锜

记余少时与曹舍人陆海登是台而叹曰：“斯地而庙薄太后也，何谓也？”舍人曰：“志称富平后汤沐邑[①]，其民生而奉之，殁而祀之，固其所也。台之北有太后花园，今即遗址，杳然而名之，傅于人者犹在口也。”余曰：“不然。祀，巨典也。礼御大灾、捍大患则祀之，有功德于民则祀之，未闻其以汤沐故祀之也。古今戚里[②]之属显荣于时者众矣，或赐之第，或胙[③]之田，或纵其恣土木之欲，大营池馆，率不旋踵化为荆榛，适以供樵牧蹴踏而已，乌乎祀？”舍人曰：“若未知太后之贤乎？当吕氏煽虐人彘之惨毒流掖廷，向非后之柔顺善全，安能脱然代藩使其后也？子践天位，身正中宫而贵为天下母耶。且薄昭弟也有罪，当刑，使后稍溺于情或援八议之条微讽，廷尉畴敢违之，即不然戚形于色，三日不饮啜，文帝有不立解网出之乎？乃后一不出此若，曰：‘伸私恩，绌国法，老妇不为也。’贤哉，后祀之何疑也？”余又曰：“不然。后诚贤，何如明德？明德事阴，后鞠章帝，衣缯式俗，有葛覃卷耳风。至其裁抑兄弟也，终身不令加秩，卫尉廖中郎将防卒播誉椒房，为时名臣，视昭之未娴于训卒，罹大典者何翅倍蓰[④]，至今茂陵之乡不识有祠宇可迹，如灵光岿然者否也。何马之不祀忽诸而薄之贻独长也？”舍人又曰：“不知其母视其子炎汉四百年之祚，高帝始之，文帝成之，而后实启之计自让再让三而还以德化，民几致刑措者皆后泽也，故愚谓有文帝一子，足以俎豆百世矣。又何纷纷疑难为？”余曰：“若以文帝为太后解，是益滋余疑也。夫尧母庆都、契母简狄，皆诞育神哲而史不传，其建不迁之庙也。独姜源以履武肇祥，开万世粒食之原。胡氏谓有形化、气化之异，故生民之诗曰即有邰家室，盖异数也，文帝与太后岂其匹哉？霸陵杯土衰草寒烟，未闻旁筑一亩之宫，尸祝弗绝者乃独于浮原片壤，谓宜因子以及母然欤？否耶。”舍人则曰：“如若言，将是庙可废而不存欤？”曰：“何可废也？闻之古有里社，其神土祈于斯，报于斯，其父老子弟相率为诚敬恪恭、欢忻和乐者亦于斯，今其神虽不经而禋祀同存之，不犹识古风欤？志曰丧祭从先祖，苟使后之子若孙相戒以障其旁风，盖其上雨，时时葺治无隳，亦犹教孝之道也。如之何其废之?”舍人忻[一]然而笑曰：“辩矣。子言然不苟同、不立异，缘端究情，因俗存礼，亦有味乎，其言之哉。”于是余与舍人益抵掌纵谈，流连竟日，相与赋薄台晚照诗而返，迄今五十余年。每一遥睇其上，忆曩时往复语若前日事。丙子冬初适纪子硕公过我曰余社重修薄庙绩且竣矣，敢丐一言，遂次第其语以遗之。

【校记】

［一］忻：乾隆四十三年《富平县志》作“听”。

【注释】

①汤沐邑：古代天子赐给诸侯的封地，位于王畿以内，以其地的收入供住宿斋戒沐浴之用。后指国君、皇后、公主等受封者收取赋税的私邑。

②戚里：帝王外戚所居住的地方。

③胙：赐予。

④倍屣：数倍，亦作“倍蓰”。倍，一倍。蓰，五倍。

重修富平县城记代　曹玉珂　见前

富平古雍州地，周属畿内。按《雍志》曰：“迤山直北曰频山，秦厉公[一]于山阳置频阳县。”汉高帝于频阳分置怀德县，皆属左辅。晋即怀德故城改为富平，富平之名始此。开元间徙富平于义城，今名旧县者。元至正之乱，邑令张君思道移窑桥寨据险，明因以为邑。邑城始于思道，削阜加堞，因阜形不能广，为方止三里许。嘉靖中县令胡公志夔始陴以砖，关中诸邑城小而高且固莫富平若。顺治庚子秋，余分符①是土，壬寅八月霪雨如注旬有六日，会省郡邑及村堡民舍尽圮，而是城没于隍若干丈，余灼于衷不欲征役百姓，先捐俸若干两，绅衿输资随其力，民之尚义者咸以资助，于是鸠工，肇于壬寅九月，迄于癸卯四月。工竣取砖于陶，取灰于石，雉堞橹楼咸增其饰。余巡而睇之，仰而叹曰：“昔读书见孔子称季路之宰蒲曰忠信而宽，子贡问之，孔子答以墙堞完固。又见宋天使称萍乡张令以为城郭修葺，张忠定遂荐于朝。心每易之，以为一睥睨②完好耳，奚足烦圣人之美与贤臣之荐耶？今令是土为是事，始知古人之不可及而初之易焉者之非也。”是时天子轸念残黎[③]，靳其劳役，各上台兴作自任，不欲甿肄。余仰体圣主大臣之意，兢兢然敢自曰频阳之城以频阳之力为之耶。惟是分所当为者竭力以为，罔限于期，罔计其艰，乃赖绅衿诸民之勇于义输厥资捄然陾然。余朝夕躬督，励勤惩怠，口谕身劝，以一日而集数日之工，不数月遂以竣事，讵谓才可使无征役百姓哉？李于鳞[④]有言：“长吏过自好欲无受劳民名，又不者如匪行迈谋，与众为政，如此必使城自地出，然后可。”[二]余止赖诸公之勇于义，躬自勤督，罔限罔计而城自地成。若从地出保障哉，百姓忽自有之焉。季路之于蒲，张令之于萍乡，天时人事不知与今何如邈哉？古人之不可及也。虽然城之不城，令责也，城之成，云令勚[⑤]哉。乡绅诸公与衿庶之勇于义者不可以不记。

【校记】

［一］秦厉公：应为“秦厉共公”。

［二］此段引文出自明李攀龙《创筑颜神镇城记》一文，文字略有出入，可参看。

【注释】

①分符：帝王封官授爵，分与符节的一半作为信物，后因以“分符”为分封、授官之称。

②睥睨：古代城墙上的矮墙。

③残黎：疲敝的民众。

④李于鳞：即李攀龙（1514—1570），字于鳞，号沧溟，汉族，历城（今山东济南）人。明代著名文学家，“后七子”之一，被尊为“宗工巨匠”，其《沧溟集》风行天下，历百年而不衰。

⑤勚（yì）：劳苦。

南湖书院记　乔履信

濂溪云：“师道立则善人多”。昔横渠张子拥皋比[①]讲学关中，一时从游之士则有武功苏季明、蓝田吕与叔昆弟，人文斌斌蔚起，与濂、洛、闽齐名。至明时，冯少墟设立关中书院，韩苑洛、吕泾野诸公亦先后继武，咸以振兴文教、倡明道学为己任，故一时从游之士咸因材造就、各有所立。

是天下不患无人材，特患乎教之无其人、课之无其地、言庞事杂，故德弗成、业弗精、青青子衿，率聚以嬉也。

本朝隆师重道、文治光昭、久道化成，圣天子更棫朴薪槱[②]、雅化作人，思天下之广、士子之众，乡国庠序之外，或恐教之无其人、课之无其地，则亦无以诞敷[③]文教、濯磨[④]士习，以储异日盐梅、霖雨、舟楫之用，因于各省创立书院，择年高德劭、文行兼优之儒为之师，而一时之士负笈横经，四方云集，济济彬彬，金玉其质，黼黻其文，咸席珍以待聘，至大比之期，登贤书者半出其中。所谓师道立则善人多，不其信然矣乎！履信承乏频阳，仰承圣天子作人雅化与各宪造士盛心，而阖邑士子于庠序之外独无训课之地，可乎？因捐养廉创立书院，度地于城之东南，地势高敞，北望明月、频山，南依荆原而对南湖，左右映带漆沮、泽多诸水，因颜曰南湖书院。有邑贡生赵有徽、监生窦希韩、文学杨元勋、耆老刘尔瑛褒然首举，为之鸠工庀材，度堂以筵，度室以几，建讲堂厅室及斋舍若干间，画栋高辉，明窗四敞，以为士子朝夕肄业之地，庶三年小成、九年大成。于焉藏修[⑤]，于焉游息[⑥]，不至言庞而事杂，是以德无不成、业无不精也。簿书鞅掌[⑦]，虽愧文翁化蜀，不能为之师，然关中素号多贤，必有闻横渠之风如少墟诸公者讲学其中，以振兴文教、倡明道术为己任，则一时诸士亦必有闻苏吕之风而兴起，砥廉隅，近文章，进德修业，日就月将，缉熙于光明，将所谓“为天地立心，为生民立命，为往圣继绝学，为万世开太平”者，亦于是乎在矣。至异日之为盐梅、为霖雨、为舟楫，又岂异人任乎哉？是处则有守，出则有为。师道立则善人多，诚今日厚望诸士之意也。书院既竣工落成，爰系以歌曰：“书院成兮南湖之傍，鱼鸟翔泳兮芰荷芬芳，化机流行兮何显何藏？目击道存兮吾以藻吾文章。书院成兮南湖在北，淡沱涵滋兮想其丽泽，注之不满兮挹之不竭，上善若水兮吾以蓄吾懿德。书院成兮南湖之滨，源源不测兮冲而徐盈，浩浩无涯兮静而徐清，临渊凛凛兮吾以敦吾善行。”

【注释】

①皋比：虎皮。古人坐虎皮讲学，后因以指讲席。

②棫朴薪槱：比喻选拔贤良的人材。语出《诗·大雅·棫朴》：“芃芃棫朴，

薪之槱之。”毛传：“槱，积也。山木茂盛，万民得而薪之；贤人众多，国家得用蕃兴。”

③诞敷：遍布。

④濯磨：洗涤磨炼。比喻加强修养，以期有为。

⑤藏修：专心学习。《礼记·学记》：“君子之于学也，藏焉，修焉，息焉，游焉。”郑玄注：“藏谓怀抱之；修，习也。”

⑥游息：行止。

⑦鞅掌：职事纷扰烦忙。

丙辰乡试题名记 王倚重 宁夏人

邑侯乔公以名进士抚字频阳，下车之明年刑清政和，百废俱兴，尤加意学校，爰即斋房建义学，延师训邑子弟，暇则进诸生，讲学论文无倦色。方鸠工庀材，议大修宫墙，以堪舆家言先改置魁星阁，由是士气蒸蔚，文风丕变。秋八月恭逢皇上御极恩科，学宫钟鼓自鸣，逾旬乃已，闻者骇异，撤棘[1]邑士登贤书者八人，科名之盛，前所未有。邑父老咸谓乔侯德化足以感天作人如此，先是故事乡会获隽[2]者皆题名学宫，数科一来缺焉。诸生请如例志诸石，倚重承乏邑铎[3]，目击其盛，谨书之以俟采风者。乔侯讳履信，河南商水籍偃师人。

【注释】

①撤棘：旧时科举考试发榜，在贡院门口放置荆棘，以防落第者入内滋事，待相关事务办理完毕始撤去荆棘。

②获隽：科举考试得中。

③邑铎：教谕。相传古代掌管文教的人振铎以聚众，故称。王倚重雍正十二年任富平教谕。

旧志叙 孙丕扬 见前

今富平山河大地，由明兴，溯羲皇初，何一朝夕不此景象若哉！是尚为能用其志也乎？顾天下之势，一否一泰；斯天下之治，有因有革。富平视世道，一撮土多耳，固与世以升降者也。产斯宦斯者，出乎其间，以敷政教，以阜民物，以奠山川。上下数千百载，如梦幻泡影。博物君子，舍志奚适焉？

富平故无志。李丞近稿，则出于宦业末造之手，故其辞皆剿州志，而主于扬己，非所以福富平也。新安刘大夫，思以易其说，乃造频阳人而问志焉。频阳人皤然曰："与我处畎亩之中，讷讷然言不出口，视乡人肥瘠若秦人视越人然，岂若笔兹民隐，使柱石郡国者得照覆盆哉！又岂若镜此宰师，使见贤思齐，不贤自省，以永赖此三山四水哉！"乃群庠博乡士，合诸父老而乞言，冀以起予。

爰猎经史，博百家语。首考兹县，以郡以县，乃割乃合。次稽兹县名世之英，乡国诸达。又次兹县户口强弱、布缕、粟米、力役诸民瘼状，则博士杜本益、程希洛，举人张正化、张执，庠彦李焘、李玉、李旟、田潜、由大任、李可学、孟师曾、孙丕振其人焉。又历山川之起止，为条为河，则通判孟国诏暨经卫任书、庠彦韩汶、韩希贤其人焉。博询乡评，各出一得，则庠彦宋一韩、纪识李旍、孙光范其人焉。

夫然后得有所据。宰斯师斯者，录其善政善教。仗节委身，经世理民；官有崇卑显晦，行有偏全，皆人杰也。录其宦迹，附丽兹县。旧说中，非其有者误入，不必书者间载，历境内者遗忘，并削笔焉。议集群言，自知刍荛管窥；事出阜创，敢谓鲁鱼传信！始事癸未八月，落成甲申正月。章句粗就，总为十卷。不可无言，以俟后之君子。曰若稽古，六经以（至）［志］[一]皇王，二十一史以志汉宋，载笔之书，由来远矣。后世百县之志，其祖经史遗意，而局于一隅者乎？夫经降而史，史降而志者，世道也，不可强也。志一变至于史，史一变至于经，不存乎其人哉。由汉而来，郡邑人中，宦业学术，上古如五臣，中古如七十子者，几诚有之，何尝不为羲皇人哉？此犹海隅大较耳，非语一邑也。迹其近小，则有卓鲁者、苏胡者，亦能以其政教名世，问其人，一吏治，一师席耳。乃天下后世，并仰之如景星庆云者何哉？今两都、十三会，郡县之书不少矣，孰文秦汉、孰文苏欧，岂不灿然棋布？比考宰师，照耀简册，即如汉宋者，亦数不屈指，则又何哉？夫士善乡，乡仰之；士善国，国仰之；士善天下，天下仰之。总之，在自树耳。未有此心此身，不自立于羲皇、卓鲁、苏胡以上，而能令天下后世羲皇我、卓鲁我、苏胡我也？

谚曰："言尺不如行寸。"余不穀，愿与邑大夫、乡大夫共力行之，以不枉过此一生。将自有经我史我者出，又焉用志为也！大夫曰："此可以冠篇矣！"万历甲申正月人日，频阳人孙丕扬叙。

【校记】

［一］至：明万历十二年《富平县志》作"志"，据改。

上宋明府书 刘士龙 见前

前二文不知申呈否，如未申，当急申之。首文行则阖邑之福，又老父母所以自解也。次文行则全陕之福，岂仅仅一州一县乎哉？兵车之制程吏条陈者极是，即发样令四乡速做，差一的当①人下乡督催，限以时日。贼警又闻，非可缓视，外令每牌各备长柄大斧一把、闷棍一条、弓一张、矢三十枝、石子五十个、刺帚一把、纸甲一领，遇战时，穿甲者居前，庶箭来无[一]伤，人心自固。待兵车成后，老父母亲自下乡，事事细查，每牌选其壮健者一人加为总领，责其倡率，更祈老父母严谕，如贼从西北来，则调西南乡兵合力以御，东北乡兵调守涧头沟以东，贼从东北来，则调东南乡兵合力以御，西南乡兵调守涧沟以西。贼来须亲履矢石，始见壮猷。杨将军居前，老父母殿后，万万毋伤，严加戒谕，退缩者军法从事，顾虑桑梓人情皆然。但得老父母作主，以丁壮官军加之乡兵数十万御贼，何有哉？守城虽大事，区区守城城必不能守，城为财货之薮，贼所垂涎，若不从远捍御，旦夕临城，恐有必不能保全者，老父母受祸不浅矣。向教老父母不离城一步者，皆庸暗之论，毫不可用。四境之内，皆吾赤子。朝廷命官令治四境之内，非仅治四门之内也。前番贼得志而去，病在美原之寇老父母不出是一误也，庄镇不出是再误也，流曲不出是三误也，天下事岂堪三误哉？老父母不出既无以作民之勇，则民皆丧气且示贼以弱，则自横行矣。此非老父母误百姓乃向者阿谀之人误老父母也，此辈私意以一己城居之故欲借卵翼以自保，不知无乡则无城，不贼攻其外则奸发于中，子女、金帛岂能无恙？是此辈误百姓又误老父母而终不免于自误耳。请剖利害为老父母细陈之。贼虽凶狞，观其窃攘，非有远图，攻城破邑未敢轻伤职官，老父母无虞一也。况兵围数重而又有杨将军为之前茅，贼岂能飞驰耶？其无虞二也。惟愿老父母安静坐镇，庶保万全，时当仓皇，未暇多陈一片愚忠，惟老父母鉴察为祷。

【校记】

［一］无：乾隆四十三年《富平县志》作“不”。

【注释】

①的当：恰当，稳妥。

辞富平邑侯郭公书　李柏　见前

“蚁陂吏隐在，哦松蓝田时。”耳之熟矣，频阳邂逅，尤今日事耳。本拟登龙，但樵采之足，不宜城市。辱蒙厚贶①，义当饱德而还。山期迫，不遑下咽。高明如先生，可以原其心矣。

【注释】

①贶：赠，赐。

与绅士议设约正乡长书　乔履信　见前

夏雨飞甘，麦秋报稔，诸年翁怡情绿野，奋志青云，攀桂登瀛，殊为艳羡。启者：弟谬膺民社三载于兹，幸赖多贤勗厥不逮，每念化行俗美，首在宣教得人，故《周礼》设族师党正之司，而内政立轨里连乡之法。恭惟我朝治隆往古，特颁上谕十六则，条条玉律金科，加以广训一万言，字字帝谟王诰，于正心修身之道、齐家治国之方，大小精粗，靡不该备，宜乎奉为宝鉴，自能攸叙彝伦。念我富平人文名胜，其如赋役殷繁，愧余一身，簿书鞅掌，自知耳目难周。虽每月躬亲宣讲，势未能遍及闾阎。是以上年特举乡练，家喻户晓，遐迩咸知，经今一载，奉行渐有成效，其间实力遵奉者固多，至于虚应故事者岂少？现在甄别黜陟，抑亦惩劝贤愚，因思村堡分居，尚需稽查董率。今将四乡镇寨大小均匀，相近在四五里内者编为一联管束，每联之内举绅士一人为约正，务得年尊德劭、行淑才优者以膺此任，再于耆老之中择一人为乡长，亦必练达服众、正直居心者以充此选，或即在现充乡练之内选拔亦可。其约正专司宣讲列圣谕训，化导联内人民，并管善恶簿籍。凡联中有实在善恶事迹，许该乡练会同该牌甲举报，约正会同乡长查实书名于上，以备按季考核奖诫，使为善者愈加保终自好，而为恶者亦得改过自新。其乡长委以董率一联之乡练居民，稽查保甲，如盘诘奸宄、查拿赌博、窝娼私宰、健讼夜戏等事，严加禁止。再各堡乡约、练总等有玩法懒惰、徇私不公之事，许约正、乡长会同揭报，所有事宜另详委札。顾兹责任之重，宜加礼答之隆，如能实力任事，著有成劳，自当乡饮延宾加表庐志美，所望诸年翁深体弟心，亟重民事，各照单开。本联村庄定期齐集公所，会同耆老、乡练公议保举约正、乡长各一人，并具联名结状[1]，定于□日报县，以凭行礼迎贺送札任事。盖王道本乎人情，公论出于学校，万无滥举，致有后言行见。纲举目张，星罗棋布，守望相助，脉络相亲，花村无鸡犬之惊，井野有桑麻之乐，共庆太平之盛，各为顺则之民，岂不休哉！为此走书相约，惟冀酌允是幸不宜。

【注释】

①结状：旧时向官府出具的表示证明、担保或了结的文书。

议约立乡约练总书　同上

不佞自眉移富一年，于兹土俗人风见见闻闻业已十得一二。窃以邑里之中，其最不可轻者，惟乡练为教化之资，而富邑之俗，其最不可解者，视乡练为卑贱之役，沿门挨派，勉强支承。既称不齿之流，奚资如臂之使？不思《周礼》所载，匪惟大都小都，乡士遂士、县师县鄙之属，率以士流任之。即在国中者，五家为比必有长，五比为闾必有师。在郊外者，五家为邻，五邻为里，各有专司，皆士族也。西汉制犹近古，十里有亭，设一长，十亭为乡，自三老外设啬夫一、游徼一，各以乡之有才行者任厥事，禄皆百石，张敞、朱邑咸由斯职起为大吏。嗣是而后，魏之州县乡官悉由部吏，唐之里正、村正必以勋品，何卑贱之有？今虽授禄给由未能遽复往制，然而慎选重任，亦可稍振民风。但思更始之举，宜先询谋之同，因而虔修简牍，敬约冠衿，无变今称，略参古义，议于每村之中，公举方正而敏给者，俾任乡长、练总之司，永革沿门挨派之例，选择既精，任用特重，庶不以卑贱自嫌，乃可望殷勤奉职，将见掌其乡之治，稽其乡之众，听其乡之讼，而且逆其役事，作其秩叙，辨其乡邑，稽其乡器，视《周礼》所载不难上符，宁仅听狱禁盗如西京之啬夫、游徼而已耶？不佞所见如此，务集公议举行，倘加启诲，何啻投琼[①]已肆几筵！幸共移玉[②]。不宣[③]。

【注释】

①投琼：比喻施惠于人，语本《诗·卫风·木瓜》："投我以木瓜，报之以琼琚。"一说掷骰子。

②移玉：请人前来或前往的敬语。

③不宣：不一一细说。旧时书信末尾常用此语。

永革值日粮正告示　同上

为永革值日粮正名色[①]，杜绝借端鱼肉陋弊，以苏民累事。照得里民值日私帮，久奉例禁不啻三令五申。本县下车以来，立志澄清，凡一切宿弊，无不悉心查访革除，已谓弊绝风清矣。无如耳目未周，积弊所踵，卒难洗刷，留心查访，尚有一种不法棍徒设值日粮正名色，盘踞县署左右。凡遇现年甲分各按土粮数目派出银两，在乡民愿谨者固听其鱼肉视为固然，即有一二知事之人询其开销之处，则有在县伺候盘费及雇觅里书、私帮扛夫、铺兵、起解、兰饷等项款目。本县闻之，深为诧异，因思本县衙内日用菜蔬薪米，无非现价公买，即一切过往差使如祭陵大典、祭品酒席、夫马器皿皆系捐出养廉备办，此固阖县士庶共见共闻，尚有何事待吾民值日供支，而此辈竟敢藉名开销里中盘费口食耶。其各里书手[②]虽势所必需，而雇价口食亦初无几，一为立契倩雇[③]即可了事，亦无庸若辈支值。他若扛夫本有工食，自不得借端科敛，即云额设工食或有不足，则敝车羸马本县自能安之，亦岂忍剥削吾民脂膏供一己安逸之资乎？至于铺司递送，公文亦有旧额工食，本县讯问该铺兵，据云每里每年帮给钱三二百文以为酒资等语计算，铺兵四十名所帮不过十一二金。本县虽极清贫，犹能垫捐兰饷，解费亦不过十有余金即可办理。本县亦能捐出以上款项，惟雇觅里书未能遽革去，而若辈噬肥已久，遂借此多端名目以为鱼肉垄断之计。谁为民之父母而令吾民积苦莫诉也乎？为此示仰[④]四十里士庶人等知悉，嗣后除里书听尔等自行雇觅外，如再有私充值日粮正盘踞县城借在县盘费及私帮扛夫、铺兵、兰饷名目按粮科敛钱文[⑤]者，许即禀案以凭，立即处死。倘尔等不加省查，听其鱼肉，一经查出，按赃治罪，与受同科，即尔等身家性命一时俱丧矣，虽悔何及乎？慎之思之，凛遵毋忽。

【注释】

①名色：名目。

②书手：担任书写、抄写工作的人员。

③倩雇：雇请。倩，请人做某事。

④示仰：指示，传达。

⑤钱文：钱币。

请豁孙姜里河崩地粮详文

查得任土作贡[①]，本帝王不易之常经；恤困除荒，尤天朝爱育之急务也。富平孙姜一里后抵荒山，前临漆水，地土硗瘠[②]，居民穷乏，其二、三、九、十等甲原有附河地亩，于康熙二十一年为漆水冲崩一十九顷一十八亩六厘，应纳地粮催征不前，尔时县令皆以耗羡代赔，未经详报，由是接踵蹈辙，习为固然。迨至奉文耗羡归公，无可垫解，仍令该甲赔纳，穷民莫支，挈眷逃亡者有之，甘受追比者有之，催科之员计无所出，遂将前项折征均徭，共银一百八十七两三钱九分三厘一毫四丝二忽五微三纤二沙，留抵应支县役工食，项下寅年旧欠缓俟卯年新收，宽期交纳，陆续支给，虽可少舒喘息，究系苟延须臾。嗣是逃亡愈多，现户寥寥，抬赔愈重，切肤之痛势难缄默。于雍正十一年十月十五日据侯兰、杨宗坡、安加用、张璇等具呈公吁，经前任李令勘明转请，蒙宪饬委高陵丁令会勘，各具印结造册通报，只以册结不合，奉宪驳饬。又经接任陈令遵照宪檄更正加结详覆，由宪申司转院，续奉院宪钧批[③]，河崩地亩多至一十九顷，每年赔银多至一百八十余两。岂有历今五十余年邑民竟不具控之理？至前任何员以耗羡代补？如何以役食抵赔？逃亡果否有据？冲崩究系何年？作速逐查，明确妥议，详报以凭具题[④]等。因饬查到县，职抵任遵即亲诣该里勘验冲崩情形，委系沟涧满目、顽石盈野，细查赔粮多年邑民不控、何员以耗羡代补各缘由，盖耗羡未经归公，各员代补此项始自原任郭令、胡令及蒋令、刘令、杨令。县令虽惮更张，邑民尚无苦累，故数十余年不闻呼吁之声。至役食抵赔，缘奉文耗羡归公之后官无可垫，莫能依限征解，乃将此项扣作各役应支工食，免误起解兵饷。其逃亡之民查有张开锡等，逃于四川绵州皂角铺等处。冲崩之始实自康熙二十一年，职查验既确，并据各甲居民扶老携幼、迫切哀鸣，公恳据呈转详。窃思圣天子加惠元元[⑤]，体恤周至，蠲免叠沛，靡惜亿万金钱，登斯民于衽席，率土咸沾，化育犹复。特降恩旨，凡各省开（恳）［垦］地粮如有首报不实，悉令查明请豁等因，钦遵在案。况陕甘人民迩年以来挽运[⑥]军需粮饷效力独多，现奉上谕，特命九卿将作何加恩优奖之处会议具奏。嗟此穷黎欣逢尧舜在上，所当备悉详覆，照例请豁，以邀皇仁宪惠、永除困苦者也。

【注释】

①任土作贡：根据土地的具体情况制定贡赋的品种和数量。

②硗瘠：土地坚硬不肥沃。

③钧批：对长官批示的敬称。

④具题：申报朝廷的题本。

⑤元元：平民，老百姓。

⑥挽运：运输。挽，拉，牵引。

请豁孙姜、浮泽、怀德、义门各里河崩山荒地粮详文

查得额编正赋，国课攸关，查免荒粮，皇恩特沛。兹据孙姜等里民张良相等首报河崩山荒赔粮请免前来，因查乾隆元年侍讲学士杨□条奏河滩之地粮宜酌免，内称黄河水势东西不定，每有昨本为河而忽焉填淤，亦有民力耕种而水至成河，不可为闾阎之恒产，即不充州县之正供等语。又乾隆二年侍读学士世□条奏，内称秦省开垦增额多系近山贫户所有，石土相兼之处，旱则寸草不生，仰邀圣慈豁免。经大部议令确查捏报新垦不实之地，现在奉文行查在案，窃思富平一县虽无黄河崩坍之地，而现在石川河冲崩之地与黄河崩坍地亩无异。至于山荒，虽非新垦不实之地，而积年赔累难支尤甚。职既身任民牧，何敢膜视民瘼？随即传集里书[①]并张良相等亲至石川河、北山等处，按各粮地坐落眼同[②]履亩，逐细丈量，惟见水田

皆为砂石斥卤[③]之地，山地多属巅崖不毛之土，张良相等各里民人实系苦累。若不据实上达，不惟深负圣天子爱养斯民、不忍一夫失所之至意，亦何以仰副各宪台勤求民隐[④]如保赤子之盛心？况乾隆元年富平孙姜里二、三、九、十甲民侯兰等所报河崩荒地赔粮业蒙宪恩转请题豁在案，今张良相等河崩山荒田地赔粮理合仰恳一视同仁，谨将查勘过地粮数目备造清册，援例详报，伏乞宪台恩赐推广皇仁，转请题豁，除穷黎[⑤]万年之遗累，均沾圣主大泽于靡涯矣。

【注释】

①里书：吏胥名，清代州县一级的地方政府中负责登记土地面积、四至等地情的书吏。

②眼同：会同。

③斥卤：无法耕种的盐碱地。

④民隐：民间不能上达的痛苦。

⑤穷黎：贫苦百姓。

魏陵辩　朱廷璟

富平县治东南三十里有陵穹然，正南高三尺许，上平坦，其广袤如殿址状。明洪武以来，诸帝嗣位则遣使祀之，祝文皆勒石其上，邑有时祭。又南则翁仲对峙，土人言有华表、石兽被耕者湮没，志称为元魏孝文帝陵，其葬于陵东者曰帝妹延昌公主也。自此东北，冢累累相望，皆不可考。按魏初复姓拓拔氏，世都平城，高祖宏为其祖母冯太后建陵方山，而自起石室于傍，后迁洛阳，更姓元氏。又表瀍西以为葬所，在位三十五年，南征道殂，谥曰孝文。涑水《通鉴》亦云葬于瀍西[一]，是为长陵，而方山虚宫人称万年堂云。及高欢入洛，孝武西幸，遇酖告终。宇文泰奉太宰南阳王宝炬而立之，高祖孝文帝之孙、京兆王愉之子也，实为西魏文帝，在位十七年，谥曰文，与后乙弗氏、郁久闾氏合葬永陵。

《北史》既不言其地，而《一统志》则二陵皆失于记载，今直以此陵为孝文陵则非也。考明初立庙京师，祀历代帝王，后又区别有祀于庙者、有祀于陵者。今祀版所著始自洪武，其称号削高祖而止曰孝文。意时方草创，二文相混，有司漫然应诏，礼臣不加详考，驯致因循。况其祝词与文帝始终无一符者，庸可汶①乎？《一统志》成于景泰、天顺两朝，儒臣欲速缺略匪一，若以孝文稽古好贤、孝友明[二]达合于祀典，则长陵之兆自有瀍西，封人识之以为文帝，则政在宇文，徒拥虚器不以其身为孝武从者几希，祀之将何述焉？故曰此西魏文帝之永陵而非高祖孝文帝之长陵也。或曰陪葬者谁也？曰史称高祖六弟其妹无闻，文帝有妹平原公主明月则戕于帝未即位之前矣。观文帝山陵初毕，手书定配飨之后，若有陪葬之妹岂容没没且以平原之行，宁不愧永陵松槚耶？盖文帝即位，太子钦立，三年而废，恭帝廓立，又三年而禅，皆不良死。易世之际，礼文缺略，草草而殡或其一也。其非公主又明甚。余夙知其谬，守官长安时欲请厘正，以为非分内事而止。适辛卯夏月孟津王文安公有祭告之行，力为言之，公亦首肯，后未复命而捐馆。今秋与友人刘汇泽登眺徘徊，道其所以，或曰："其来旧矣，非若祖则厥孙。子娓娓言之，将与神校是非耶。"余恍然而笑曰："子言良是。"然祀国之大事也，吾终不可以不辩。

【校记】

［一］西：乾隆四十三年《富平县志》作"酉"。

［二］明：乾隆四十三年《富平县志》作"名"。

【注释】

①汶（mén）：心中昏暗不明。

渭桥辨[一]讹　曹玉珂　见前

晋改怀德县为富平，唐开元移富平于义城，今名旧县。王仙客为富平尹，旧县地也。自旧县北去唐陵无水，不当有桥，或云长乐驿，在县南古中华郡。时仙客知驿务，内家宿于驿，自北渡温水矣。洒扫园陵，德宗为代宗设檀山元陵也，其路从驿西北行，不从旧县。事难详，稽以地势桥梁相之，则驿不在旧县说似有据。明末有纪氏启土于温水岸，见大石不知其极，皆桥材，宜长乐桥址也。此桥不宜以渭名，按渭桥有三，俱跨渭流，南去温水半百里。盖邑有唐陵者四，天子常所行幸，宜名御桥。秦人读御渭同音，原传渭桥者或御桥之讹耳。今邑西有古氏族，相传为押衙后，中华郡邻古氏不远，又足证也。观无双书云富平古押衙人间有心人，与监门侯生言兵符在王卧内，惟如姬能窃之，二人之识千载如一，一人由内而知外，一人由外以知内，至相悬也，而至相知，卒赖有济成天壤异闻，奇矣哉！然为无双者更难无双，惟有心能令古洪仙客辈皆为之用，一身脱羁而代死者十余人，使此女不出于园陵，天子或悦其色而近之，当有不测之患，法没宫婢，岂哲辟所可为哉？嗟乎！以所言古生者观之，有胸无心滔滔者，天下皆是也。

【校记】

［一］辨：乾隆四十三年《富平县志》作“辩”。

仙蜕志　同上

邻邑所用石，凡坊础门榑之类皆取于富平，即诗所云北山也。工于山各开洞取石，洞有深十余里者，名石窠。一窠近蒲城，工为单孝廉元洲取石，入窠数里得丈夫骸一具，平寝石内，无棺石之广狭，长短按人为形，而骸之首足鼻耳与衣履石上皆有纹，骸石相离寸许，其石磨砻明净，黑光若漆，四面皆坚石，绝无从入之痕。工已误启其半，见衣若新，入手而尘骨若黄玉，无肌而坚，长逾时人二尺许。工奔告，元洲偕友驰观，咸惊异，设酒肴致酹，仍合所启石洞口，镌“仙蜕”二字。工高某为余道其事，元洲亦为文以传此前闻所未有者。

薄太后园辨[一]　同上

余以兵乱自邑移家温泉堡，南临温水对薄台，里人传云汉薄太后台也。北一里为华池川，珂先府君新阡①在川北岸之阜，其川三岸中深，东通温水，亦传为太后莲花池。撅土深三尺皆汙泥，或莲池说匪诬。按，薄太后未闻筑台凿池于此，盖其母灵文侯夫人曾建园于怀德县南，相去不二里，太后省母常临此，故误传太后台池耳。太后仁厚，每至，父老伏道迎送，询其疾苦，免其徭税。崩遐之后，父老感念恩慈，建庙以祀，子孙世继香火于今，庙在川东台北高原，坟然突起名曰孤堆。四远人烟，温水环其下，每著灵异祈者云应。万历末年有僧住持，庙无僧室，居于正殿，一日昧爽②，趋下丧气不能语，人疑惊于盗。越数日，方潜言于所厚戴介圭曰：

“前夜风雨晦冥，忽太后驾至，车骑甚盛，旌旗不能名状，炬辉若昼，异香缭绕，婢侍宦寺外，其从官皆狰狞可畏。”僧屏息伏榻下，从官怒目相视，几至不测。问太后何状，曰：“颀而长，年高而肌瘠，衣锦绣亦不色鲜，坐殿上瞻顾终南，俯几而涕者久之。”僧信实无诳语，介圭每述于余，观此则“汉家旧是笙歌处，烟草几经秋复春”之句，未必系赞皇代作也。

【校记】

［一］辨：乾隆四十三年《富平县志》作“辩”。

【注释】

①阡：坟墓。

②昧爽：拂晓，黎明。

西亳乔履信曰：“言，心之声，亦身之文。句心而出，言文而行，天口圣译其上也，仕的身范其次也，民风土物又其次也，风云月露尤又次之次也。采其雅训可言者并志之，先登秋实，后采春华，阳秋存焉尔。”

参考文献

[1]陕西省地方志编纂委员会.陕西省志·著述志(古代部分)[M].西安:三秦出版社,2000.

[2]宗福邦,陈世饶,萧海波.故训汇纂[M].北京:商务印书馆,2003.

[3]《中国方志大辞典》编辑委员会.中国方志大辞典[M].杭州:浙江人民出版社,1988.

[4](清)张廷玉等.明史[M].北京:中华书局,1974.

[5]富平县地方志编纂委员会.富平县志[M].西安:三秦出版社,1994.

[6]方诗铭.中国历史纪年表[M].上海:上海书店出版社,2013.

[7]吕宗力.中国历代官制大辞典[M].北京:北京出版社,1994.

[8]王力.王力古汉语字典[M].北京:中华书局,2000.

[9]臧励龢等.中国古今地名大辞典[M].香港:商务印书馆香港分馆,1931.

[10]臧励龢等.中国人名大辞典[M].上海:上海书店,1980.

[11]贾三强.清·雍正《陕西通志·经籍志》著录文集研究[M].西安:三秦出版社,2011.

[12]富平县地方志编纂委员会.富平县志(1989—2005)[M].西安:陕西人民出版社,2013.

[13]黄寿祺,程俊英等.十三经译注[M].上海:上海古籍出版社,2004.

[14]富平县人民政府.陕西省富平县地名志(内部资料).1983.

[15]张忱石,吴树平.二十四史纪传人名索引[M].北京:中华书局,1980.

[16]许嘉璐.二十四史全译[M].上海:汉语大词典出版社,2004.

[17](清)永瑢等.四库全书总目[M].北京:中华书局,1965.

[18]黄永年.古籍整理概论[M].上海:上海书店出版社,2013.

[19](明)刘兑修,(明)孙丕扬纂;徐朋彪,张立合校注.明·万历十二年富平县志校注[M].西安:三秦出版社,2016.

[20]孙小倩.《(乾隆)富平县志》考述[J].宁夏师范学院学报(社会科学),2015(5):55-58,80.

后 记

明万历十二年《富平县志》校注本出版后，收到了社会各界方方面面的反馈意见，尤其是富平当地文化界的几位朋友指出了书中的几处错讹之处，令我十分汗颜，惭愧之余深叹旧志校注整理之不易。现将发现的几处错讹誊录于下，以备读者核实。

一、第 80 页“刘怡”条目注释①②顺序颠倒，应是：①“巴县”；②“嘉靖七年”。

二、第 163 页“逾月乃上书极谏曰”后应是冒号，而非分号。

三、凡例第三条“需要出校的字、词句后标示”，“词句”之间应有顿号。

2016 年 3 月，我将清乾隆五年乔履信纂修《富平县志》校注初稿送交陕西省地方志办公室市县志处张世民处长审阅。张处长乐于提携后进，第一时间通读全稿，小到标点断句，大到格式布局，提出许多切中要害的宝贵意见。尤其令我汗颜的是，张处长以极其严谨的治学态度从方志学的专业视角对乔志作了置评。这篇导读性质的鸿文既可说是序，也是对乔志当代价值的深度思考。

乔志疆域山川图上的几处文字漫漶不清，我向原富平县委宣传部副部长兼县文明办主任惠志刚先生求证。惠老师对富平地情、文史了然于胸，我心中疑惑的问题立刻得到了解决。

我还和富平县迤山中学语文教师惠军昌先生就富平几部古县志的方方面面作过交流，惠老师不吝赐教，使我获益匪浅。2016 年 8 月中旬，我邀请惠老师审阅本书二校稿。时值酷暑，惠老师还有学校的繁杂事务需要操劳，然而当我拿到他写满两个笔记本的修改意见时，深为他的细批详改、一丝不苟而感动。如果这本书真有那么一点儿价值，那么惠老师可谓功莫大焉！富平电信局焦建利主任对篆书、草书很有研究，八景图的手写文字就是他和惠军昌老师探讨确认的。

富平县地方志办公室退休干部张立合先生也读了初稿，提出了一些非常中肯的建议。

本书的责任编辑淡懿诚先生严格审校，使我避免了很多内容和形式上的疏漏。

在此一并致谢！

本书即将付梓，心里却并不轻松。囿于学识、能力和精力，书中肯定有不少错误和不妥之处，恳请大方之家和读者批评指正。

徐朋彪　徐国娟

丙申仲秋于香港沙田